U1006511

高职高专物流管理专业规划教材

仓储系统规划与管理

主　编　李作聚　陈伊菲　宋晓黎
副主编　叶　靖　刘　华　胡丽霞

中国建材工业出版社

图书在版编目(CIP)数据

仓储系统规划与管理/李作聚，陈伊菲，宋晓黎主编. —北京：中国建材工业出版社，2015.3

高职高专物流管理专业规划教材

ISBN 978-7-5160-1153-9

Ⅰ.①仓… Ⅱ.①李… ②陈… ③宋… Ⅲ.①仓库管理-高等职业教育-教材 Ⅳ.①F253.4

中国版本图书馆 CIP 数据核字(2015)第 035125 号

内 容 简 介

本书是高职高专物流管理专业系列教材之一。基于职业教育的职业性特点，本教材以仓储系统规划与业务管理为主线，参照仓储与配送企业岗位的任职要求，校企合作组织编写了本书学习内容。全书共设置了仓储管理概述、仓储系统分析、仓储系统规划、仓储业务管理、库存需求预测、库存控制与管理、现代仓储管理技术、冷链与冷库管理等八个教学内容，各内容对应工作岗位，将理论融入实践，以达到培养学生获取专业知识、训练职业技能与职业素养的目的。

本书可作为高职院校物流及相关专业教材，以及企业仓储与配送管理岗位的培训教材，也可作为仓储与配送管理从业人员的参考书。

仓储系统规划与管理

主　编　李作聚　陈伊菲　宋晓黎

副主编　叶　靖　刘　华　胡丽霞

出版发行：中国建材工业出版社

地　址：北京市海淀区三里河路 1 号

邮　编：100044

经　销：全国各地新华书店

印　刷：北京雁林吉兆印刷有限公司

开　本：787mm×1092mm　1/16

印　张：14.5

字　数：354 千字

版　次：2015 年 3 月第 1 版

印　次：2015 年 3 月第 1 次

定　价：36.80 元

本社网址：www.jccbs.com.cn　微信公众号：zgjcgycbs

本书如出现印装质量问题，由我社市场营销部负责调换。联系电话：(010) 88386906

前　言

随着全球化竞争环境和客户个性化需求的变化，仓储作为物流系统运行的两大轮子之一，逐渐成为企业提升核心竞争力和降低企业运营成本的第三利润源泉，而仓储系统规划、仓储业务运营与控制管理等则是企业仓储系统合理化、提升客户满意度的核心内容。

1. 仓储管理概述。首先对仓储管理中的几个名词，如仓储、仓库、仓储技术、仓储管理、库存、库存管理等含义进行辨析，然后对仓库的类型和特点进行了描述，接着对仓储管理中常用的设备进行分类阐述，最后对我国仓储管理的发展阶段和现状进行简要阐述。

2. 仓储系统分析。物流本身是个大系统，系统分析是物流管理过程中重要的分析方法。本部分介绍了系统的含义、特点、物流系统的内涵，接着介绍了仓储系统的构成要素，最后介绍了自动仓储系统的发展、优点、类型，以及自动化立体仓库的设计与规划过程。

3. 仓储系统规划。本部分首先介绍了仓储系统规划的原则和规划一般步骤。接着介绍了仓库选址的因素、方法，然后阐述了仓库平面规划和立体规划的内容，探讨了厂（库）区布置的方法，最后介绍了储位规划、仓库设备配置和人员组织结构的形式等内容。

4. 仓储业务管理。本部分从企业实际出发，探讨了仓储入库、出库、装卸搬运、盘点、保管保养等业务的特点、流程，以及业务运营中出现的问题和解决思路。最后还探讨了货物堆码方式和苫垫方式以及退货管理的内容。

5. 库存需求预测。掌握数据预测处理方法是提升物流库存管理水平的重要途径。本部分首先介绍了库存预测的含义、作用、预测程序、预测类型，然后重点介绍了定性预测方法和定量预测方法的计算过程。

6. 库存控制与管理。本部分首先介绍了库存含义、类型，接着阐述了库存管理的几个概念、思想、类型和评价指标，最后介绍了库存管理的方式、安全库存的含义和计算等。

7. 现代仓储管理技术。现代物流的发展要求了仓储管理新技术的使用。本部分主要介绍了条码技术、RFID 技术、WMS、JIT 等。

8. 冷链与冷库管理。生鲜冷链物流的发展是随着消费层次而发展的。本部分首先对冷链的含义、组成和管理内容进行阐述，接着重点对冷库的类型、特点、构成、管理、操作、安全、卫生等方面进行了阐述。

全书共分八部分，其中第一、三、四、七、八章由李作聚编写；第一、二章由陈伊菲编写；第二、八章由宋晓黎编写；第四章由叶靖编写；第五章由胡丽霞编写；第六章由刘华编写。全书由李作聚统稿。另外，北京财贸职业学院的苗红、段兴中、王艳、范嵩对本书的编写给予了指导，国家烟草总局的吴硕和中国新兴建设开发总公司的常艳杰也对本书提出了宝贵意见，在此一并致谢。

本书可作为高等学校物流工程专业、物流管理专业等高职学生、本科生的教材或者教学参考书，也可以作为企业物流管理人员、物流系统规划设计等人员的工作指南或手册，还可以作为企业培训高级物流管理和运作人员的培训教材。

由于时间仓促，书中难免存在错误和不足，敬请读者批评指正。

编者

2015年2月

目录

第一章 仓储管理概述

知识目标

1. 理解仓储管理的基本概念。
2. 掌握仓储管理的内容、特点。
3. 掌握仓库类型和仓库常用设备。
4. 理解我国仓储发展现状。

能力目标

1. 能根据图片识读设备名称和特点。
2. 能根据仓储调研情况撰写调查报告。

第一节 仓储管理的基本概念

一、几个概念

1. 传统仓库和现代仓库

仓库（warehouse）是存储保管物品的建筑物和场所的总称。传统仓库主要功能是防止物品的丢失和损伤，注重的是储存和保管效率，物品的流通性差。现代仓库主要功能是看重如何加快商品的周转，提高商品的时间效用，具有接收、分类、计量、包装、分拣、配送、存盘等多种功能。

2. 库存和库存管理（存货管理）、保管

库存（inventory）是处于储存状态的物品或商品，主要是作为今后按预定的目的使用而处于闲置或非生产状态的物料。

库存与保管的区别是前者是从物流管理的角度出发强调合理化和经济性，后者从物流作业的角度出发强调效率化。

库存管理（存货管理）指通过一定的方法、决策来合理控制库存的数量，以达到最低的成本最高的效益之目的的过程。库存管理（存货管理）有两个主要目标：一个是提高客户服务水准，例如存货数量够、供货时间快等；另一个是降低存货成本。如何使两个目标达成平衡，必须通过适当的管理方法以确保最佳的存货水准。

3. 仓储（warehousing）和仓储管理、仓储技术

仓储是储存货品于仓库的行为。与其说仓储是一种必要的活动，不如说是一种很经济的便利活动，通过储备一定的库存，企业常常可以调整经济生产批量和生产次序来降低生产成

本，同时降低运输成本。

仓储管理指对仓库和库存的管理，其目的就是利用恰到好处的仓储活动来实现仓储、生产和运输成本之间良好的、经济的平衡。

仓储技术包括仓储设备和库存管理技术。

二、仓储管理在物流中的地位

从某种意义上讲，仓储管理在物流管理中占据着核心的地位。从物流的发展史可以看出，物流的研究最初是从解决“牛鞭效应”开始的，即在多环节的流通过程中，由于每个环节对于需求的预测存在误差，因此随着流通环节增加，误差被放大，库存也就越来越偏离实际的最终需求，从而带来保管成本和市场风险的提高。解决这个问题的思路，从研究合理的安全库存开始，到改变流程，建立集中的配送中心，改变生产方式，实行订单生产，将静态的库存管理转变为动态的 JIT（just in time，及时）配送，实现降低库存数量和周期的目的。在这个过程中，尽管仓库越来越集中，每个仓库覆盖的服务范围越来越大，仓库吞吐的物品越来越多，操作越来越复杂，但是仓储的周期越来越短，成本不断递减的趋势一直没有改变。

《中国采购发展报告（2014）》显示，2013 年我国社会物流总费用超过 10 万亿元，占 GDP 比重为 18.0%，是美国 8.5% 的 2 倍有余，物流成本明显偏高。报告指出，在发达国家，物流成本平均占成品最终成本的 10% ~15%，在发展中国家，各种低效现象导致物流成本显著增高，占成品成本的 15% ~25% 甚至更高，而对中国的制造商而言，物流成本可高达生产成本的 30% ~40%。

从许多微观案例来看，仓储管理已成为供应链管理的核心环节。这是因为仓储总是出现在物流各环节的接合部，例如采购与生产之间、生产的初加工与精加工之间、生产与销售之间、批发与零售之间、不同运输方式转换之间等。仓储是物流各环节之间存在不均衡性的表现，仓储也正是解决这种不均衡性的手段。仓储环节集中了上下游流程整合的所有矛盾，仓储管理就是在实现物流流程的整合。如果借用运筹学的语言来描述仓储管理在物流中的地位，可以说就是在运输条件为约束力的情况下，寻求最优库存（包括布局）方案作为控制手段，使得物流达到总成本最低的目标。在许多具体的案例中，物流的整合、优化实际上归结为仓储的方案设计与运行控制。

这里必须说明一点，传统物流与现代物流差别最大的也是体现在库存环节上。传统的仓储业是以收保管费为商业模式的，希望自己的仓库总是满满的，这种模式与物流的宗旨背道而驰。现代物流以整合流程、协调上下游为己任，静态库存越少越好，其商业模式也建立在物流总成本的考核之上。由于这两类仓储管理在商业模式上有着本质区别，但是在具体操作上如入库、出库、分拣、理货等又很难区别，所以在分析研究时必须注意它们的异同之处，这些异同也会体现在信息系统的结构上。

三、仓储管理的功能

1. 储存功能

储存是仓储的基本功能，对于生产过程来讲，适当的原材料和半成品的储存，可以防止因缺货造成的生产停顿。而对于销售过程来讲，储存尤其是季节性储存可以为企业的市场营销创造良机。因为适当的储存为市场营销中特别的商品需求提供了缓冲和有力的支持。

2. 组合功能

商品的装运组合是仓储活动的一个经济功能。通过这种安排，仓库可以接收来自于多个制造企业的产品或原材料，然后把它们整合成单一的一票装运，以达到降低运输成本的目的，也可以为客户减少多个供应商供货所带来的接货成本。连锁企业建立的配送中心、物流中心是商品组合功能的最好体现。在城市周边发展起来的配载中心、集货中心、零担转运站也体现了商品流通链中仓储活动所发挥的商品的组合功能。

3. 分类和转运功能

在仓库中，来自不同供应商的货品可以进行分类，可以进行不同运输工具间的调配。例如，铁路运输的大批商品，通过仓库中的分类、加工、整理，按不同的用途和渠道用卡车运送到不同的地点。仓库和供应商从仓储过程中的分类和转运功能中都得到了各自的经济利益。同时，由于货物不需要在仓库内长时间储存，因而降低了仓库的搬运费用，最大限度地发挥了仓库装卸设施的利用率。

4. 其他增值服务功能

在仓储环节还可以为供应商和销售商提供有价值的增值服务项目，包括贴标签、再包装、称重、组装、组配、简单加工等工作。随着供应渠道的多样化，仓库作为支撑流通的重要环节将发挥越来越重要的作用。

四、仓储管理的内容

1. 仓库的选址与建设

它包括仓库的选址原则、仓库建筑面积的确定、库内运输道路与作业的布置等问题。仓库的选址和建设问题是仓库管理战略层面所研究的问题。它涉及公司长期战略与市场环境相关联的问题的研究，对仓库长期经营过程中的服务水平和综合成本产生非常大的影响，所以必须提到战略层面来对待和处理。

2. 仓库机械作业的选择与配置

它包括如何根据仓库作业特点和储存商品的种类及其合理化特性，选择机械装备以及应配备的数量；如何对这些机械进行管理等。现代仓库离不开仓库所配备的机械设施和设备，如叉车、货架、托盘和各种辅助设备等。恰当地选择适用于不同作业类型的仓库设施和设备将大大降低仓库作业中的人工作业劳动量，并提高货品流通的顺畅性和保障货品在流通过程中的质量。

3. 仓库作业组织和流程

它包括设置什么样的组织结构，各岗位的责任分工如何，仓储过程中如何处理信息组织作业流程等。仓库的作业组织和流程随着作业范围的扩大和功能的增加而变得复杂，现代大型的物流中心要比以前的储存型仓库组织机构大得多，流程也复杂得多。设计合理的组织结构和分工的明确是仓储管理的目标得以实现的基本保证。合理的信息流程和作业流程使仓储管理高效、顺畅，并达到客户满意的要求。

4. 仓库管理技术的应用

现代仓储管理离不开现代管理技术与管理手段，例如，选择合适的编码系统，安装仓储管理系统，实行 JIT 管理等先进的管理方法。现代物流越来越依靠现代信息和现代管理技术，这也是现代物流区别于传统物流的主要特点之一。商品的编码技术和仓储管理系统极大地改善了商品流通过程中的识别和信息传递与处理过程，使得商品的仓储信息更准确、快捷，成本也更低。

5. 仓库的作业管理

仓库作业管理是仓储管理日常所面对的最基本的管理内容。例如，如何组织商品入库前的验收，如何安排库位存放入库商品，如何对在库商品进行合理保存和发放出库等。仓库的作业管理是仓库日常所面对的大量和复杂的管理工作，只有认真做好仓库作业中每一个环节的工作，才能保证仓储整体作业的良好运行。

6. 仓储综合成本控制

成本控制是任何一个企业管理者的重要工作目标，仓库管理也不例外。仓储的综合成本控制不但要考虑库房内仓储运作过程中各环节的相互协调关系，还要考虑物流过程各功能间的背反效应，以平衡局部的利益和总体利益最大化的关系。选择适用的成本控制方法和手段，对仓储过程每一个环节的作业表现和成本加以控制是实现仓储管理目标的要求。

五、仓储管理的特点

现代仓储管理的特点是由仓储管理的内容决定的。随着社会的发展、科学的进步，仓储管理具有经济性、技术性和综合性的特点。

1. 经济性

仓储活动是社会化大生产的重要组成部分，并且仓储活动也是生产性的。仓储活动和其他物质生产活动一样，具有生产力三要素，即劳动力、劳动工具和劳动对象。仓储活动和其他物质生产活动一样，创造商品价值，并且随着仓储活动内容的增加，实现商品价值的范围也在逐渐扩大，例如，延迟生产、再包装等作业过程在仓储过程中完成。

2. 技术性

随着科学技术的进步，现代仓储管理中应用了大量的电子信息技术，仓储作业机械化程度也不断提高，特别是自动化立体仓库的建立，其科技含量有了进一步的提高，这对仓储管理提出了更高的要求。在现代化的仓储管理中，仓储作业的机械化、仓储管理的信息化已是发展趋势，各种新技术得以运用等，这些充分体现了仓储管理技术性的特点。

3. 综合性

物流作为跨行业的、跨产业的服务功能与各行各业的运作特点紧密联系在一起。仓储管理是社会经济中一个不可缺少的部分，是各生产企业能保持正常生产的重要环节，是调节社会需求的重要手段。在整个仓储管理过程中，要综合利用各学科理论，进行商品管理和库存控制，保证商品的正常生产和流通，降低成本。现代仓储管理包含了新技术、新设备、新的管理理念与方法，涉及行业广泛，仓储管理具有综合性的特点。

第二节 仓库类型

在社会生产与生活中，由于生产与消费节奏的不统一，总会存在现在用不上、用不了或有必要留待以后用的东西。如何在生产与消费或供给与需求的时间差距里，妥善地保持物质实体的有用性，是物流中仓储环节所要解决的问题。

一、仓库的类型

从不同的侧面来分析，仓库可以有不同的分类标准，这里主要从以下几个方面来讨论仓库的分类。

1. 按仓库用途分类

仓库按照它在商品流通过程中所起的作用可以分为以下几种：

（1）采购供应仓库。采购供应仓库主要用于集中储存从生产部门收购的和供国际间进出口的商品，一般这一类的仓库库场设在商品生产比较集中的大、中城市，或商品运输枢纽的所在地。

（2）批发仓库。批发仓库主要是用于储存从采购供应库场调进或在当地收购的商品，这一类仓库一般贴近商品销售市场，规模同采购供应仓库相比一般要小一些，它既从事批发供货，也从事拆零供货业务。

（3）零售仓库。零售仓库主要用于为商业零售业做短期储货，一般是提供店面销售，零售仓库的规模较小，所储存物资周转快。

（4）储备仓库。这类仓库一般由国家设置，以保管国家应急的储备物资和战备物资。货物在这类仓库中储存时间一般比较长，并且储存的物资会定期更新，以保证物资的质量。

（5）中转仓库。中转仓库处于货物运输系统的中间环节，存放那些等待转运的货物，一般货物在此仅做临时停放。这一类仓库一般设置在公路、铁路的场站和水路运输的港口码头附近，以方便货物在此等待装运。

（6）加工仓库。前面在讲仓库的功能之后已经讲过仓库的加工延迟功能，一般具有产品加工能力的仓库被称为加工仓库。

（7）保税仓库。保税仓库是指为国际贸易的需要，设置在一国国土之上，但在海关关境以外的仓库。外国企业的货物可以免税进出这类仓库而办理海关申报手续，而且经过批准后，可以在保税仓库内对货物进行加工、存储等作业。

2. 按保管货物的特性分类

（1）原料仓库。原材料仓库是用来储存生产所用的原材料的，这类仓库一般比较大。

（2）产品仓库。产品仓库的作用是存放已经完成的产品，但这些产品还没有进入流通区域，这种仓库一般是附属于产品生产工厂。

（3）冷藏仓库。它用来储藏那些需要进行冷藏储存的货物，一般多是农副产品、药品等对于储存温度有要求的物品。

（4）恒温仓库。恒温仓库和冷藏仓库一样，也是用来储存对于储藏温度有要求的产品。

（5）危险品仓库。危险品仓库从字面上就比较容易理解，它是用于储存危险品的，危险品由于可能会对人体以及环境造成危险，因此在此类物品的储存方面一般会有特定的要求，如许多化学用品就是危险品，它们的储存都有专门的条例。

（6）水面仓库。对于像圆木、竹排等能够在水面上漂浮的物品来说，它们可以储存在水面。

3. 按仓库的构造分类

(1) 单层仓库。单层仓库是最常见的，也是使用最广泛的一种仓库建筑类型，这种仓库只有一层，也就当然不需要设置楼梯。它的主要特点如下：

1) 单层仓库设计简单，所需投资较少。

2) 由于仓库只有一层，因此在仓库内搬运、装卸货物比较方便。

3) 各种附属设备（如通风设备、供水、供电等）的安装、使用和维护都比较方便。

4) 由于只有一层，仓库全部的地面承压能力都比较强。

(2) 多层仓库。有单层仓库，必然对应的有多层仓库。多层仓库一般占地面积较小，一般建在人口稠密、土地使用价格较高的地区。由于是多层结构，因此货物一般使用垂直输送设备来搬运货物。多层仓库的主要特点如下：

1) 多层仓库可适用于各种不同的使用要求，如可以将办公室和库房分为两层，在整个仓库布局方面比较灵活。

2) 分层结构将库房和其他部门自然地进行隔离，有利于库房的安全和防火。

3) 多层仓库作业需要的垂直运输重物技术已经日趋成熟。

4) 多层仓库一般建在靠近市区的地方，因为它的占地面积较小，建筑成本可以控制在有效范围内，所以多层仓库一般经常用来储存城市日常用的高附加值的小型商品。使用多层仓库存在的问题在于建筑和使用中的维护费用较大，一般商品的存放成本较高。

(3) 立体仓库。立体仓库又被称为高架仓库，它也是一种单层仓库，但与一般的单层仓库的不同在于它利用高层货架来储存货物，而不是简单地将货物堆积在库房地面上，在立体仓库中，由于货架一般比较高，所以货物的存取需要采用与之配套的机械化、自动化设备，一般在存取设备自动化程度较高时也将这样的仓库称为自动化仓库。

(4) 筒仓。筒仓就是用于存放散装的小颗粒或粉末状货物的封闭式仓库。一般这种仓库被置于高架上，如筒仓经常用来存储粮食、水泥和化肥等。

(5) 露天堆场。露天堆场是用于在露天堆放货物的场所，一般堆放大宗原材料或者不怕受潮的货物。

4. 按建筑材料的不同分类

根据仓库使用的建筑材料的不同，可以将仓库分为钢筋混凝土仓库、钢质仓库、砖石仓库等。

5. 按仓库所处位置分类

根据仓库所处的地理位置的不同，可以分为码头仓库、内陆仓库等。

6. 按仓库的管理体制分类

根据仓库隶属关系的不同，可以分为以下几类：

(1) 自用仓库。自用仓库就是指某个企业建立的供自己使用的仓库，这种仓库一般由企业自己进行管理。

(2) 公用仓库。这是一种专业从事仓储经营管理的、面向社会的、独立于其他企业的仓库。

二、仓库建筑设施

1. 仓库建筑的一般要求

仓库建筑是仓库储存保管物品的主要设施，主要包括货场、货棚、库房和其他建筑物、构筑物等。对仓库建筑的一般要求如下：

（1）有利于物品的保管和养护。

（2）符合仓库业务需要和有利于组织仓储作业。

（3）便于安装和使用机械设备。

（4）保证仓库安全，应有安全设施。

（5）有利于充分利用仓库空间等。

2. 仓库库房建筑形式和建筑构造的一般要求

（1）仓库库房建筑形式。其中，按照建筑结构形式，可分为单层、多层和立体仓库；按照建筑材料，库房可分为木结构、砖结构、钢结构、钢筋混凝土结构等形式；另外还有地下库、半地下库和洞库形式。

（2）对仓库库房建筑构造的一般要求。库房一般由地基、地坪、墙体、屋顶和门窗几部分组成，其他的建筑物也有特定的构造。由于仓库的类型和规模不同，以及储存物品的保管要求、安装的设备、使用的建筑材料、投资的情况等也不尽相同，因此为了保证仓库建筑质量，保证储存物品的作业操作安全，必须针对具体情况和条件，严格按库房建筑的各项技术准则进行建筑和施工。

第三节　仓储设备

物流设备承担商品载体的作用，通过物流设备的运行，实现商品时空转移。物流企业里常用的仓储设备主要有货架、装卸搬运设备、分拣设备等。

一、货架

1. 层架

层架（图 1-1）由立柱、横梁和层板构成，层间用于存放货物。层架结构简单，适用范围非常广泛，还可以根据需要制作成层格架、抽屉式和橱柜式等形式，以便于存放规格复杂多样的小件货物或较贵重、怕尘土、怕潮湿的小件物品。

2. 悬臂式货架

悬臂式货架（图 1-2）由 3 ~4 个塔形悬臂和纵梁相连而成。悬臂的尺寸根据所存放物品的外形确定。它在储存长形货物的仓库中被广泛运用。

图 1-1　层架

图 1-2　悬臂式货架

3. 托盘货架

托盘货架（图 1-3）专门用于存放堆码在托盘上的货物，其基本形式与层架相似。

4. 移动式货架

移动式货架（图 1-4）的货架底部装有滚轮，开启控制装置，滑轮可以沿轨道滑动。移动式货架平时可以密集相连排列，存取货物时通过手动或电动控制装置驱动货架沿轨道滑动，形成通道，从而大幅度减少通道面积，仓库面积利用率可以达到 80%，但由于成本较高，主要在档案管理等重要或贵重物品的保管中使用。

图 1-3　托盘货架

图 1-4　移动式货架

5. 驶入/驶出式货架

一般的自动化仓库，有轨或无轨堆垛机的作业通道是专用的，在作业通道上不能储存货物；驶入/驶出式货架（图 1-5）仓库的特点是作为托盘单元货物的储存货位与叉车的作业通道是合一的、共同的，这就大大提高了仓库的面积利用率。

驶入/驶出式货架采用钢结构，立柱上有水平突出的构件，叉车将托盘货物送入，由货架两边的构件托住托盘。驶入式货架只有一端可供叉车进出，而驶入驶出式货架可供叉车从中通过，非常便于作业。

图 1-5　驶入/驶出式货架

6. 旋转式货架

旋转式货架（图 1-6）设有电力驱动装置。货架沿着由两个直线段和两个曲线段组成的环形轨道运行，由开关或计算机操纵。存取货物时，把货物所在货格的编号由控制盘或按钮输入，该货格则以最近的距离自动旋转至拣货点停止。由于通过货架旋转改变货物的位置来代替拣选人员在仓库内的移动，能够大幅度降低拣选作业的劳动强度，而且货架旋转选择了最短路径，所以，采用旋转式货架可以大大提高拣货效率。

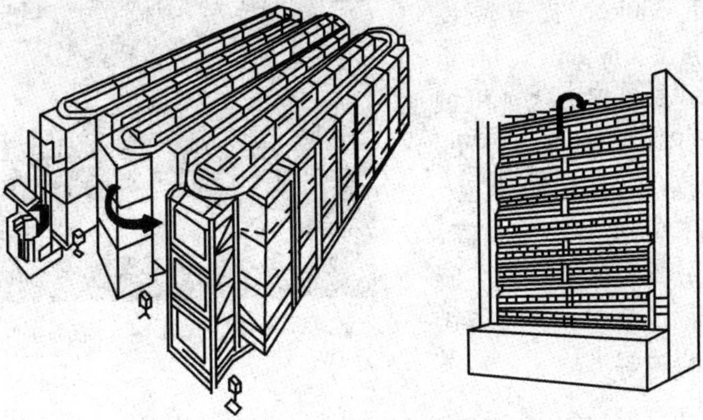

图 1-6　旋转式货架

7. 自动货柜

自动货柜是集声、光、电及计算机管理为一体的高度自动化的全封闭储存设备。它充分利用垂直空间，最大限度地优化存储管理，在一些场所中，自动货柜就是一个高效、便捷的小型立体仓库。

自动货柜通过计算机、条形码识别器等职能工具进行管理，使用非常方便，只要按动按键，内存货物即到进出平台，可自动统计、自动查找，特别适用于体积小、价值高的物品的储存管理，也适合于多品种、小批量的物品管理。

二、装卸搬运设备

1. 叉车

叉车（图 1-7）是指具有各种叉具，能够对货物进行升降和移动以及装卸作业的搬运车辆。叉车在仓储作业过程中，是比较常用的装卸设备，有万能装卸机械之称。它具有灵活、机动性强、转弯半径小、结构紧凑、成本低廉等优点。叉车的类型很多，按照其动力种类可划分为电瓶和内燃机两大类（内燃机的燃料又分为汽油、柴油和天然气三种）；按其基本构造分类，又可分为平衡重式叉车、前移式叉车、侧叉式叉车等。

图 1-7　叉车

2. 堆垛机

堆垛机（图 1-8）是专门用来堆码或提升货物的机械。普通仓库使用的堆垛机是一种构造简单、用于辅助人工堆垛、可移动的小型货物

图 1-8 堆垛机

垂直提升设备，是商业储运系统定型生产的一种堆垛机。其外形尺寸为 1260mm × 712mm × 2550mm（长 × 宽 × 高），最大起重量 300kg，提升高度 3.4m。提升速度 20m/min，自重 500kg，电动机功率 2.2kW。这种机械的特点是：构造轻巧，人力推移方便，能在很窄的走道内操作，减轻堆垛工人的劳动强度，且堆码或提升高度较高，仓库的库容利用率较高，作业灵活。所以在中小型仓库内广泛使用。它有桥式堆垛机、巷道式堆垛机等类型。

3. 输送机

输送机（图 1-9）是一种连续搬运货物的机械，其特点是在工作时连续不断地沿同一方向输送散料或者质量不大的单件物品，装卸过程无需停车，因此生产率很高。其优点是生产率高、设备简单、操作简便。缺点是一定类型的连续输送机只适合输送一定种类的物品，不适合搬运很热的物料或者形状不规则的单件货物；只能沿一定线路定向输送，因而在使用上具有一定局限性。

根据用途和所处理货物形状的不同，输送机可分为带式输送机、辊子输送机、链式输送机、重力式辊子输送机、伸缩式辊子输送机、振动输送机、液体输送机等。此外，还有移动式输送机和固定式输送机、重力式输送机和电驱动式输送机等多种划分方法。

图 1-9 输送机

4. 起重机

起重机（图 1-10）是在采用输送机之前曾被广泛使用的具有代表性的一种搬运机械，它是指货物吊起，在一定范围内做水平运动的机械。

起重机按照其所具有的机构、动作繁简程度以及工作性质和用途，可以归纳为简单起重机械、通用起重机械和特种起重机械三种。简单起重机械一般只做升降运动或一个直线方向的运动，只需要具备一个运动机构，而且大多数是手动的，如绞车、葫芦等。通用起重机械除需要一个使物品升降的起升机构外，还有使物品做水平方向的直线运动或旋转运动的机构。该类机械主要用电力驱动。属于这类的起重机械主要包括：通用桥式起重机、门式起重机、固定旋转式起重机和行动旋转式起重机等。特种起重机械是具有两个以上机构的多动作起重机械，专用于某些专业性的工作，构造比较复杂。如冶金专用起重机、建筑专用起重机和港口专用起重机等。

图 1-10　起重机

三、分拣设备

分拣是指将物品按品种、出入库先后顺序进行分门别类堆放的作业。这项工作可以通过人工的方式进行，也可以用自动化设备进行处理。

1. 自动分拣的基本原理

为了达到自动分拣的目的，自动化分拣系统通常由供件系统、分拣系统、下件系统、控制系统四个部分组成，在控制系统的协调作用下，实现物件从供件系统进入分拣系统进行分拣，最后由下件系统完成物件的物理位置的分类，从而达到物件分拣的目的。

（1）供件系统。供件系统是为了实现分拣系统的高效、准确的处理而存在的，它的目的是为了保证等待分拣的物品，在各种物理参数的自动测量过程中，通过信息的识别和处理，准确地送入高速移动的分拣主机中。由于供件系统的处理能力往往低于分拣主机，所以一般要配备一特定数量的高速自动供件系统，以保证分拣的需要。

（2）分拣系统。分拣系统是整个系统的核心，是实现分拣的主要执行系统。它的目的就是使具有各种不同附载信息的物件，在一定的逻辑关系的基础上实现物件的分配与组合。

（3）下件系统。下件系统是分拣处理的末端设备，它的目的是为分拣处理后的物件提供暂时的存放位置，并实现一定的管理功能。

（4）控制系统。控制系统是整个分拣系统的大脑，它的作用不仅是将系统中的各个功能模块有机地结合在一起协调工作，更重要的是控制系统中的通信与上层管理系统进行数据交换，以便分拣系统成为整个物流系统不可分割的一部分。

2. 自动分拣系统的组成

自动分拣系统种类繁多，但一般由收货输送机、喂料输送机、分拣指令设定装置、合流装置、分拣输送机、分拣卸货道口、计算机控制器等部分组成。

3. 自动分拣系统的特点

（1）能连续、大批量地分拣货物。自动分拣系统不受气候、时间、人的体力等限制，可以连续运行，因此自动分拣系统的分拣能力具有人力分拣系统无可比拟的优势。

（2）分拣误差率极低。自动分拣系统的分拣误差率主要取决于所输入的分拣信息的准确性，而这又取决于分拣信息的输入机制。如采用条形码扫描输入，除非条形码印刷本身有差错，否则不会出错。目前，自动分拣系统主要采用条形码技术来识别货物。

（3）分拣作业基本实现无人化。建立自动分拣系统的目的之一就是为了减少人员的使用，减轻员工的劳动强度，提高工作效率，因此自动分拣系统能够最大限度地减少人员的使用，并基本做到无人化。

第四节　我国仓储发展现状

一、现代仓储管理的发展过程

1. 三个发展阶段

（1）简单仓储管理。库存数量和品种少，仓库结构简单，主要功能是保管。

（2）复杂仓储管理。储存商品和仓库功能多样化，机械进入仓库。

（3）现代仓储管理。以信息技术为主的现代仓库出现。

2. 仓储业发展的方向

当前我国仓储业应朝着“四化”的方向发展，即仓储社会化、仓储产业化（产业的含义是所有从事盈利性经营活动并提供同一类型产品或服务的企业集合）、仓储标准化，最终达到仓储现代化的目标。

3. 物流中心的形成与发展

仓库形式多种多样，既有存储型仓库、供应型仓库、保障性仓库，还有服务于连锁商业的配送中心和物流中心。随着商业流通体系的快速发展，大型的物流中心、配送中心将越来越多地出现在人们的身边。物流中心也是由仓库演变过来的一种仓储作业形式，并且包含了除原始仓储功能之外的更多和更复杂的功能。

（1）物流中心的含义

《中华人民共和国物流术语标准》对物流中心做了如下的定义：物流中心是从事物流活动的场所或组织。应基本符合下列要求：①主要面向社会服务；②物流功能健全；③信息网络完善；④辐射范围大；⑤品种少，批量大；⑥存储、吞吐能力强；⑦物流业务统一经营、管理。

由定义可以看出，物流中心是综合性、地域性、大批量的物资位移集中地，它集商流、物流、资金流、信息流于一体，是产销企业的中介。

与物流中心区别的是，配送中心是以组织或供应，执行实物配送为主要职能的流通型节点，它既有集货中心的职能，又有分货中心的职能。为了优质高效地完成配送，它通常具有较强的流通加工能力。因而可以说，配送中心是集货中心、分货中心和加工中心的高度综合体。

（2）物流中心类型

物流中心也是由仓库演变过来的一种仓储作业形式。按功能分有7类：

1）集货中心。一般设置在小型企业比较集中的农村或集镇。

2）分货中心。与集货中心对应，主要功能是将大批量大包装运进的货物，按照销售要求进行分装加工，形成小批量转运出去。一般设置在交通枢纽站、港、场或城市。

3）配送中心。专门从事配送工作的物流中心，是最典型、最高形态的物流中心。

4）加工中心。以流通加工为主要任务。

5）转运中心。专门承担货物不同运输方式的转运任务的物流中心。

6）配载中心。指为解决长途运输车辆的返程空驶，为中小批量的货品中长途运输而设立的货品集散地，以提供货物配载信息为中心。

7）储调中心。即仓库。

（3）物流中心的功能与传统仓库的区别

1）综合服务功能。作为供应链的一个环节，不但具有仓储的基本功能，还具有诸如配送、采购、存货控制、客户订单处理、再加工、信息传递与分享等综合服务功能。

2）客户服务功能。协调客户的需求和物流中心的运作，是为满足客户对商品的供应需加速货品流转的主动行为。

3）存货控制功能。在保证物流中心的存货满足一定时间的客户需求的情况下，使订货量和存货成本处于最佳状态。

4）分拣配送功能。满足客户小批量、多品种的商品需求，能满足客户对一次送货所要求的商品的品种和数量。

5）信息处理功能。物流中心的整个业务活动必须严格按照订货计划或通知、各用户的订单、库存准备计划等信息进行有效操作。同时作为供应链的一部分，也给客户和供应商提供商品流通过程所需要的信息。

二、我国仓储的现状

（1）具有明显部门仓储业的特征。由于我国较长时间实行计划经济体制，物资资源通过部门体制的方式分配，各部门为了占有和争取更多占有物资资源，储存所获得的分配资源，均以部门体系的纵向方式部署仓储，形成了中央、地方、物资、商业、交通、农业、铁路、电力等部门体系的仓储结构，部门之间互不发生横向交叉联系。因而造成了整体上的仓储互不连接、功能重复、互相不支持配套、重复建设严重。

（2）仓库的拥有量大，但管理水平较低。由于部门行业的分头建设，不同部门、不同层次为了满足自身需要，广泛开展仓库建设，在经济集中地区，特别是部门机构集中地区，仓库高度集中，数量众多。且为了便于纵向的联系和资源调配，都集中在交通中心附近。造成在一个地区，甚至在全国的仓储布局极度不合理，仓储集中的地区仓储能力大量剩余，其他许多地方没有足够的仓储能力，特别是经济落后地区，仓储能力的不足严重限制了当地经济的发展。

（3）仓储技术发展不平衡。仓库建设和仓储管理源出多头，互相之间缺乏联系和合作，也没有形成专业性、功能性的分工，多数仓储的功能相近，用途相同。再加上仓库建设本身就是短期行为、应急式的决策，只满足当时的一时需要，所建设的仓库普遍都是简易仓库和货场，缺乏应有的机械和设备。又由于仓储企业的经营管理水平低下，仓储自身发展能力极弱，多数仓储技术水平低下，甚至机械化程度严重不足。当然，随着我国经济多年的高速发展，为了满足社会需要，也具有一定数量专业化、机械化、自动化程度很高的仓库，但整体上并没有充分发挥其应有的作用。

（4）大部分仓储技术人员素质较低，管理水平不能适应现代化的要求。仓储管理水平的低下与我国整体上社会性的不重视仓储管理、仓储管理的资源投入不够、仓储管理人员的文化素质不高、专业知识程度低有密切的关系。许多仓储企业还没有进行现代企业制度改造，没有真正成为独立的市场主体，还不能自主地经营仓储资源。

（5）仓储管理方面的法规还不够健全。市场经济是法制的经济，完善的法律制度和严格的依法管理是经济发展的重要保证。处在市场经济中的仓储业也需要全面的法律保护和依法管理。我国关于仓储立法主要表现在：民法通则中的物权规范，合同法的仓储合同、保管合同分则，消防法中的消防要求和消防管理，以及其他一些规章制度。我国还没有完整的仓储法，对于仓储经营中的一些经济行为也没有足够的法律支持。仓储企业通过法律的手段保护自身的利益做得远远不够，仓储内部的依法管理水平也比较低下。

问题思考

一、填空题

1. 库存与保管的区别是前者从________的角度出发强调合理化和经济性，后者从________的角度出发强调效率化。

2. 仓储管理的目的就是利用恰到好处的仓储活动来实现仓储、生产和运输成本之间良好的、经济的平衡，它包含两部分的管理内容，分别是________和________。

3. 仓储管理的特点是________、________、________。

二、选择题

1. 仓储管理的功能体现在（　　）。

A. 储存功能　　B. 组合功能
C. 分类和转运功能　　D. 其他增值服务
E. 生产功能

2. 我国仓储现状的描述正确的是（　　）。

A. 具有明显部门仓储业的特征。
B. 仓库的拥有量大且管理水平高。
C. 仓储技术发展不平衡。
D. 大部分仓储技术人员素质较低，管理水平不能适用现代化的要求。
E. 仓储管理方面的法规较健全。

3. 仓储业发展的方向是（　　）。

A. 仓储社会化　　B. 仓储产业化
C. 仓储私有化　　D. 仓储现代化
E. 仓储标准化

4. 仓储管理的内容体现在（　　）。

A. 仓库的选址与建设　　B. 仓库机械作业的选择与配置
C. 仓库作业组织和流程　　D. 仓库管理技术的应用
E. 仓库的作业管理　　F. 仓储综合成本控制

三、简答题

1. 简述传统仓库与现代仓库的区别。

2. “与其说仓储是一种必要的活动，不如说是一种很经济的便利活动，通过储备一定的库存，企业常常可以通过调整经济生产批量和生产次序来降低生产成本，同时降低运输成本。”谈谈你对这句话的理解。

四、实践题

1. 北京市仓储发展现状调查。

2. 介绍某一个企业仓储现状。

本章案例

仓储配送中心认知调研

步骤一 确定调研目标

仓储配送中心是物流企业或者生产企业主要的设施之一，绝大部分的业务运作、数据流转都是通过此平台来实现的，所以了解物流企业仓储配送中心的整体状况，对把握企业管理水平和在整个行业的地位具有十分重要的意义。

为了更清楚地了解物流企业的仓储配送中心情况，我们需要细化调研目标。此目标大致分为两个方面，一是调查企业的选择问题，二是企业调研的内容问题。

1. 调查企业的选择

调查企业的选择是实施此项任务的首要工作，企业选择的好坏，或者选择的是否合适，直接影响着随后工作的时效，一般而言，选择调查企业应该遵循以下几个原则：

（1）企业典型的原则

随着我国物流的发展，物流企业如雨后春笋般的快速发展，近几年数量呈几何级数增加。所以物流企业的选择，首先要遵守典型的原则。典型的含义就是在各方面都具有代表性：在效益上能为国家创造大量税收，或者为国家创造较多的就业岗位，或者为国家大型活动提供专门的物流服务的企业，在管理上达到中等物流企业整体管理水平之上，在技术应用上具有较先进的物流设备与信息技术，在人员上具有一定比例的职业资格证书或者具有高中文化程度的职工人数，在客户评价上具有良好口碑的物流企业。

对于典型企业的选择，不同地区有不同的选择，从北京来说，典型的物流企业较多，例如北京某物流有限公司，此公司作为一家大型的国营企业，2008 年北京奥运会期间，是奥运物流服务的主要提供商。北京烟草物流配送中心拥有全国烟草行业最先进的自动分拣设备与技术，截至 2008 年底，累计实现工商税利 194. 95 亿元等。

（2）紧密关系的原则

物流是一门实践性很强的学科，合格的物流人才不但要有系统的物流管理知识和技术，而且还要具备一定的专业技能知识，需要到具体的物流企业实践的经历。所以对于高等院校来说，建立校企紧密合作关系，是实现培养物流合格人才的必由之路。

高等院校与物流企业建立紧密合作关系是互赢的关系。对于物流企业而言，一方面，可以招聘到适合企业需要的合格人才，提高企业人才整体素质；另一方面，企业可以充分利用院校的智力资源，为企业的发展出谋划策，解决企业经营过程中的问题，同时还可以通过建立“订单班”，实现企业业务与院校教学内容的无缝对接，有针对性地对准职工进行培训。企业还可以将自身的企业培训与院校进行合作，通过专门的研讨班培训自身职工。对于院校而言，与企业建立紧密的合作关系，可为教学提供一个理论与实践紧密结合的场所，为实现培养出企业需要的高技能人才打下坚实的基础。

（3）距离就近的原则

每所院校都有很多紧密的合作企业，为了方便组织教学和安全考虑，一般选择距离近的企业，来节约时间和成本。

另外，调查企业的选择还要遵循成本适当的原则、综合考虑的原则等。

2. 企业调研的内容

选择好典型的物流企业以后，就要结合着典型物流企业的特点来确定调研的内容。调研的共同内容选择一般包含企业发展概况、企业整体组织结构、企业服务客户类型、企业经营市场分布、企业物流设施分布、企业物流技术使用情况、企业物流人才素质、企业物流信息技术使用情况等。对于提供特殊物流服务的企业来说，调研的内容会有变化，例如调研危险品仓储配送中心。

步骤二　制定调查问卷

调查问卷又称调查表或询问表，是以问题的形式系统地记载调查内容的一种印件。好的问卷具备两个功能，即能将问题传达给被问的人和使被问者乐于回答。要完成这两个功能，问卷设计时应当遵循一定的原则和程序，运用一定的技巧。

1. 调查问卷设计的原则

（1）有明确的主题。根据调查主题，从实际出发拟题，问题目的明确，重点突出。

（2）结构合理、逻辑性强。问题的排列应有一定的逻辑顺序，符合应答者的思维程序。一般是先易后难、先简后繁、先具体后抽象。

（3）通俗易懂。问卷应使应答者一目了然，并愿意如实回答。问卷中语气要亲切，符合应答者的理解能力和认识能力，避免使用专业术语。对敏感性问题采取一定的技巧调查，使问卷具有合理性和可答性，避免主观性和暗示性，以免答案失真。

（4）控制问卷的长度。回答问卷的时间控制在 20min 左右，问卷中既不浪费一个问句，也不遗漏一个问句。

（5）便于资料的校验、整理和统计。

2. 调查问卷设计的程序

（1）确定主题和资料范围。本任务主题就是了解物流企业仓储配送中心状况，根据前期搜集准备的资料筛选出有效的资料，确定资料范围。

（2）分析样本特征。分析了解各类调查对象的社会特征、心理特征和文化背景，以便针对其特征来拟题。

（3）拟定并编排问题。首先构想每项资料需要用什么样的句型来提问，尽量详尽地列出问题，然后对问题进行检查、筛选，看它有无多余的问题，有无遗漏的问题，有无不适当的问句，以便进行删、补、换。

（4）进行试问试答。站在调查者的立场上试行提问，看看问题是否清楚明白，是否便于资料的记录、整理；站在应答者的立场上试行回答，看看是否能答和愿答所有的问题，问题的顺序是否符合思维逻辑。

（5）修改、复印。根据试答情况，进行修改，再试答，再修改，直到完全合格以后才定稿付印，制成正式问卷。

3. 调查问卷设计技巧

（1）事实性问题

事实性问题主要是要求应答者回答一些有关事实的问题。例如：你通常什么时候看电视？事实性问题的主要目的在于求取事实资料，因此问题中的字眼定义必须清楚，让应答者了解后能正确回答。

市场调查中，许多问题均属事实性问题，例如应答者个人的资料：职业、收入、家庭状况、居住环境、教育程度等。这些问题又称为分类性问题，因为可根据所获得的资料而将应答者分类。在问卷之中，通常将事实性问题放在后边，以免应答者在回答有关个人的问题时有所顾忌，因而影响以后的答案。如果抽样方法是采用配额抽样，则分类性问题应置于问卷之首，否则不知道应答者是否符合样本所规定的条件。

（2）意见性问题

在问卷中，往往会询问应答者一些有关意见或态度的问题。例如：你是否喜欢××电视节目？意见性问题事实上即态度调查问题。这种问题的处理通常有两种方法：其一是对意见性问题的答案只用百分比表示；另一方法则旨在衡量应答者的态度，故可将答案化成分数。

（3）困窘性问题

困窘性问题是指应答者不愿在调查员面前作答的某些问题，例如关于私人的问题，或不为一般社会道德所接纳的行为、态度，或属有碍声誉的问题。例如：平均说来，每个月你打几次麻将？如果你的汽车是分期购买的，一共分多少期？你是否向银行抵押借款购股票？除了你工作收入外，尚有其他收入吗？这些问题可采用以下方法：

1）间接问题法。不直接询问应答者对某事项的观点，而改问他认为其他该事项的看法如何。例如：用间接问题旨在套取应答者回答认为是旁人的观点。所以在他回答后，应立即再加上问题“你同他们的看法是否一样？”

2）卡片整理法。将困窘性问题的答案分为“是”与“否”两类，调查员可暂时走开，让应答者自己取卡片投入箱中，以减低困窘气氛。

3）随机反应法。根据随机反应法，可估计出回答困窘问题的人数。

4）断定性问题。有些问题是先假定应答者已有该种态度或行为。例如：你每天抽多少支香烟？事实上该应答者极可能根本不抽烟，这种问题则为断定性问题。正确处理这种问题的方法是在断定性问题之前加一条“过滤”问题。例如：你抽烟吗？如果应答者回答“是”，用断定问题继续问下去才有意义，否则在过滤问题后就应停止。

5）假设性问题。有许多问题是先假定一种情况，然后询问应答者在该种情况下，他会采取什么行动。例如：如果××晚报涨价至2元，你是否将改看另一种未涨价的晚报？如果××牌洗衣粉跌价1元，你是否愿意用它？你是否愿意加薪？你是否赞成公共汽车公司改善服务？这些皆属假设性问题，应答者对这种问题多数会答“是”。这种探测应答者未来行为的问题，应答者的答案事实上没有多大意义，因为多数人都愿意尝试一种新东西，或获得一些新经验。

4. 调查问卷的结构

调查问卷一般可以看成是由三大部分组成：卷首语（开场白）、正文和结尾。

（1）卷首语

问卷的卷首语或开场白是致被调查者的信或问候语。其内容一般包括下列几个方面：

1）称呼、问候。如“××先生、女士：您好”。

2）调查人员自我说明调查的主办单位和个人的身份。

3）简要地说明调查的内容、目的、填写方法。

4）说明作答的意义或重要性。

5）说明所需时间。

6）保证作答对被调查者无负面作用，并替他保守秘密。

7）表示真诚的感谢，或说明将赠送小礼品。

调查问卷语气应该是亲切、诚恳而礼貌的，简明扼要，切忌啰唆。问卷的开头是十分重要的。大量的实践表明，几乎所有拒绝合作的人都是在开始接触的前几秒钟内就表示不愿参与的。如果潜在的调查对象在听取介绍调查来意的一开始就愿意参与的话，那么绝大部分都会合作，而且一旦开始回答，就几乎都会继续并完成，除非在非常特殊的情况下才会中止。

（2）正文

问卷的正文实际上也包含了三大部分。

第一部分包括向被调查者了解最一般的问题。这些问题应该是适用于所有的被调查者，并能很快、很容易回答的问题。在这一部分不应有任何难答的或敏感的问题，以免吓坏被调查者。

第二部分是主要的内容，包括涉及调查的主题的实质和细节的大量的题目。这一部分的结构组织安排要符合逻辑性并对被调查者来说应是有意义的。

第三部分一般包括两部分的内容，一是敏感性或复杂的问题，以及测量被调查者的态度或特性的问题；二是人口基本状况、经济状况等。

（3）结尾

问卷的结尾一般可以加上1～2道开放式题目，给被调查者一个自由发表意见的机会。然后，对被调查者的合作表示感谢。在问卷最后，一般应附上一个“调查情况记录”。这个记录一般包括：

1）调查人员（访问员）姓名、编号。

2）受访者的姓名、地址、电话号码等。

3）问卷编号。

4）访问时间。

5）其他，如设计分组等。

5. 问卷设计应注意的问题

（1）问卷的开场白

问卷的开场白，必须慎重对待，要以亲切的口吻询问，措词应精心切磋，做到言简意明，亲切诚恳，使被查者自愿与之合作，认真填好问卷。

（2）问题的字眼（语言）

由于不同的字眼会对被调查者产生不同的影响，因此往往看起来大致相同的问题，会因所用字眼不同，而使应答者有不同的反应，做出不同的回答。故问题所用的字眼必须小心，以免影响答案的准确性。一般来说，在设计问题时应留意以下几个原则：

1）避免一般性问题。如果问题的本来目的是在求取某种特定资料，但由于问题过于一般化，使应答者所提供的答案资料无多大意义。

例如：某酒店想了解旅客对该酒店房租与服务是否满意，因而做以下询问：你对本酒店是否感到满意？这样的问题，显然有欠具体。由于所需资料牵涉到房租与服务两个问题，故应分别询问，以免混乱，如：你对本酒店的房租是否满意？你对本酒店的服务是否满意？

2）问卷的语言要口语化，符合人们交谈的习惯，避免书面化和文人腔调。

(3) 问题的选择及顺序

通常问卷的头几个问题可采用开放式问题，旨在使应答者多讲话，多发表意见，使应答者感到十分自在，不受拘束，能充分发挥自己的见解。因此问题应是容易回答且具有趣味性，旨在提高应答者的兴趣。核心问题往往置于问卷中间部分，分类性问题如收入、职业、年龄通常置于问卷之末。

问卷中问题的顺序一般按下列规则排列：

1）容易回答的问题放前面，较难回答的问题放稍后，困窘性问题放后面，个人资料的事实性问题放卷尾。

2）封闭式问题放前面，自由式问题放后面。由于自由式问题往往需要时间来考虑答案和语言的组织，放在前面会引起应答者的厌烦情绪。

3）要注意问题的逻辑顺序，按时间顺序、类别顺序等合理排列。

下述是对某企业物流资源的调查问卷设计案例。

× ×物流资源调查问卷

您好！本问卷是为× ×物流规划而设计。调查获得的数据资料仅用于此课题研究。请您抽出宝贵时间，帮助我们完成此次调研活动。感谢您回答此份问卷！

请您在横线上填写最符合贵公司情况的题号或文字，另有说明的题目按说明填写。

一、企业基本经营情况

1. 公司名称____________________，区域位置____________________，近5年的营业额为________、________、________、________、________万元，企业性质是__________（单选）。

A. 国有　　B. 集体

C. 中外合资/合作企业　　D. 外商独资

E. 民营　　F. 内资股份制

2. 企业主要从事的业务为__________，2008年新增业务为__________（可多选）。

A. 运输与装卸　　B. 仓储

C. 包装与流通加工　　D. 配送

E. 库存管理　　F. 信息系统管理

G. 物流咨询与物流系统设计　　H. 其他__________（请注明）。

3. 企业的业务辐射范围是__________（可多选）。

A. 本市　　B. 本省（直辖市）

C. 本省及周边省区　　D. 全国

E. 跨国境

4. 企业的业务网点（或分支机构、代理机构等）覆盖了__________个省，__________个县级市。

5. 针对企业网点选址的主要影响因素，按重要程度，对以下选项画√。

	弱	⟶			强
经济发展水平	1	2	3	4	5
物流基础设施	1	2	3	4	5
市场需求潜力	1	2	3	4	5
物流发展政策	1	2	3	4	5
物流配套服务水平	1	2	3	4	5
劳动力成本与素质	1	2	3	4	5

6. 企业主要客户群为____________，2008 年新增客户为____________（可多选）。

A. 国有企业　B. 股份公司
C. 外商独资企业　D. 中外合资/合作企业
E. 私营企业　F. 事业单位
G. 其他____________（请注明）

7. 企业主要客户群属于____________，2008 年新增客户属于____________（可多选）。

A. 煤炭　B. 钢铁
C. 机械　D. 矿建材料
E. 石油化工　F. 农副土特产
G. 食品　H. 化肥
I. 医药　J. 纺织服装
K. 汽车及配件　L. 机电设备
M. 电子产品　N. 家用电器
O. 烟草　P. 图书报刊音像制品
Q. 其他____________（请注明）

8. 公司主要服务面对的行业有____________（可多选）。

A. 商业行业　B. 食品行业
C. 基础物资行业　D. 农产品行业
E. 快速消费品业　F. 其他____________（请注明）

9. 企业与主要客户的合作一般采取哪种形式？____________（可多选）

A. 签订合同　B. 战略联盟
C. 客户持有本公司股份　D. 相互持股
E. 其他____________（请注明）

10. 企业与主要客户签署合同的期限一般为____________（可多选）。

A. 临时合同　B. 半年合同
C. 年度合同　D. 长期合同（一年以上）

11. 企业物流管理部门职责是____________（可多选）。

A. 仓储管理　B. 流通加工管理
C. 配送管理　D. 运输管理
E. 回收物流管理　F. 其他____________（请注明）

12. 企业物流总费用占销售额的比例为____________。

A. 10% 及以下　B. 11% ~20%

C. 21% ~30%　　D. 31% ~40%

E. 40% 以上

13. 目前企业的物流业务是否进行了外包？____________

A. 是　　B. 否

14. 如果企业进行了物流业务外包，则企业外包物流业务量占总物流业务量的比例为____________。

A. 10% 及以下　　B. 11% ~30%

C. 31% ~50%　　D. 51% ~80%

E. 80% 以上

15. 目前企业外包的物流业务为____________；未来考虑增加的物流外包业务为____________；考虑减少的物流外包业务为____________（可多选）。

A. 仓储保管　　B. 干线运输

C. 配送　　D. 包装与流通加工

E. 库存管理　　F. 物流信息管理

G. 物流系统设计　　H. 其他____________（请注明）

16. 如果没有进行物流业务外包，请说出主要的原因是什么？

____

____

____

二、企业基础设施情况

1. 贵企业使用仓库的总面积为（　　　）m^2，其中自有（　　　）m^2，租用（　　　）m^2。

自有仓库的类型属于____________，租用仓库的类型属于____________。

A. 平房库　　B. 立体库

C. 楼房库　　D. 货场

E. 冷库　　F. 危险品专用库

G. 其他____________（请注明）

2. 企业自有仓库的利用率是____________。

A. 30% 以下　　B. 31% ~50%

C. 51% ~70%　　D. 71% ~90% 以上

E. 90% 以上

具体情况：

类　别	普通仓库	冷藏仓库	保温仓库	气调仓库	危险品库	其他（　　　）
面积（m^2）						
利用率（%）						

3. 企业自有仓库的运作方式是____________（可多选）。

A. 机械化作业，信息处理用人工　　B. 以手工作业为主

C. 机械化作业，信息处理计算机化　　D. 全自动无人作业

4. 仓库的主要物流作业功能包括__________（可多选）。

A. 仓储　　B. 加工

C. 配送　　D. 转运

E. 其他__________（请注明）

5. 仓库内自有物流设备主要有__________（可多选）。

A. 叉车（__________辆）

B. 厢式货车（__________辆）

C. 条码或射频识别设备（RFID）

D. 物流管理信息系统软件（使用了__________年）

E. 其他__________（请注明数量）

6. 企业商品的平均库存期是__________。

A. 10d 以下　　B. 11 ~ 20d

C. 21 ~ 30d　　D. 1 ~ 2 个月

E. 2 ~ 3 个月　　F. 3 个月以上

7. 企业自有车辆有__________辆，挂靠车辆有__________辆，企业营运车辆的利用率是__________。

A. 20% 以下　　B. 21% ~ 50%

C. 51% ~ 70%　　D. 71% ~ 90%

E. 90% 以上

具体情况：

类别	普通货车	厢式货车	拖排半挂车	专用罐车	冷藏车	其他（　　　）
数量（辆）						
利用率（%）						

8. 企业 2007 年度运出货物运输总量是________ t。运进货物主要采用的运输方式及相应所占比例分别是（按运量大小依次填写前三位）________、________、________。

9. 企业货物在公路运输中采用的运输方式及相关信息，请填写下面的表格。

运输方式	该方式每辆车的平均载货量（t）	该方式在公路货运运输中所占的百分比
小货		
大货		
拖挂（集装箱）		

三、企业人力资源情况

1. 企业在岗员工总人数是________人，中层以上管理人员占________%，基层员工占________%。

2. 针对企业吸引中层以上管理人员的主要因素，按重要程度，对以下选项画√。

	弱	⟶			强
企业规模与形象	1	2	3	4	5
收入及福利水平	1	2	3	4	5
收入分配与职务晋升公平性	1	2	3	4	5
职业发展机会与空间	1	2	3	4	5
工作的物质环境与条件	1	2	3	4	5
人际关系与组织氛围	1	2	3	4	5
领导者的素质与诚信程度	1	2	3	4	5

3. 中层以上管理人员的平均年收入是____________。

A. 18000 元及以下　　B. 18000～30000 元（含）

C. 30000～42000 元（含）　　D. 42000～54000 元

E. 54000 元以上

4. 基层员工的平均年收入是____________。

A. 6000 元及以下　　B. 6000～16000 元（含）

C. 16000～26000 元（含）　　D. 26000～36000 元

E. 36000 元以上

5. 目前企业物流作业人员的数量共有____________人，其中，具有物流专业理论知识的大学生比例为____________，具备相关物流资格证书的比例为____________。

A. 5% 以下　　B. 6%～20%

C. 21%～40%　　D. 41%～60%

E. 61%～80%　　F. 81% 以上

6. 企业最紧缺的物流人才是____________（可多选）。

A. 综合性物流管理　　B. 物流信息管理

C. 库存管理　　D. 客户服务管理

E. 国际物流业务管理　　F. 运输管理人员

G. 仓储操作人员　　H. 其他____________（请注明）

7. 企业如何进行物流人才培训？____________（可多选）

A. 鼓励和资助员工进行专业深造　　B. 企业内部定期组织培训

C. 委托高校组织短训班　　D. 组织参加社会机构认证培训与考试

E. 其他____________（请注明）

四、企业经营环境

1. 对于本地政府需要强化的职能，按重要程度，对以下选项画√。

	弱	⟶			强
政策法规体系建设	1	2	3	4	5
提高政府服务效率	1	2	3	4	5
规范市场	1	2	3	4	5
完善物流公共信息平台	1	2	3	4	5
加强物流基础设施	1	2	3	4	5
推进物流标准化	1	2	3	4	5

2. 企业认为我国物流标准化工作亟待改进的方面包括____________（可多选）。

A. 设施与技术装备标准化　B. 作业流程标准化

C. 编码标准化　D. 数据采集标准化

E. 物流信息交换标准化　F. 服务标准化

G. 其他____________（请注明）

3. 企业发展中存在的主要问题有____________（可多选）。

A. 运作成本高　B. 市场营销能力差

C. 资金不足　D. 不能满足客户临时需求

E. 信息化水平低　F. 客户响应速度慢

G. 货损率高　H. 业务运作的网络化水平低

I. 服务差错率高　J. 服务内容单一化

K. 员工素质低　L. 其他____________（请注明）

4. 制约企业发展的外部因素是____________（可多选）。

A. 政策法规体系欠完善　B. 市场环境不规范

C. 物流需求不足　D. 物流公共信息平台欠发达

E. 物流基础设施有待完善　F. 其他____________（请注明）

5. 企业与同行企业间是否存在合作？____________

A. 是　B. 否

6. 若存在合作，其合作形式为____________（可多选）。

A. 签订合同　B. 战略联盟

C. 参股　D. 其他____________（请注明）

7. 若企业与同行企业间签署合同，其期限一般为____________（可多选）。

A. 临时合同　B. 半年合同

C. 年度合同　D. 长期合同（一年以上）

五、企业信息化情况

1. 企业是否有信息系统及相关设施？____________

A. 无　B. 有（投资____________万元人民币）

如有，其开发方式是什么？____________

A. 自行开发　B. 委托定制开发

C. 外购成熟产品　D. 其他____________（请注明）

此物流信息系统中包括哪些模块？____________（可多选）

A. 运输管理　B. 仓储管理

C. 财务管理　D. 设备管理

E. 订单处理　F. 配送管理

G. 其他____________（请注明）

2. 企业采用了哪些物流信息技术？____________（可多选）

A. RFID（射频识别）

B. GPS（全球卫星定位系统）与 GIS（地理信息系统）

C. ASS（自动分拣系统）

D. EOS 系统（电子自动订货系统）
E. 条形码技术
F. EDI 系统（电子数据交换系统）
G. 其他____________（请注明）
3. 企业的客户能否访问本企业的网络数据？____________
A. 能
B. 不能，但一年内基本可以实现数据共享
C. 近几年内都无法实现
4. 企业未来一年内可能投资哪些物流信息技术设备？____________（可多选）
A. RFID（射频识别）
B. GPS（全球卫星定位系统）与 GIS（地理信息系统）
C. ASS（自动分拣系统）
D. EOS 系统（电子自动订货系统）
E. 条形码技术
F. EDI 系统（电子数据交换系统）
G. 其他____________（请注明）

六、企业前景预测

1. 企业未来需要加强的工作有哪些？____________（可多选）
A. 降低运作成本　　B. 加强市场营销
C. 增加服务项目　　D. 提高信息化水平
E. 提高客户响应速度　　F. 降低货损率
G. 降低服务差错率　　H. 优化业务运作网络
I. 满足客户临时需求　　J. 提高员工素质
K. 与核心客户及供货商建立更紧密的合作关系
L. 与国内外物流企业建立联盟与合并
M. 其他____________（请注明）
2. 2008 年，企业将开展哪些增值服务？____________（可多选）
A. 咨询及信息服务　　B. 物流一体化服务
C. 物流系统设计与优化　　D. 物流方案策划
E. 其他____________（请注明）
3. 2009 年，企业将在哪些方面进行投资？____________（可多选）
A. 扩张业务网络　　B. 物流信息技术
C. 运输车辆　　D. 仓储设施
E. 员工培训　　F. 其他____________（请注明）
4. 目前影响和制约本企业业务发展的主要因素有哪些？

____

____

5. 进一步提高本企业物流专业化水平和竞争力的主要措施有哪些？

____

备注：请您留下具体联系方式，谢谢！

填表人姓名：　　　　　　　　　　电话：　　　　　　　　　　电子信箱：

步骤三　调研过程实施

调研问卷设计出来后，紧接着要进行具体的实施环节。在调研实施环节，涉及很多方面，这些方面多多少少影响着调研目标实现的效果，如时间、天气、对象、交流技巧等。其中面谈交流的对象以及交流时的技巧是重要的影响因素。

1. 交流对象

对于物流企业而言，整个企业的人员组织机构一般包含总经理、副总经理、人事部门经理、物流部门经理、仓储配送部部长、信息管理部部长、仓库主管、配送主管、调度员、信息统计员、库管员等。在调研实施之前，如果有项目支撑，可以凭借项目的支持，充分利用企业的配合，由企业安排实施物流企业资源和业务运作情况的调查。如果没有项目支持，此时要借助其他与企业的关系，实现调查的目标。

一般在调研前，首先要将设计好的调研问卷电子版或文字版发给调研企业，由企业安排人员填写调研问卷。另外，由企业填写调研问卷之余，调研人员应该安排时间，选择调研内容，与企业不同的调研对象进行面对面的交流，以便更深入地了解企业的各方面情况。

交流对象一般选择企业总经理、人事经理、业务经理和业务员四个层次。总经理负责介绍企业整体发展的概况，以及未来发展的规划目标；人事经理主要介绍本公司人员结构、岗位情况，以及各岗位对岗位的要求和对员工的绩效考核、招聘等情况；业务经理负责介绍本公司物流业务特点、服务客户、物流资源等；业务员主要介绍所在岗位的业务特点，完成业务所需的技能和知识。

2. 访谈技巧

访谈作为最常用的一种调研方式，能够使调研者快速、多方位了解企业，掌握相关的信息。访谈的效果取决于对访谈的态度和技巧的运用。如果访谈工作只是流于形式，流程化的你问我答，往往难以获得理想的效果。

（1）访谈前做充分的准备

例如尽可能搜集企业资料，以期对企业近几年的发展和服务客户有一个整体的把握和熟悉，同时把本土区域相类似企业的经营模式与之进行比较，找到各自的优势是什么。总之，调研之前做好充分的准备，是实现调研目标，取得事半功倍效果的重要一步。其实每个项目的访谈都应做充分的准备，尤其是对于重要的访谈对象，更应该在访谈前做认真的准备。

1）合理安排访谈。访谈前根据访谈的目的合理安排访谈的对象、人数、时间等内容。访谈的安排容易出现两个问题：一是机械地把所有的访谈安排在一起。其实有的情况下访谈可以分阶段进行，例如初步了解企业情况做一些访谈，深入思考问题、解决问题还可以做一些访谈，做方案和做访谈也可以穿插着进行。总之，访谈是根据需要灵活安排的，而不是一种程序。二是打疲劳战，所有的调研者在一段时间拼命访谈，每天的访谈量很大，这样做的结果是总结、消化、探讨的时间很少，甚至没有。

2）明确访谈目的、设计相关内容。访谈的时间非常有限，因此访谈要有明确的目的，需要了解什么情况、掌握什么信息，要做到心中有数。采用结构化访谈一般会事先拟好访谈提纲。这里需要注意两点：一是对重要的访谈对象，访谈提纲要因人而异。二是根据在访谈中发现的问题及时调整访谈的侧重点。例如，经过几个人的访谈，发现该企业的某个问题，而这个问题对项目很重要，那么在后面的访谈中就需要有意识地深入了解这个问题。

3）了解访谈对象。对于重要的访谈对象，这一点很有必要。了解访谈对象的背景、经历，甚至阅读其作品、讲话稿等，对访谈中的沟通和理解能起到很好的作用。

（2）引导与控制：挖掘最有价值的信息

1）良好的开场。开场最重要的是迅速拉近与访谈者的距离，赢得信任，让对方打开话匣子。一般来说应注意三点：一是介绍访谈的目的，让对方了解访谈的主题。二是说明访谈内容的保密性，让对方能够放心地说。三是寻找恰当的切入点，这一点是最重要的。恰当的切入点能提起访谈者的兴趣，使对方在轻松愉快中开始交谈。

2）让对方谈感兴趣和擅长的内容。在访谈中应注意观察、感知对方的反应，遇到对方不愿多谈的就简单带过，多让对方谈感兴趣和擅长的内容，因为人在谈自己感兴趣和擅长的内容时一般能够说得详细、真实、生动，能够让访谈者捕获比较丰富的信息。当然，这些信息必须是和项目相关的。

3）深入挖掘有价值的信息。四平八稳、每个问题谈相等时间的访谈往往只能获得粗浅的信息。要想对企业有比较深入的了解、发现有价值的问题，在访谈中需要深入挖掘有价值的信息。即便是相同的访谈提纲，与每个访谈者的交流也是不一样的，如果发现某个问题有价值，应该引导访谈者深入地去谈。

4）控制方向和节奏。访谈的时间是有限的，要在有限的时间里捕获尽可能多并且有价值的信息。访谈者在整个访谈过程中说的话不宜多，但却要能把握访谈的方向和节奏，好比掌舵的水手。当访谈对象说的话离题，要用恰当的方式引导对方回归主题。什么问题谈到什么程度也要有所把握，以免后面需要访谈的内容没有时间进行。

（3）去伪存真

对于访谈中的信息，最麻烦的问题之一就是判断其真实性，信息的准确度会影响对事情的评价判断，尤其是一些重要的信息，判断其真实性是很必要的。在访谈中可以用一些技巧对信息进行去伪存真的过滤。一种方式是采用呼应式的提问，就是为了印证前面一个事情，在后面从另外一个角度提问，看看是否吻合。另一种方式是追问细节、列举事例。例如对方说新的领导来了发生了很多改变，一是按能力大小来用人，二是……我感觉他有点像在背书，就询问："您能就按能力大小来用人这点举一两件事例吗？"结果他说："还没有具体实施，只是表现出这样的想法。"还有一种方式是多人印证。同一件事情，在访谈中询问不同的人往往可以搞清事情的真相。

（4）善于捕捉细节

很多时候通过细节能感知一些重要的东西。细节包括语言细节和非语言细节。例如访谈过一个工厂的厂长。这个工厂是总公司刚刚并购的，厂长是总公司新派过去的，副厂长是原来企业的。厂长提到副厂长时说"他有想法，他不和我沟通，我怎么知道他有什么想法……"这句话所体现出来的思想和行为与他先前所说的要"主动将自己融合在原来的企业里面"显然是不一致的。通过这种不经意的一句话，甚至语调、语气，往往能感知最真实的东西。

（5）不要做出评价和表达观点

调研者做访谈一定要明白自己的身份和目的。在访谈过程中，不宜对事和人做出主观的评价，也不宜表达自己的倾向和观点。访谈的目的是获取所需要的信息，用于后面的分析、设计方案等。

步骤四　汇总分析问卷

通过前期的调研问卷和访谈后，对调研问卷和访谈的结果需要总结和分析，以便为后面的结论打下良好的基础。分析之前，需要对数据进行量化，然后才可以方便对数据的分析。问卷的统计与分析是调查的重点，也是调研工作的难点。同样的统计数据，由于分析方法的不同以及对数据的理解不同，可能会得到完全相反的结果。

从统计分析的层次划分问卷的统计分析方法可分为两类：定性分析和定量分析。

1. 定性分析

定性分析是一种探索性调研方法。目的是对问题定位或启动提供比较深层的理解和认识，或利用定性分析来定义问题或寻找处理问题的途径。但是，定性分析的样本一般比较少（一般不超过三十），其结果的准确性可能难以捉摸。实际上，定性分析很大程度上依靠参与工作的统计人员的天赋眼光和对资料的特殊解释，没有任何两个定性调研人员能从他们的分析中得到完全相同的结论。因此，定性分析要求投入的分析者具有较高的专业水平，并且优先考虑那些做数据资料收集与统计工作的人员。

2. 定量分析

在对问卷进行初步的定性分析后，可再对问卷进行定量分析。定量分析首先要对问卷数量化，然后利用量化的数据资料进行分析。

（1）简单的定量分析

1）对封闭问题的数据处理。封闭问题是设计者已经将问题的答案全部给出，被调查者只能从中选取答案。例如：您认为提高物流作业效率时，先进的技术重要吗？（限选一项）

一点也不重要……………………1

不重要……………………………2

无所谓……………………………3

重要………………………………4

非常重要…………………………5

对于全部45次访问的回答，可以简单地统计每种回答的数目：一点也不重要=2；不重要=5；无所谓=10；重要=15，可把结果整理成如表1-1所示。

表1-1　提高物流作业效率先进技术的重要性

变量类型	变量取值	频数	百分比	累计百分比
一点也不重要	1	2	0.044	0.044
不重要	2	5	0.111	0.155
无所谓	3	10	0.222	0.377
重要	4	13	0.289	0.666
非常重要	5	15	0.333	1.00

从表 1-1 中可以看出，先进技术的应用对提高物流作业效率很重要，仅有 15.6% 的人认为不重要。

2）对开放问题的数据处理。开放性问题是指问卷设计者不给出确切答案，而由被调查者自由回答，如表 1-2 所示。

表 1-2　企业为什么没有物流外包

被访问者	回　答
1	没有时间，等以后再说
2	根本不想外包
3	浪费金钱、时间，不值得
4	存在商业信息安全
5	外包负担太重，也没有钱

如果所有回收的问卷只有这 5 种答案，那么就很容易做出分析概括。若有多种答案，必须进行分类处理，例如可把不旅游的理由大概分为四类，如表 1-3 所示。

表 1-3　不想物流外包的理由

理　由	百分数（%）
时间原因	30
金钱原因	48
安全原因	10
纯粹不喜欢	12

利用表 1-3 中的四种原因，就可以进行分析处理，并且从表中很容易看出被调查者的观点。

3）数量回答的数据处理。此回答结果为数字。例如：您为海外旅游花费多少？对于这类问题，最好的方法是对量化后的数据进行区间处理，同时使用各种统计量来描述结果，包括平均值、中位数等。

上述仅是简单的问卷数据处理分析方法，优点是简单，缺点是会丧失大量的数据信息，使决策的风险增大，并使分析结果过于肤浅。

（2）复杂定量分析

简单分析常用于单变量和双变量的分析，但是社会经济现象是复杂多变的，仅用两个变量难以满足需要。这时就需要用到复杂定量分析，在问卷设计中，常用的复杂定量分析有两种——多元分析和正交设计分析，这些方法可以参考相关书籍去学习。

3. 统计分析方法的选择及应该注意的问题

（1）统计分析方法的选择

一般情况下，选择方法时应该注意两个问题：第一，如果只需对问题进行初步的探索，那么可采用定性分析或简单定量分析：第二，如果需要对问题进行深层研究，探索事物的本质，则需要利用复杂定量分析。事实上在很多时候，合适的问卷分析方法的选取取决于分析人员的经验和专业知识。

（2）选择方法过程中应注意的问题

在市场调研中，经常将定性分析与定量分析相结合，使之互相配合，以便收到更准确、更全面和更细致的调查结果。现今在发达国家的市场调查实践中，就经常使用定性分析的方法以辅助与补充定量分析的不足。例如，有些问题涉及被调查者的隐私或对他们的自我形象有消极作用，这时被调查者就可能做出不切实际的回答。此时利用定性分析可得到较切实际的结果。

第二章　仓储系统分析

知识目标

1. 理解系统的概念与特点。
2. 理解仓储系统的构成要素。
3. 理解自动化仓库类型、发展与优缺点。
4. 理解自动化立体仓库的设计与规划。

能力目标

1. 会分析某企业仓储系统的构成。
2. 能分析某企业物流系统的内容与特点。

第一节　仓储系统概述

一、系统

1. 系统的定义

人们在认识事物和改造事物的过程中，通常会根据事物内在的、本质的、必然的联系，从整体的角度进行综合分析和研究，这一思维过程的核心就是系统论的观点。我国著名科学家钱学森对系统做出了如下定义：系统是由相互作用和相互依赖的若干组成部分结合而成的、具有特定功能的有机整体，而且这个整体又是它所从属的更大的系统的组成部分。系统的概念如图 2-1 所示。

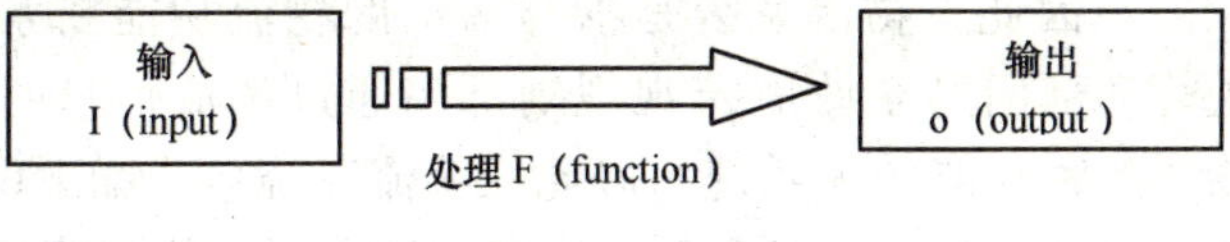

图 2-1　系统概念

所有系统，无论大小都具有下列条件：

（1）系统整体是由两个或两个以上的要素组成的。

（2）各要素间存在着相互联系，使系统保持相对稳定。

（3）系统是相对于环境而言的，环境的制约是系统形成和存在的条件。

（4）系统具有一定的结构，保持系统的有序性，使系统具有特定的功能。

2. 系统特点

在系统概念中系统有以下五个特点。

（1）整体性

系统的整体性主要表现为系统的整体功能。系统的整体功能不是各组成要素的简单叠加，而是呈现出各组成要素所没有的新功能，概括地表述为“整体大于部分之和”。

（2）相关性

对于一个系统来说，其组成是相当复杂的，具体表现在组成系统的各要素之间存在相互联系、相互作用、相互影响的关系。有效的系统，各要素之间互补增强，使系统保持稳定，具有生命力，而要做到这一点，系统必须有一定的有序结构。

（3）目的性

系统具有能使各个要素集合在一起的共同目的，而且人造系统通常具有多重目的。例如，企业的经营管理系统，在限定的资源和现有职能机构的配合下，它的目的就是为了完成或超额完成生产经营计划，实现规定的质量、品种、成本等利润指标。

（4）动态性

系统的动态性是指系统处于不断地变化和运动之中，即系统要不断输入各种能量、物质和信息，通过转换处理，输出满足人们某种期望的结果。

（5）环境适应性

环境是指出现于系统以外的事物（物质、能量、信息）的总称，相对于系统而言，环境是一个更高级的复杂的系统。系统必须适应外部环境的变化，能够经常与外部环境保持最佳的适应状态，才能得以存在。

二、物流系统的内涵

物流系统要求以系统思想为指导来研究物流的相关活动，这是系统思想在物流领域的具体化。物流系统可以定义为：在一定的时间和空间里，由所需的位移和服务的物资、提供服务的设备（含包装设备、装卸搬运机械、运输工具、仓储设施）、组织服务的人和信息等若干相互制约的动态要素所构成的具有特定功能的有机整体。这个整体十分复杂，其内部存在着相互作用和相互依赖的各个组成部分。物流系统的目的是实现物资的空间效益和时间效益，在保证社会再生产进行的前提条件下，实现各种物流环节的合理衔接，并取得最佳的经济效益。因此，物流系统是参与活动的物流功能要素、各类物流企业及供需双方、政府相关管理部门乃至政府宏观规划部门通过物流信息对各层次要素的整合协同工作用以完成物流各种功能的大系统。因此，物流系统包含如下两层含义：

（1）物流是由各个“功能要素”组合而成的完整的体系。物流系统通常由包装、装卸搬运、运输、仓储、配送、流通加工、物流信息七种功能要素构成。物流各功能要素本身或几个物流要素的组合都是物流系统的一个子系统，但是，物流各要素或各子系统之间存在较为密切的关联性，每个子系统的最优化并不能保证物流系统的最优化。

物流的本质要求将包装、装卸搬运、运输、仓储、配送、流通加工、物流信息作为一个总体系统来管理，按照总体系统的总功能和目标去协调各个子系统，从而使各个子系统在相互联系、相互影响、相互制约中保持协调一致，在发挥各自特定功能的基础上形成系统的总功能，实现系统的整体性能最优化。物流与包装、装卸、运输、仓储的根本区别就在于它是对这些功能要素进行系统化管理。因此，对于物流或物流问题必须用系统的方法，将其作为一个大系统来把握处理。

（2）物流系统与其外部环境相互依存。由于物流系统的许多活动与自然、经济、社会系统都有着重要而广泛的相互影响，因此，物流系统的环境应该包括自然环境、社会环境、经济环境和文化环境，而不仅仅是经济体系中的一个子体系。物流的发展必须要考虑物流系统对其所处环境的影响以及环境对物流系统的制约因素。同时在物流系统对环境的影响中，不仅有经济效益，还有巨大的社会效益。

第二节　仓储系统构成

一、仓储系统概述

一个完整的仓储系统包括系统输入、系统处理、系统输出和系统反馈等环节。仓储系统输入主要是人、财、物、信息系统等；仓储系统处理一般包括仓库的选址与设计，仓储业务处理等；仓储系统输出主要是仓储服务的输出（对第三方物流 3PL 而言）；系统反馈主要是对消费者的问题迅速做出反应并能及时给予在整个仓储系统中能够解决实现满足消费者的服务期望。

提高整个仓储系统服务水平，降低仓储成本可以从仓储系统包含的内容来寻求思路，进而通过仓储环节实现企业创造“第三利润源”。

二、仓储系统构成要素

仓储系统的主要构成要素包括储存空间、货品、人员及设备等要素。

1. 储存空间

储存空间即仓库内的保管空间。在进行储存空间规划时，必须考虑到空间大小、柱子排列、梁下高度、走道、设备回转半径等基本因素，再配合其他相关因素的分析，方可做出完善的设计。

2. 货品

货品是储存系统的重要组成要素。分析货品的特征、货品在储存空间的摆放方法以及货品的管理和控制是储存系统要解决的关键问题。

（1）货品的特征

货品的特征包括以下几个方面：

① 供应商。货品是何处供应而来，还是自己生产而来。有无行业特征及影响。

② 货品特性。此货品的体积大小、质量、单位、包装、周转率的快慢、季节性的分布，及物性（如腐蚀或融化等）、温湿度的要求、气味的影响等。

③ 数量。如生产量、进货量、库存决策、安全库存量等。

④ 进货规定。如种类类别、规格大小等。

（2）货品在储存空间的摆放

影响货品在储存空间摆放的因素包括以下几个方面：

① 货位单位。货位的单位是单品、箱还是托盘。

② 货位策略的决定。是定位储存、随机储存、分类储存，还是分类随机储存，或是其他的分级、分区储存。

③ 货位指派原则的运用。

④ 货品特性。

⑤ 补货的方便性。

⑥ 单位在库时间。

⑦ 订购频率等。

货品摆放好后，就要做好有效地在库管理，随时掌握库存情况，了解其品种、数量、出入库状况等所有资料。

3. 人员

规模较大的仓库中，人员分工比较细，可能包括仓管人员、搬运人员、理货拣货和补货人员等。仓管人员负责管理及盘点作业，拣货人员负责拣货作业，补货人员负责补货作业，搬运人员负责入库、出库搬运作业和翻堆作业（为了货品先进先出、通风、气味避免混合等目的）。而对于一般仓库，作业人员可以实行统一调配，不细分作业工种。

仓库人员在存取搬运货品时，讲求的是省时、高效。而在照顾员工的前提下，讲求的是省力。因此要达到存取效率高、省时、省力的目标，作业流程则要合理化；货位配置及标识要简单、清楚、一目了然；货位上的货品要好放、好拿、好找，另外，库内货位分类要简单、统一、标准化。

4. 设备

除了上述三项基本要素，另一个关键要素为储存设备、搬运与运输设备。如果货品不是直接堆放在地面上，则必须考虑相关的托盘、货架等。如果不是仅仅依靠人力搬运，则必须考虑使用叉车、笼车、输送机等输送与搬运设备。

（1）搬运与输送设备。在选择输送与搬运设备时，须考虑货品特性、容器、托盘等因素，以及作业流程与状况、货位空间的配置等，选择合适的搬运与输送设备。同时还要考虑设备成本与使用操作的方便性。

（2）储存设备。选择储存设备也要考虑货品特性、货品的单位、容器、托盘等基本条件，然后再选择适当的设备配合使用。有了货架设备时，必须将其做好标识、区隔，或是颜色辨识管理等。还应将各货位及货架等统一编码，以方便管理，而编码原则则必须明晰易懂、好作业。

第三节　自动仓储系统

仓储技术包括仓储设备和库存管理技术。在仓储设备方面，高层货架仓库是当前发达国家比较普遍采用的一种先进仓库，货架可高达 30 ~ 40m，具有 20 万 ~ 30 万货格，用计算机进行集中控制，采用自动化管理和机械化存取作业。近年来，随着装卸搬运机械的发展，各种专用仓库和综合仓库都向着保管和装卸结合为一体的高层自动化货架系统发展。对于仓储的软技术，特别是库存理论也有了很大的发展。

1963 年建立了世界上第一座计算机控制的高架仓库，目前我国已建成的立体仓库约有 400 余座，分布在汽车、化工、电子、机械、烟草、军队后勤等各行业和部门。自动仓储系统是采用高层货架储存货物，用起重、装卸、运输机械设备进行货物出库和入库作业的系统，AS/RS 主要通过高层货架充分利用空间进行存取货物，高架仓库的最大高度已达 40 多米，最大仓库量可达几万甚至十几万个货物单元，可以做到无人操纵按计划入库和出库的全自动化控制，并且对于仓库的管理可以实现计算机网络管理。

一、自动化仓储系统的发展

自动仓储系统是采用高层货架储存货物，用起重、装卸、运输机械设备进行货物出库和入库作业的系统；主要通过高层货架充分利用空间进行存取货物，所以又称为“自动化高攀仓库系统”，有的也称为“自动化立体仓库系统”。

高层货架一般用钢材制作，也可用钢筋混凝土货架。常用的物料搬运设备有巷道式堆垛机、桥式堆垛机、高架叉车、辊式输送机、链式输送机、升降机、自动导向车等。

自动仓储系统的出现和发展是第二次世界大战以后生产和技术发展的结果。20 世纪 50 年代初，美国出现了采用桥式堆垛起重机的仓库。20 世纪 50 年代末 60 年代初，出现了司机操作的巷道式堆垛起重机。1963 年美国首先在仓库业务中采用计算机控制：建立了第一座计算机控制的高架仓库。此后，自动仓储系统在美国和欧洲得到迅速发展。20 世纪 60 年代中期以后，日本开始兴建高架仓库，而且发展速度越来越快，已成为当今世界上拥有高架仓库数量最多的国家。

我国对高架仓库及其专用的物流搬运设备的研究开发并不晚，早在 1963 年就开发试制成功第一台桥式堆垛起重机。20 世纪 70 年代中期，我国开始研究采用巷道式堆垛起重机和高架叉车的高架仓库。1980 年，我国第一座自行研制完成的自动化高架仓库投产。以后，高架仓库在我国得到了迅速的发展。目前我国已建成的立体仓库约有 300 余座，分布在汽车、化工、电子、机械、烟草、军队后勤等各行业和部门。目前国内对高架仓库的需要不断增加，高架仓库的建设在我国方兴未艾。

具体来说，自动仓储系统发展趋势主要表现在以下几方面。

1. 自动化程度不断提高

采用可编程序控制器（PLC）和微机控制搬运设备的仓库，和采用计算机管理与 PLC 联网控制的全自动化仓库，在提高作业效率和控制精度、降低误差率等方面优势突出。生产企业中，自动化仓库作为全厂计算机集成制造系统（CIMS）的一部分，在与全厂计算机系统联网的应用中收到了很好的效果。

2. 与工艺流程结合更为紧密

AS/RS 高架仓库与生产企业的工艺流程密切结合，成为生产物流或销售物流的一个组成部分，如柔性加工系统中的自动化仓库。在配送中心，自动化仓库与物品的拣选、配送相结合，成为配送中心的一个组成部分。

3. 储存货物品种多样化

大到长 6m 以上、重 4 ~ 10t 的钢板、钢管等长大件，小到电子元器件的高架仓库，还有专门用作汽车储存的高架仓库等均已出现。

4. 提高仓库出入库周转率

除管理因素外，技术上主要是提高物料搬运设备的工作速度。巷道堆垛起重机的起升速度已达 90m/min，运行速度 240m/min，货叉伸缩速度达 30m/min。在有的高度较大的高架仓库中，采用上下两层分别用巷道堆垛机进行搬运作业的方法提高出入库能力。

5. 提高仓库运转的可靠性与安全性及降低噪声

在自动控制与信息传输中采用高可靠性的硬、软件，增强抗干扰力；采用自动消防系统，货架涂刷耐火涂层，开发新的更可靠的检测与认址器件；采用低噪声车轮和传动元件等。

6. 开发可供使用的拣选自动化设备和系统

在拣选作业自动化方面正加紧研究开发，但尚未真正达到能可靠地使用的阶段。目前，提高拣选作业自动化程度的途径主要局限于计算机指导拣选，包括优选作业路线、自动认址、提示拣选品种和数量等，而当前拣选动作大多仍由人工完成。

如何合理规划和设计自动化立体仓库，如何实现仓库与生产系统或配送系统的高效连接，已经成为 21 世纪的重要研究课题。

二、高架仓库的类型

1. 按其在生产和流通中的作用分类

（1）在单纯储存的仓库中，货物以单元化形式（如托盘）在货架上存储一定的时间，需要时供出库使用。

（2）在配送中心式仓库里，出库时需要根据订单的要求对不同类别的货物进行选配，组成新的出库货物单元。因此，在配送中心式仓库里需要较大的选配作业面积，以配置各类输送机、分拣系统和拣选作业站以及一系列的配套设备。

2. 按高层货架仓库的建筑形式分类

（1）整体式自动仓库由货架顶部支撑建筑物架，在货架边侧安装保温墙板就形成了仓库建筑物，货架与建筑物成一整体，适用于 15m 以上的大型自动仓库。

（2）分离式的货架与建筑物是分开的，当仓库高度在 12m 以下和地面荷载不大时，采用这种形式比较方便。

3. 按库房高度分类

一般 5m 以下为低层，5 ~ 12m 为中层，12m 以上为高层。一般认为 10 ~ 20m 较佳。最高可达 40 ~ 45m。

4. 按库房容量（能储存货物的单元托盘数）分类

可分为大型库（库容量在 5000 托盘以上）、中型库（库容量在 2000 ~ 5000 托盘）和小型库（库容量在 2000 托盘以下）。目前高层货架仓库的最大库容量已达十多万个托盘。

5. 按仓库作业的控制方式分类

可分为手动控制、远距离控制和电子计算机控制。手动控制包括手动和半自动两种；远距离控制包括单机自动和远距离集中控制两种；电子计算机控制包括离线控制、在线控制和计算机在线实时控制三种。

6. 按仓库存取方式分类

（1）以货物单元存取的仓库。在这种仓库里，货物存放在标准容器中或托盘上储存。出库和入库都以整个单元进行。所用的物料搬运机械是适用于整个单元搬运的，例如带伸缩货叉的巷道式堆垛机等。

（2）拣选式仓库。这种仓库里，货物虽以单元化方式入库和储存，但出库时并非整个单元一起出，而是根据出库提货单的要求从货物单元中拣选一部分出库。这种拣选又可分为两种：一种是仓库工人乘坐拣选式堆垛起重机或叉车到需要取货的货格前，从货物单元中拣选必要数量的货出库。这种方式叫做“人到货前拣选”。另一种方式则恰好相反，是用一般的巷道式堆垛机或其他搬运机械将所需货物单元整个搬运出巷道到拣选区，由工人选取必要的数量，然后将带有剩余货物的单元重新送回原址。这种方式叫做“货到人处拣选”。用哪一种合适，需视仓库作业需要决定。如果对于整个仓库来讲，只有拣选作业，而不需要整个单元出库，那么，多采用“人到货前拣选”的方式。但如果仓库作业中仍有相当一部分货物需要整个单元出库，或者拣选出来的各种货物往往还需要按用户的要求进行组合选配，那么也可以采用“货到人处拣选”的方式。

三、自动仓储系统的优点及作用

自动仓储系统具有一系列突出的优点，在物流系统中具有重要的作用。

（1）能大幅度地减少占地面积和提高库容。高层货架仓库目前已经达到40多米，它的单位面积储存量比普通的仓库高得多。一座货架15m高的高架仓库，储存机电零件和外协件，其单位面积储存量可达2～15t/m^2，是普通货架仓库的4～7倍。

（2）提高仓库出入库频率。自动化仓库采用机械化、自动化作业，出入库频率高并能方便地纳入整个企业的物流系统，成为它的一环，使企业物流更为合理。如联想集团配送中心处理订单的能力比原来提高30%。

（3）提高仓库管理水平。借助于计算机管理能有效地利用仓库储存能力，便于清点盘库，合理减少库存，节约流动资金。对用于生产流程中的半成品仓库，还能对半成品进行跟踪，成为企业物流的一个组成部分。

（4）由于采用了货架储存并结合计算机管理，可以很容易地实现先进先出，防止货物自然老化、变质、生锈。高架仓库也便于防止货物的丢失，减少货损。

（5）采用自动化技术后，能较好地适应黑暗、有毒、低温等特殊场合的需要。例如，胶片厂储存胶片卷轴的自动化仓库，在完全黑暗的条件下，通过计算机控制自动实现胶片卷轴的入库和出库。

四、自动化立体仓库的设计与规划

1. 设计的准备工作

这个阶段是需求分析，即准备阶段，在这一阶段里要提出问题，确定设计目标，并确定设计标准。设计主要包括以下内容。

（1）立体仓库是企业物流系统的子系统，必须要了解企业整个物流系统对子系统的要求和物流系统总体设计的布置图，以便对仓储的子系统进行总体设计。要调查过去进、出库房或料场物品的种类、数量及规律，以便预测未来，进行仓库容量的计算和分析。

（2）立体仓库是机构、结构、电气、土建等多专业的工程，这些专业在立体仓库的总体设计中互相交叉，互相制约。因此，在设计时对各专业必须兼顾。例如，机构的运动精度要根据结构制作精度和土建的沉降精度来选定。

（3）要了解企业对仓储系统的投资、人员配置等计划，以确定仓储系统的规模和机械化、自动化的程度。调查库内储存的货物的品名、特征（如易碎、怕光、怕潮等）、外形及尺寸、单件质量、平均库存量、最大库存量、每日进库和出库数量、入库和出库频率等。

（4）了解建库现场条件，包括气象、地形、地质条件、地面承载能力、风及雪荷载、地震情况以及其他环境影响。

（5）调查了解与仓储系统有关的其他方面条件。例如，入库货物的来源、连接库场交通情况、进库门和出库门的数目、包装形式、搬运方法、出库货物的去向和工具等。

2. 自动化立体仓库的总体规划

（1）库场的选择与规划

仓库和料场的选择和布置对仓储系统的基建投资、物流费用、生产管理、劳动条件和环境保护等都有着重要意义，这是首先要考虑的。根据企业物流系统的总体设计对仓储系统的要求，可采用分级评分法来确定仓储系统在整个物流系统中的位置。仓储系统可能有多个立体仓库和货场，这包括其他单位和设施，它们之间是相互联系和相互制约的。这就要求合理地确定仓储系统区域所有单位的相互几何位置关系，画出平面布置图。

（2）仓库形式和作业方式

在调查分析入库货物品种的基础上，确定仓库形式。对于品种单一或很少而批量较大的货物，可以采用重力式货架仓库或者其他形式的贯通仓库；对于有特殊要求的货物，可以采用如冷藏、防潮、恒温等设施的仓库。根据出库工艺要求，即以整单元出库为主，还是以零星货物出库为主，决定要不要采用拣选作业。

为了提高出库和入库的搬运效率，尽量少采用单作业方式（即单入库或单出库），而尽量多采用复合作业方式，就是仓储系统中堆垛机的台上设两副货叉，这两副货叉既可以分别伸缩，也可以同时伸缩，以存和取两个货物单元。也可把货架设计成两个货物单元的深度，堆垛机的货台也相应增宽一倍，货叉增长一倍，货叉伸出一半时可叉取一个货物单元，全部伸出后可同时叉取两个货物单元。再有在立体仓库中，采用“自由货位”的方式，货物可就近入库，特别是进出频繁的货物或很大、很重的货物，应尽可能接受到货和发货地点作业，这样既缩短进、出库时间，又节省了搬运费用。

仓储系统使用的搬运机械设备有许多种，它们各有其特有的特点。该系统总体设计时，要根据仓库的规模、货物的品种、出入库频率等选择最合适的机械设备，并确定其主要参数；要根据出入库率确定各个机构的工作速度；对于起重、装卸和堆垛等机械设备，根据货物单元的质量选定起重量；对于输送机，则根据货物单元尺寸选择输送机的密度，并恰当地选定输送机速度。

（3）货物单元的形式和货格尺寸设计

根据调查和统计结果，列出所有可能的货物单元形式和规格，并进行合理的选择。立体仓库是以单元化为前提的，所以确定货物单元的形式、尺寸及质量是一个重要的问题。它不仅影响仓库的投资，而且对于整个物流和仓储系统的配备、设施以及有关因素都有极为重要的影响。因此，为了合理确定货物单元的形式、尺寸和质量，需要对所有入库的货物，抓住在流通中的关键环节，对货物单元的品种进行 ABC 分析，选择最为经济合理的方案。对于少数形状和尺寸比较特殊以及很重的货物，可以单独处理。例如，汽车上的前桥、后桥、车身等大件，难以形成单元，就不一定非要与其零部件同入一个立体仓库。它们的储存问题可以用推式悬挂输送机或者其他方式单独处理。

在立体仓库设计中，根据货物单元恰当地确定货物尺寸是很重要的内容。它直接关系到仓库的面积和空间利用率，也关系到仓库能否顺利地存取货物。在确定货物单元时，应尽量采用标准推荐的尺寸，以利于与其他物料搬运和运输机相匹配。标准的货物单元的长、宽尺寸为：800mm×1000mm，800mm×1200mm，1000mm×1200mm。

在货物单元尺寸确定后，货物尺寸取决于在货物单元四周留出的净空尺寸和货架构件的有关尺寸。对于自动化仓库，这些净空尺寸的确定更要认真考虑，货架、堆垛机运行轨道、仓库地坪的施工、安装精度以及搬运机械的停止精度等，都要根据实际情况和有关经验数据来确定。

（4）确定库存量和仓库总体尺寸

立体仓库的设计规模主要取决于其库存量，即同一时间内储存仓库内货物单元数。所以，了解和推算出库存量是建立合理的仓库系统，特别是立体仓库的重要参数。

如果已经给出库存量，适当考虑发展的需要，就可以直接应用这个参数，如果没有给出，就要根据过去几年的进、出仓库和货场的数量和规律，通过预测技术来确定库容量。

仓库内采用存储和搬运机械的数量取决于仓库的最大出入库频率（一般以每小时出库和入库的货物单元数计算）。在总体设计开始阶段，仓库货架尺寸和搬运机械速度都未最后选定，作为初步估算，可以考虑每台堆垛机每小时平均出库或入库 30～40 个货物单元。用这个数字除最大出入库频率就可以初步确定需要多少搬运机械。在单元货格式仓库内，一般是每个巷道安装一台起重机，所以，起重机台数也就是巷道数。但如果仓库储存量比较大，而要求的出入库频率并不高，则按上述方法确定的起重机台数和货架巷道数就会比较少，使得每个巷道所拥有的货位数显得太大，因而货架的高度和长度偏大，造成经济上的不合理。一般认为，一个巷道的货位数以不超过 1500～2000 个为宜。

如果采用巷道堆垛机数量比巷道少，可以采用能走弯道堆垛机从一个巷道转移到另一巷道工作。或者在仓库巷道的一端设转移台车，按需要将堆垛起重机从一个巷道转入另一巷道工作。由于采用转移台车要增加仓库长度，所以，一般认为有 3 个以上巷道的仓库才值得用这种方案。在确定了巷道之后，大体上立体仓库的总体宽度便可以确定了。巷道的宽度应保证搬运机械能安全地在巷道内高速穿行。一般来说，巷道宽度为搬运机械总宽度加 150～400mm，无轨搬运机械则取最大值。

代表立体仓库技术水平的一个主要参数是仓库高度。从技术上比较容易实现和经济上比较合理的角度来看，一般不宜设计得过高，通常为 10～20m 的高度。仓库的高度和长度之间没有一定的比例关系，一般在 0.15～0.4 之间（德国采用这样比例的占 80%）。同样，宽度和高度之间也没有固定的比例关系，一般在 0.4～1.2 之间（德国采用这样比例的占 80%）。

问题思考

一、填空题

1. 系统的含义是____。

2. 系统特点是__________、__________、__________、__________、__________。

3. 仓储系统的主要构成要素有__________、__________、__________。

4. 托盘标准的尺寸有__________、__________、__________。

二、选择题

1. 下列关于仓库的描述正确的是（　　）。

A. 按建筑结构和保管条件分类为库房、楼房和自动化立体仓库。

B. 金属材料，机电产品一般存放在通用仓库里。

C. 特种仓库里一般存放化工、危险产品等，主要有冷藏仓库、保温仓库、危险品仓库三种类型。

D. 保税仓库是指经海关核准的专门存放保税货物的专用仓库。

E. 货场是仓库的一种形式，主要存放不怕风吹雨淋日晒的物品。

F. 加工仓库与中转仓库的功能相同。

2. 下列关于自动化立体仓库的描述正确的是（　　）。

A. 一般由货架、巷道机、输送系统、控制系统和配套系统几部分组成。

B. 自动化立体仓库的货架可以采取托盘式货架、重力式货架和驶出式货架。

C. 自动化立体仓库储存品种受限制，不适合超长和质量较大货物。

D. 自动化立体仓库可以提高仓容利用率、产出作业效率、商品的破损率和仓储管理水平。

E. 自动化立体仓库具有很多的优点，唯一的缺点是投资高、施工周期长。

三、简答题

1. 自动化仓储系统的优点是什么？

2. 阐述提升仓储系统效率，提高整体服务水平的途径。

四、实践题

以某企业为例分析仓储系统组成。

本章案例

日本提高物流作业效率的电子标签系统

1. 作业支援系统

为了提高生产效率，一方面依靠自动化机器，另一方面还需要先进的管理系统。此外，无论物流设备和管理系统多么先进，仍然离不开手工操作。如何提高手工操作的效率和精度是非常重要的问题。手工操作的主要问题在于思考和寻货需要大量的时间。为了解决这个问题，必须采用无纸化作业支援系统和作业支持网络系统（field network system，FNS）。然而在作业现场仅靠无纸作业是不能大大提高生产率的。例如，利用手持终端和手提计算机也可以实现无纸化作业，但这不过是把纸变成了显示画面而已，并不是提高生产率的无纸化作业。也就是说没有根本解决看显示屏幕的同时还要边思考边寻货的问题。

通过 FNS 能够大幅度提高工作效率和精确度，真正实现无纸化作业。FNS 不同于手提计算机与手持终端，它必须和高端计算机连接才能实现终端网络系统。FNS 是在作业现场持作业指示。它是根据作业所需的输入数据和条码等少量数据就能完成处理指令的低成本网络系统。

2. 先进的 FNS 的特点和应用

以前的 FNS 网络结构至少要用4 条线路来解决信号传送和电力供应问题，而先进的 FNS 只需要两条线路就可以解决信号的传送和电力供应问题。它是作业现场急需的节省配线的低成本网络系统。日本某公司生产的 L-PIcK 系统的应用软件与硬件能充分满足 FNS 的技术要求。

两线式 FNS 的优点能满足作业现场高技术网络系统的需要。

（1）电子标签拣货系统（DPS）。DPS 是在拣货操作区中的货架上，为每一种货物配备一个电子标签，并与 L-Pick 系统的其他设备连成网络。控制计算机可根据货物位置和订单数据，发出出货指令并使货架上的电子标签亮灯，操作员根据电子标签所显示的数量，及时、准确、轻松地完成以“件”或“箱”为单位的商品拣货作业。

由于在设计时合理安排了拣货人员的行走路线，所以减少了操作员的寻货线路。DPS 还实现了用计算机进行实时现场监控，具有紧急订单处理和缺货通知等各项功能。

（2）电子标签播种式分货系统（DAS）。DAS 是利用电子标签实现播种式分货出库的系统。DAS 中的储位代表一客户（各个商店、生产线等）。每一储位都设置电子标签，操作员先通过条码扫描把要分拣货物的信息输入系统中，下订单客户的分货位置所在的电子标签就会亮灯，发出蜂鸣，同时显示出该位置所需分货的数量。分拣员可根据这些信息进行快速分拣作业。因为 DAS 是根据商品和部件的标识号来进行控制的，所以每个商品上的条码支持 DAS 的基本条件。

（3）拣货和播种式分货系统（PAP）。PAP 是在已使用 DPS 的前提下，在原有 DPS 的同一个仓库里，把需要拣出来的货物运送到不同出货地点时所使用的 DAS 的支援出货作业系统。

（4）拣货和检品系统（PCP）。PCP 可实现零的误拣率，在每个 DPS 作业区域采用扫描器对商品逐一检查，以提高拣货准确性、精确度、拣货效率。

（5）拣货和标记系统（PMS）。PMS 是在电子标签拣货系统的基础上附加了确认是否满箱的功能，并能够打印出确认每个周转箱的明细内容。

（6）电子标签播种式分货系统（AMS）。DAS 的全部储位架上安装了一个“满箱”指示的电子标签，并且在每个区段设置一台可打印清单内容的标签打印机。

（7）盘点支援系统（CIS）。在原有 DPS 的系统环境下，电子标签并不显示所要拣货的数量，而是显示需要盘点的库存数量。

（8）零部件配置支援系统（DPS）。利用此系统使生产线上的零部件按顺序移动，通过电子标签闪亮、拣货后，进入组装作业。

第三章　仓储系统规划

知识目标

1. 理解仓储系统规划的原则。
2. 掌握仓储系统规划的步骤。
3. 掌握仓库选址的因素、方法。
4. 熟悉仓库规划的内容与步骤。
5. 掌握储位规划的内容。
6. 理解仓库人事组织结构形式。

能力目标

1. 会进行简单的仓储系统的规划。
2. 会分析仓储系统的储位、布局设计。

第一节　仓储系统规划概述

仓储系统规划是实现物流合理化的必要步骤。仓储系统规划在于运用专业技术能力，统计运算分析各作业需求，将仓储各关联系统做最适合的搭配组合，以建立适合的运作系统。仓储系统规划主要包括仓储作业区域的需求功能规划、作业程序与信息系统架构的规划、区域布置规划、仓储区域规模的确定、仓储设备的规划与选用等。

一、仓储系统的规划原则

仓储系统的规划原则不是一成不变的，要视具体情况而定。在特定场合下，有些原则互相影响，甚至互相矛盾。为了做出最好的设计，有必要对这些原则进行选择和修改。

（1）系统简化原则

要根据物流标准化做好包装和物流容器的标准化，把杂货、粮食、饮料、食盐、食糖、饲料等散装货物、外形不规则货物组成标准的储运集装单元，实现集装单元与运输车辆的载重量及有效空间尺寸的配合、集装单元与装卸设备的配合、集装单元与仓储设施的配合，这样做会有利于仓储系统中的各个环节的协调配合，在异地中转等作业时，不用换装，提高通用性，减少搬运作业时间，减轻物品的损失、损坏，从而节约费用；同时也简化了装卸搬运子系统，降低系统的操作和维护成本，提高系统的可靠性，提高仓储作业的效率。

（2）平面设计原则

如无特殊要求，仓储系统中的物流都应在同一平面上实现，从而减少不必要的安全防护措施；减少利用率和作业效率较低、能源消耗较大的起重机械，提高系统的效率。

（3）物流和信息流的分离原则

现代物流是在计算机网络支持下的物流，如果不能实现物流和信息流的尽早分离，就要求在物流系统的每个分、合节点均设置相应的物流信息的识别装置，这势必造成系统的冗余度，增加系统的成本；如果能实现物流和信息流的尽早分离，将所需信息一次识别出来，再通过计算机网络传到各个节点，即可降低系统的成本。

（4）柔性化原则

仓库的建设和仓储设备的购置，需要大量的资金。为了保证仓储系统高效工作，需要配置针对性较强的设备，而社会物流环境的变化，又有可能使仓储货物品种、规格和经营规模发生改变。因此，在规划时，要注意机械和机械化系统的柔性和仓库扩大经营规模的可能性。

（5）物料处理次数最少原则

不管是以人工方式还是自动方式，每一次物料处理都需要花费一定的时间和费用。通过复合操作，或者减少不必要的移动，或者引入能同时完成多个操作的设备，就可减少处理次数。

（6）最短移动距离，避免物流线路交叉原则

移动距离越短，所需的时间越少，费用就越低；避免物流线路交叉，即可解决交叉点物流控制和物流等待时间问题，有利于保持物流的畅通。

（7）成本与效益平衡原则

在建设仓库和选择仓储设备时，必须考虑投资成本和系统效益原则。在满足仓储作业需求的条件下，尽量降低投资。

二、仓储系统规划步骤

由于现代仓储系统的发展，仓储系统的种类越来越细分，仓储系统所涵盖的功能也越来越全面，因此，现代仓储系统的规划已成为了一个系统工程，涉及的环节众多。现代仓储系统的规划设计步骤如图 3-1 所示。

1. 仓储需求分析

仓储需求分析需要进行相关的需求调查与分析，常采用调查的方法，包括网上调研、图书资料调研与现场调研等，其主要内容包括：调查物流服务的供需情况、物流行业的发展状况等；收集仓库建设的内部条件、外部条件及潜在客户的信息；分析需要仓库存储商品的品种、货源、流量及流向等。

2. 仓储总体供给规划

在进行了仓储需求分析的基础上，就必须进行仓储的总体供给规划。仓储的总体供给规划需要确定所需仓库的数量和规模、所需仓库的分布情况以及仓库建设的路径。

（1）仓储规模与数量规划

在仓库规模与数量规划中，每个仓库都应该根据效率最大化和生产最大化的原则进行布置和设计。影响仓储规模与数量的主要因素包括：客户服务水平、所服务市场的产品数目、投入生产的产业数目、产品大小、所用的物料搬运系统、吞吐量、生产提前期、库存布置、通道要求、仓库中的办公区域、使用的支架类型以及需求的水平和方式等。此外，在仓库规

模确定时，还必须考虑现代仓储的垂直存储能力，必须用立体空间来衡量仓库的面积。

企业在确定仓库的规模时，一般需要根据其存货速度（用周转率来衡量）以及在最大程度上“直接送货”给客户（通过一个地区性仓库或者批发商的仓库）的特征来计算工厂/批发商的仓库所需的面积，再在每种主要产品的基本储存空间基础上增加通道、站台以及垂直和水平存储提供的场地的面积。通过处理计划销售量、存货周转以及直接运输给客户的流经存货，可精确地计算出将来所需的仓库的总空间。

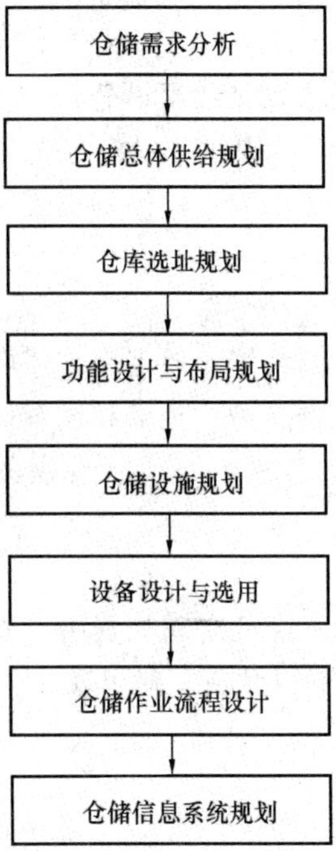

图 3-1 现代仓储系统规划设计步骤

而在进行仓库数量规划时，要注意仓库的规模与数量往往是成逆向关系的，随着仓库数量的增加，仓库的规模将会下降。仓库的数量通常与销售机会损失的成本、存货成本、仓储成本以及运输成本相关。由于在每个地点都应存有安全库存的所有产品，存货成本将随着设施数目的增加而增加；更多的仓库意味着拥有、租赁或租用更多的空间，仓储成本也会增加，但仓库达到一定数量后，其增加趋势将会减缓；运输成本开始时随着仓库数的增加而降低，但是如果仓库数太多，将会导致进出运输成本的综合增加。另外，客户的购买方式、竞争环境以及计算机和其他信息技术的使用也将影响到仓库数目的确定。

（2）仓库分布规划

在确定仓储的规模和数量的同时，还必须进行仓库的分布规划，即大致确定众多仓库在全国范围内的分布。仓库分布规划必须考虑经济地理条件、生产力布局、交通运输条件以及管理体制和经营管理水平等，相关的方法可以参考相关方法与技术。

（3）仓库建设的路径规划

仓储的规划不是一蹴而就的，往往需要一个过程，而且外界的环境，例如，需求、供应等也在变化，这些都使得仓库建设必须做好相应的计划安排，一般仓库建设的路径可以选择短期、中期和长期来进行相应的规划。

3. 仓库选址规划

仓库的选址和建设问题是仓库管理战略层面所研究的问题，它涉及对公司长期战略与市场环境相关联的问题的研究，对仓库长期经营过程中的服务水平和综合成本产生非常大的影响，关系到以后仓储规模的扩充与发展，所以必须提到战略层面来对待和处理。

在决定仓库的位置方案时，必须谨慎参考相关因素，并按适当步骤进行。在选择过程中，如果已经有预定地点或区位方案，应于规划前先行提出，并成为规划过程的限制因素；如果没有预定的地点，则可在可行性研究时提出几个备选方案，并对比各备选方案的优劣，以供决策者选择。

选址决策包括两个方面的内容：地理区域的选择和具体地址的选择。仓库的选址首先要选择合适的地理区域，这对于一个全国性企业来说尤为重要。在地理区域选择时要对各地理区域进行审慎评估，选择一个适当范围为考虑的对象，如华南地区、华北地区等，同时还需结合仓库的物品特性、服务范围及企业的运营策略。

仓库的地理区域确定后，就需确定具体的建设地点。具体地址的选择也要考虑各种影响因素，如经济环境因素、自然环境因素、制度环境因素等。

4. 功能设计与布局规划

仓库的功能设计必须将仓库作为一个整体的物流系统来考虑，依据确定的目标，规划仓库为完成业务而应该具备的物流功能，并进一步进行相应的能力设计。其后，仓库还必须进行布局规划，即根据各作业流程、作业区域的功能及能力进行空间区域的布置规划和作业区域的区块布置工作，以及标识各作业区域的面积和界限范围等。

仓库的功能设计包括三个方面：一是总的作业流程规划，二是作业区域的功能规划，三是作业区的能力设计。通常的步骤是，首先针对不同类别仓库的功能需求和典型的作业流程，设计适合该仓库的作业流程，然后根据确定的作业流程规划物流作业区和外围辅助活动区的功能，最后确定各作业区的具体作业内容和作业能力。

在完成作业功能的规划设计，并确定主要物流设备与外围设施的基本方案后，就可以进行仓库的布局规划。仓库布局规划的目的是有效地利用空间、设备、人员和能源，最大限度地减少物料搬运，简化作业流程，缩短生产周期，力求投资最低，为员工提供方便、舒适、安全和卫生的工作环境。仓库布局规划的一般程序为：规划资料分析→流程分析→作业区域设置→物流相关性分析→活动相关性分析→仓库的空间布局→修正与调整→方案选择。规划的成果是产生作业区域的布置图，设定各作业区域的面积和界限范围。

由于现在的仓库越来越朝立体仓库发展，因此仓库的空间布局规划包括仓库的平面设计和立体设计。在仓库的平面设计中，首先应将一切障碍物绘制在图纸上，再将装运、接收以及零售储柜区按设备的远近加以标识。仓库平面设计与流动性的大小以及大、中、小批货物的分区有关。而立体设计则要考虑仓库的立体空间和货架等设备的性能。

5. 仓储设施规划

仓储设施的规划与设计涉及建筑模式、设施空间布局、设备安置等多方面的问题，需要运用系统分析的方法求得整体优化，最大限度地减少物料搬运，简化作业流程，创造良好、舒适的工作环境。这部分工作主要包括以下内容：主体库房设施设计、装卸货平台设施设计、货场及道路设施设计和其他建筑设施规划。

其中，仓储的主体库房设施主要用于货物的周转、换载、配载、分拣、保管、包装和加工等。根据货物的形态和仓库的主要功能不同，主体库房设施包括平库、楼库和保温库几种形式。主体库房设施设计要关注库房层数、库房净高、库房面积和门窗等的技术指标。

装卸平台设施是物料在流通程序的起点和终点，其安全性需要予以高度重视，以保障工人作业安全。装卸平台位置的选择应考虑尽量缩短搬运工具（车辆）在库区内的行驶距离。装卸平台布置有合并式和分离式两种模式。按库房建筑物与货车的位置关系分类，最常用的装卸平台可分为穿墙式和开放式。装卸平台的高度是平台设计中的最重要的要素，必须与使用平台的货车相匹配。装卸平台高度调节板安装在平台前端，以消除装卸平台与货车之间的空隙和高度差，便于叉车将货物直接运送上货车或卸下货物。现代化物流机械广泛应用于装卸平台，形成了一系列功能良好的产品。

仓库的货场及道路设计应遵循一定的技术指标，根据新建仓库或改造项目的不同，可以采用不同的地面形式。仓库的公用设施包括给排水设施、电力设施、供热与燃气设施等。对公用设施进行规划，除了考虑仓库的实际需要外，还要与仓库所在地的市政工程规划相一致。

仓库其他建筑周边设施的规划与设计必须考虑到交通、水电、动力、土建、空调、安全和消防等与厂房建筑相关的周边设施条件。

6. 设备设计与选用

仓库的主要作业活动，基本上均与库存、搬运和拣取等作业有关。现代仓库离不开仓库所配备的机械设备，如叉车、货架、托盘和各种辅助设备等。恰当地选择适用于不同作业类型的仓库设施和设备将大大减少仓库作业中的人工作业劳动量，并提高商品流通的顺畅性，保障商品在流通过程中的质量。因此，在仓库的规划与设计中，对物流设备的规划设计和选用成为规划的重要内容。不同功能的仓库需要不同的设备，不同的设备使厂房布置和面积需求发生变化，因此必须按照实际需求选取适合的设备。在初步规划阶段，仓库布置尚未完成，物流设备的设计主要以需求的功能、数量和选用型号等内容为主。在详细设计阶段，必须进行设备的详细规格、标准等内容的设计。

一般来说，用于仓储系统的主要设备包括储存设备、装卸搬运设备、输送设备、分拣设备、包装设备、流通加工设备、集装单元器具、外围配合设备等。

7. 仓储作业流程设计

仓库作业流程设计包括组织结构的设置，各岗位责任的分工，仓储过程中信息流程和作业流程的确定等。仓储的作业组织和流程随着作业范围的扩大和功能的增加而变得复杂。设计合理的组织结构和明确的分工是仓储管理的目标得以实现的基本保证。合理的信息流程和作业流程使仓储管理高效、顺畅，并达到客户满意的要求。

仓库作业流程设计是仓储系统日常所面对的最基本的管理内容。例如，如何组织商品入库验收，如何安排库位，如何对在库商品进行合理保管、盘点和发放出库等。无论是以人工作业为主的仓储系统，还是机械化的仓储系统，或者是自动化或智能化的仓储系统，如果没有正确有效的作业方法配合，那么不论多么先进的系统和设备，也未必能取得最佳的经济效益。总体上讲，仓储系统的基本作业流程综合归纳为六项作业活动：①客户及订单管理；②入库作业；③理货作业；④装卸搬运作业；⑤流通加工作业；⑥出库作业。

进行仓储作业流程的设计需要明确这些作业的具体流程、组织管理体系、岗位职责和操作要求。通常在仓储系统组织管理体系的建设上，应坚持如下的原则：①客户服务原则；②流程控制原则。客户开发、客户管理、客户服务是仓储业务发展的“龙头”，应该从组织体系建设上强化这项工作的落实。应该坚持流程控制原则，改变长期以来我国许多单位一直沿用的仓库保管员从收货到发货一人全程负责以及各管一摊、相互独立封闭的传统管理方式。将对外业务受理、单证、资料及账务管理同货物的现场作业、管理业务分开，分别设置业务受理员和理货员岗位进行管理，明确各自的分工范围和岗位职责，实现相互监督、相互制约，改善服务功能，提高作业效率。

在仓储作业流程设计时还需对其相关的作业信息和单据进行设计。物流信息是连接运输、保管、装卸、包装各环节的纽带，没有各物流环节信息的通畅和及时供给，就没有物流活动的时间效率和管理效率，也就失去了物流的整体效率。充分掌握物流信息，能使仓储系统减少浪费、节约费用、降低成本、提高服务质量，确保仓储系统在激烈的市场竞争中立于不败之地。因此，对作业信息及其单据进行合理设计将有效提高仓储系统的作业效率。

8. 仓储信息系统规划

仓储信息系统是仓库自动化管理的核心。其主要功能是对仓库所有入、出库等活动进行控制和管理，并对数据进行统计分析，以便使决策者及早发现问题，采取相应的措施，最大限度地降低库存量，加快货物流通，创造经济和社会效益。

不同类型的仓储系统，其管理信息系统的功能和构成会有很大的区别。在普通仓储配送管理中，计算机系统主要包括管理信息系统、信息采集及识别系统、通信网络系统三大部分。

在自动化立体仓库中，其设备运行的自动化程度很高，所以对计算机管理系统的要求也就很高。一般来说，自动化立体仓库中的计算机系统主要包括管理信息系统、信息采集及识别系统、通信网络系统、计算机控制系统和监控调度系统等。计算机控制系统应能对搬运设备（堆垛机等）、运输设备（输送机、小车、转轨车等）进行自动控制，它是自动化立体仓库的核心部分之一，直接关系到仓库作业的正常进行。而过程监控是实现自动化仓库实时控制的重要组成部分。在实际作业过程中，需要对作业信息及运行设备（如堆垛机、输送机等）的状态进行监视和管理，监控调度系统需要根据主机系统的作业命令，按运行时间最短、作业间的合理配合等原则对作业的先后顺序进行优化组合排队，并将优化后的作业命令发送给各控制系统，对作业进程进行实时监控。监控操作台可以对机械设备的位置、动作、状态、货物承载及运行故障等信息进行显示，操作人员对现场情况进行监视和控制，并可以通过操作台上的控制开关或键盘对设备进行紧急操作。

仓储信息系统规划是仓储系统规划的重要组成部分。一般来说，仓储信息系统规划包括两部分：仓储管理信息系统的功能设计和仓储管理信息系统的关键技术与应用。按照时间顺序，仓储信息系统规划可以分为三个阶段：策略设计阶段、实施方案设计阶段和实施阶段。

策略设计阶段应根据企业的经营目标及发展方向勾画出信息系统的规划策略，具体工作主要有：①规划范围界定及组织安排；②产业特性、企业经营环境及对同类企业信息系统现状的分析；③现行组织架构、现行组织运行状况、现行信息系统评估；④新信息科技技术资料收集及可运用性评估；⑤信息系统实施策略形成。

仓储信息系统实施方案设计阶段具体工作主要有：①信息系统需求调查；②仓储系统现状调研分析；③仓储信息系统分析与设计；④信息系统实施规划。

当确定了仓储信息系统开发策略、系统架构、各种应用工具后，就进入实施阶段，通常有五项工作：①程序撰写；②程序测试；③编写操作手册；④系统安装及辅导上线；⑤操作培训。

仓储信息系统规划，既要考虑满足仓储系统内部作业的要求，有助于提高物流作业的效率；也要考虑同仓储系统外部的信息系统相连，方便仓储系统及时获取和处理各种经营信息。归纳而言，影响仓储信息系统规划的主要因素包括仓储系统的业务职能定位；仓储系统所具备的功能与作业流程；仓储系统的组织结构及作业内容；仓储系统的作业管理制度。仓储系统的业务职能定位将直接影响仓储信息系统边界的划分；仓储系统所提供的各项功能与服务，将对仓储信息系统的结构产生重要的影响；仓储系统组织结构和作业项目的分类、作业阶段的划分，将影响仓储信息系统的划分及功能模块的构成方式；仓储系统的作业管理制度，将影响仓储信息系统的操作、设计、分析方法及其实用性。

第二节 仓库的选址

仓库选址主要是针对流通领域的中转仓库，而生产领域的仓库选址则是随工厂地址而定。仓库选址对仓库管理起着重要的作用。

一、影响库址选择的因素

仓库主管在进行库址选择时主要考虑的因素是服务可得性和服务成本，采购获取成本是影响库址选择的最重要因素。仓库不需要位于大型的工业地区，在许多城市里，人们所看到的仓库都坐落在工厂之中以及位于轻工业地区或重工业地区。

除了考虑采购获取成本以外，仓库主管还需要评估设备安装和作业费用，例如铁路旁的引轨、税金、保险费率，以及公路通道等，这类费用在不同地点之间存在差异。例如，一家食品配送厂商近来由于保险费率的缘故，拒绝了一个本来可以完全令人满意的仓库选址。该选址位于一段总水管末端的附近，在全天大多数时间里，该厂商可以获得充足的供水来应付作业之需和紧急需要。唯一可能出现水的问题是在每天两个短暂的时间内，即早上6：30～8：30以及傍晚的17：00～19：00。但是，该厂商的整个产品线对水的需求如此之大，以至在这两个短暂的时间内有可能没有足够的水来处理紧急之需。于是，由于水资源的缺乏，保险公司要求支付的保险费率高得出奇，使该厂商不得不放弃该地作为仓库的设立。

在确定仓库选址以前，仅从经济的角度考虑是否合理，没有具体考虑仓库地点的工程技术条件还远远不够，在仓库地点的具体选择时，必须进一步进行现场调查，从工程条件上分析评价仓库地点的地质、水文、气候等自然条件和交通运输、水电供应、安全等环境条件。

1. 地质条件

仓库选址时，首先要对地质条件进行分析。对地质条件的分析是指与工程建设有关的工程地质方面的分析。根据仓库对地基的一般技术要求，应选择地质坚实、平坦、干燥的地点，其用地应选用承载力较高的地基。因此，仓库地点的选择必须避免建筑在不良地质现象或地质构造不稳定的地段，防止因岩溶和滑坡造成的危害。在地震地区建仓库时，应避开断裂破碎地带和易于滑塌地段。

2. 水文条件

在沿江河地区选址时，要调查和掌握有关的水文资料，特别是汛期洪水最高水位的情况，防止洪水隐患。同时，在水文条件方面还要考虑地下水位的情况，水位过高的地方不宜作为工程的基地。

3. 水电供应条件

仓库应选择靠近水源、电源的地方，保证方便和可靠的水电供应。特别应注意对水源的分析，了解和掌握仓库供水系统以及周围用水单位的情况，调查用水高峰期间消防水源的保障程度，以防紧急情况下供水不足。

4. 交通运输条件

仓库的地点应具有良好的交通运输条件，库址应选择靠近现有的水陆交通运输线，对于大型仓库还应考虑铺设铁路专用线或建设专用水运码头等。

5. 环境条件

仓库选址要注意所处的环境条件，特别要对安全条件进行详细的调查分析。仓库地点应与周围的其他建筑物，特别是工厂、居民区保持一定的安全距离，避免各种潜在危险。同时，为了消防安全，仓库周围建筑和道路必须保证交通通畅，防止阻塞。另外，还要考虑周围环境对储存物品安全的影响，如仓库应设在工厂上方处，以避免细灰和有害气体对储存物品的侵蚀和污染。

此外，在选择库址时还应考虑建筑成本和将来仓库发展的需要。当企业最初考虑建立其仓库设施时，往往会忽略将来有可能产生进一步扩充的需要。仓库作为物流系统的一个内含物，特别应该对其未来的要求进行估算。一般来说，善于经营管理的企业组织往往都确定有5~10年的扩充计划，这种扩充计划的考虑有可能使需要购置或选择的仓库地点3~5倍于其原先的结构规模。

通常需要考虑进行特别的建设，以便将来容易扩充，而又不严重影响目前的正常作业。于是，有些墙就可以用半永久性材料建造，以便容易拆除。对于事先就计划要有重大移动的区域，则应延伸到便于采取扩充方式的那些墙角处。

二、仓库选址的技术方法

常用的仓库规划选址方法包括优缺点比较法、加权因素法、因次分析法、线性规划运输模型、重心法等，下面对这些方法做较为详细的说明。

1. 优缺点比较法

优缺点比较法是一种最简单的仓库地址选择分析方法，尤其适用于非经济因素的比较。当几个仓库地址方案在费用和效益方面比较接近时，非经济因素就可能成为考虑的关键因素，在这种情况下可采用优缺点比较法对若干方案进行分析比较。

2. 加权因素法

加权因素法是对设施的每项因素规定一个从1到10的权数，表示它的相对重要性，然后对每个因素用ABCDE进行分级评分（A=4分，B=3分，C=2分，D=1分，E=0分），对每个备选方案的各个因素进行优劣评级，完成之后用该项得分乘以它们各自的因素权数，并将每个方案各因素的得分加权汇总，得出每个方案的总分，加以比价。

本方法适用于各种非经济因素比较，运用本方法的关键是合理确定权数和等级，重要的是要征询决策者的意见。如果有若干个决策部门，则可取它们的平均值。加权因素法可以分别用于地区选择和地点选择，也可以用于分级计分，即先后对若干地区方案和相应的地点方案分别进行计分，然后将地区得分和地点得分相加，按总分进行比较。

3. 因次分析法

因次分析法是把备选方案的经济因素（有形成本因素）和非经济因素（无形成本因素）同时加权并计算出优异性加以比较的方法。

4. 线性规划运输模型（transportation model）

如果一个工厂或一个服务设施仅有一个原材料供应点，则只要将供应点的原材料生产成本加上从原材料供应点到该工厂或服务设施的运输成本，就可以计算供应成本。通过计算所有备选厂址（服务设施）的供应成本，经过比较，就可以得出最优的选址方案。

当一个工厂或一个服务设施有多个原材料供应点时，问题就复杂得多。要解决这个问题，需要应用线性规划运输问题算法。为了说明如何应用线性规划运输问题算法来解选址问题，现举一个例子。

【例 3-1】 某公司现有三个工厂 A、B 和 C，它们在三个不同的城市。有两个仓库 P 和 Q，它们位于不同的城市，仓库用来存放工厂生产的产品，随时供应用户。为了更好地为顾客服务，该公司决定再设置一个新仓库。经过调查研究和估点法评价，确定 X 和 Y 两个点可建仓库。有关资料如表 3-1 所示。

表 3-1 工厂生产能力和至仓库运费

工厂	生产能力（t/月）	到各仓库单位运费（元）			
		P	Q	X	Y
A	2400	15	27	48	51
B	2400	27	12	24	27
C	1800	45	24	9	15

解： 为了计算方便，不同时考虑两个备选仓库。首先，假设已选中仓库 X，用运输问题算法求解。该问题的解如表 3-2 所示。月总运输费为：$2100\times15+2100\times12+300\times24+1800\times9=80100$（元）。

表 3-2 假定仓库 X 选定情况下运输问题最优解

工厂	仓库								能力
	P		Q		X		虚拟仓库		
A	2100	15		27		48	300	0	2400
B		27	2100	12	300	24		0	2400
C		45		24	1800	9		0	1800
需求	2100		2100		2100		300		

用同样的方法，计算仓库 Y 作为选定点的费用为：$2100\times15+2100\times12+300\times27+1800\times15=91800$（元），如表 3-3 所示。

表 3-3 假定仓库 Y 选定情况下运输问题最优解

工厂	仓库								能力
	P		Q		Y		虚拟仓库		
A	2100	15		27		51	300	0	2400
B		27	2100	12	300	27		0	2400
C		45		24	1800	15		0	1800
需求	2100		2100		2100		300		

比较仓库 X 和 Y，选择 X 较好。

以上讨论的是追求供应（supply）过程运费最少的选址问题。现在讨论追求产品发运

(shipment) 过程运费最少的选址问题，还是通过一个例子来说明。

【例 3-2】　某公司现有两个工厂 A 和 B，三个仓库 U、V 和 W。这些工厂和仓库位于不同的城市。该公司为了求得发展，决定选择某个城市建一个新厂。现有两个备选厂址 X 和 Y，它们位于不同的城市。各工厂的生产能力、各仓库的需求以及工厂到仓库的单位运费如表 3-4 所示。

表 3-4　工厂生产能力、需求和单位运费

现有工厂和备选工厂	生产能力（台/月）	到仓库的单位运费（元）		
		U	V	W
A	2800	10	24	36
B	2000	20	16	14
X	2400	30	22	12
Y	2400	40	30	8
各仓库的需求（台/月）		2200	1400	2600

解： 按类似的方法，可以分别假定 X 和 Y 作为备选工厂，计算发运费用，经比较求出较好的方案。计算结果如表 3-5 和表 3-6 所示。

表 3-5　假定工厂 X 选定情况下运输问题最优解

工厂	仓库				能力
	U	V	W	虚拟仓库	
A	2200　10	24	36	600　0	2800
B	20	1400　16	200　14	400　0	2000
X	30	22	2400　12	0	2400
需求	2200	1400	2600	1000	3600

表 3-6　假定工厂 Y 选定情况下运输问题最优解

工厂	仓库				能力
	U	V	W	虚拟仓库	
A	2200　10	24	36	600　0	2800
B	20	1400　16	200　14	400　0	2000
Y	40	30	2400　8	0	2400
需求	2200	1400	2600	1000	3600

对表 3-5 计算总发运费：$2200 \times 10 + 1400 \times 16 + 200 \times 14 + 2400 \times 12 = 76000$（元/月）。

对表 3-6 计算总发运费：$2000 \times 10 + 1400 \times 16 + 200 \times 14 + 2400 \times 8 = 64400$（元/月）。

因此，在 Y 地建厂是较好的选择。

5. 重心法

重心法适用于运输费率相同的仓库地址比较，使求得的库址位置离各个原材料供应点

（或需求点）的距离乘以各点供应量（或需求量）之积的总和为最小。重心法简单地将各设施地点抽象为地理坐标，并为每一段运输距离赋予一定的运输费率，那么在运输过程中，会产生生产地到仓库、仓库到需求地的两部分运输费用。重心法在计算时，通过对两部分运输费用的相加，做出选址模型，并求出运输费用最小的位置，作为仓库的地址。

设有一系列点代表生产地和需求地，各自有一定量的货物要以一定的运输费率运向位置待定的仓库，或从仓库运出，那么该仓库将位于何处呢？以该点的运量乘以到该点的运输费率，再乘以到该点的距离，求出上述乘积之和最小的点。其公式为

$$\min TC = \sum V_i \times R_i \times d_i \tag{3-1}$$

式中，TC 为总运输成本；V_i 为 i 点的运输量；R_i 为到 i 点的运输费率；d_i 为从位置待定的仓库到 i 点的距离。

设：X_0、Y_0 为位置待定的仓库的坐标，X_i、Y_i 为产地和需求地的坐标。距离 d_i 可以由式（3-2）估计得到

$$d_i = K\sqrt{(X_i - X_0)^2 + (Y_i - Y_0)^2} \tag{3-2}$$

式中，K 为一个度量因子，用于将坐标轴上的一单位指标转换为更通用的距离度量单位，如 km。

将式（3-2）代入式（3-1）中，并分别求 TC 关于仓库坐标 X_0、Y_0 的一阶偏导数，并令其为零，这样可以得到两个方程式，解这两个方程，可以得到仓库位置的坐标值。

仓库选址 X 精确重心的坐标如下

$$X_0 = \frac{\sum V_i R_i X_i / d_i}{\sum V_i R_i / d_i}, \qquad Y_0 = \frac{\sum V_i R_i Y_i / d_i}{\sum V_i R_i / d_i} \tag{3-3}$$

将 d_i 代入式（3-3），计算出修正后的 X_0、Y_0 坐标，并根据修正后的坐标值求出修正后的 d_i，并不断重复上述计算过程，直至 X_0、Y_0 坐标不再变化或者变化较小时，即求得较为理想的仓库位置。

【例 3-3】 如图 3-2 所示，有 5 个零售店，它们的坐标分别为商店 1（1，3）、商店 2

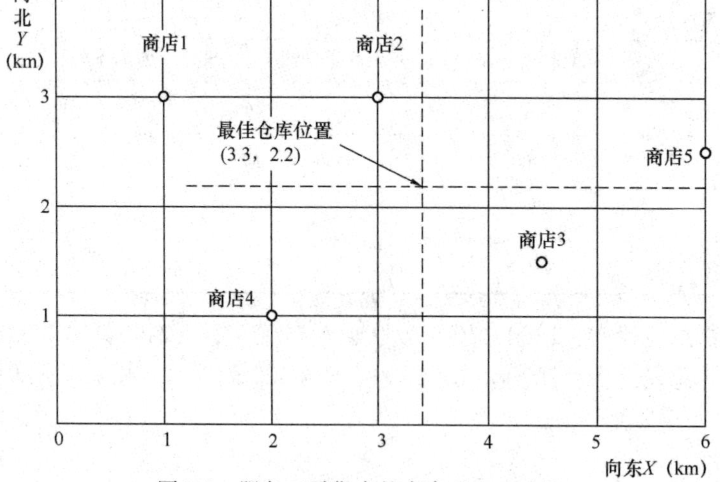

图 3-2　服务于零售店的仓库重心法选址

(3，3)、商店3（4.5，1.5)、商店4（2，1)、商店5（6，2.5)。(1）当每个商店进货量相等时，求最佳供货仓库的位置；(2）商店1每月接收3t货物，商店2为5t，商店3为4t，商店4为2t，商店5为6t，求最佳供货仓库的位置。

解：(1）当每个商店运输量相等时，式（3-3）变为

$$X_i = \frac{\sum_{i=1}^{n} d_{ix}}{n}, \qquad Y_i = \frac{\sum_{i=1}^{n} d_{iy}}{n}$$

因此，$X_i = (1+3+4.5+2+6)/5 = 3.3(\text{km})$，$Y_i = (3+3+1.5+1.0+2.5)/5 = 2.2(\text{km})$。

所以，仓库最佳选址的坐标为：距0点以北2.2km，以东3.3km处。

(2）运用式（3-3）计算，其计算过程可通过表格形式表示，如表3-7所示。商店的每月需求总量为3+5+4+2+6=20（t），仓库加权重心的位置是距北2.35km，距东3.8km。因此，计算出的仓库位置更往北、往东一些。

表3-7　运量不等情况下求仓库位置

商店	向北 Y	向东 X	月需量（t）	Y×需量	X×需量
1	3	1	3	(3×3) =9	(1×3) =3
2	3	3	5	(3×5) =15	(3×5) =15
3	1.5	4.5	4	(1.5×4) =6	(4.5×4) =18
4	1.0	2	2	(1×2) =2	(2×2) =4
5	2.5	6	6	(2.5×6) =15	(6×6) =36
合计			20	47	76
加权平均				2.35	3.8

在实际选址中，可能会考虑更多的因素，如税收、工资率、成本、运输服务质量、传输速率与距离等。这些因素增加了复杂性以及计算所需要的时间，也说明了为什么一些公司会求助于专门的软件包来决定设施选址。

第三节　仓库的规划

一、仓库的平面规划

（一）规划原则

(1）适应现代物流生产流程，有利于生产的正常进行。

(2）有利于提高仓库的经济效益。

(3）有利于安全生产和文明生产。

（二）现代仓库面积的确定

1. 名词解释

(1）仓库总面积。也称为仓库占地面积。它是从仓库外墙线算起，整个围墙所占用的

全部平面面积，并包括库外的生活区、库外铁路专用线的占地面积。

（2）仓库建筑面积。仓库内所有建筑物所占平面面积之和。

（3）仓库使用面积。仓库内可以用来存放商品的面积之和。

（4）仓库的有效面积。在仓库内计划用来存放商品的面积之和。

（5）仓库的实用面积。商品实际所占的面积，即

$$S = Q/q$$

式中，S 为仓库的实用面积，m^2；Q 为仓库最高储存量，t；q 为单位面积商品储存量，t/m^2。

仓库总面积的确定 $$F = \Sigma S/\lambda$$

式中，F 为仓库的总面积，m^2；ΣS 为仓库使用面积之和，m^2；λ 为仓库面积利用系数。

具体各面积计算方法如表 3-8 所示。

表 3-8　仓库面积的计算

仓库面积	定义	计算方法
建筑面积	库房所占用的土地面积	库房外墙线所围的水平面积
使用面积	库房内可供使用的面积	库房内墙线所围成的面积，并除去库房内立柱、电梯、消防设施、办公设施等所占的面积
有效面积	实际用来存放物品的面积，即货位和货架等所占的面积	使用面积除去过道、垛距、墙距及进行验收备料等区域后所剩的面积

2. 仓库储存区域面积的计算

对仓库进行设计和规划时，应当计算出仓库的有效利用面积，科学地控制仓库的建筑面积，以达到满足需求并节省成本的目的。

一般情况下，仓库分为物料存储区、验收分发作业区、管理室和生活间、设备存放区等区域，在建设仓库之前，需要对其面积做出充分预估。

仓库面积分为有效面积和辅助面积两大部分。一般情况下，有效面积包括货架、货垛的占用面积，辅助面积包括验收、分类、分发作业场地、通道、办公及生活间等占用的面积。下面主要介绍货物储存区域面积的计算。

（1）荷重计算法

荷重计算法是一种常用的计算方法，是根据仓库有效面积上的单位面积承重能力来确定仓库面积的方法。

$$\text{储存区域面积}=\frac{\text{全年储存货物量}}{\text{单位有效面积平均承重能力}}\times\frac{\text{物料平均储存天数}}{\text{年有效工作日数}}\times\frac{1}{\text{储存区域面积利用率}}$$

用符号表示为

$$S = \frac{Q \times T}{T_0 \times q \times \partial}$$

式中，S 为储存区域面积，m^2；Q 为全年物料入库量，t；T 为物料平均储存天数，d；q 为单位有效面积平均承重能力，t/m^2；∂ 为储存区域面积利用率；T_0 为年有效工作日数，d。

另外还有堆垛计算法，两种方法的具体说明如表 3-9 所示。

表 3-9 常用仓库面积计算方法说明表

方法	简介	计算公式	备注
荷重计算法	根据仓库总存储量，以及仓库有效面积上的单位面积承重能力来确定仓库面积的方法	仓库总面积 $S=\frac{QT}{T_0 q\partial}$ Q——全年入库货物量，t； T——货物平均储存期，d； q——有效面积上的平均货重，t/m^2； ∂——仓库面积利用系数； T_0——一年中的工作天数，d	—
堆垛计算法	根据各类仓库中货物存储的实际面积，比上对应的面积利用系数，得出仓库总面积的计算方法	仓库总面积 $S=S_0/\partial$ S_0——实用占地面积； ∂——仓库面积利用系数	堆垛存储，$\partial=0.45\sim0.6$ 货架存储，$\partial=0.25\sim0.3$ 托盘堆储，$\partial=0.4\sim0.5$ 混合存储，$\partial=0.35\sim0.4$

【例 3-4】 某工厂拟建一个金属材料仓库，现已知工厂生产所需的金属材料平均储存天数为 90d，年需求量为 1000t，工厂地面单位面积对金属材料平均承重能力为 $1.5t/m^2$，金属材料仓库面积利用率为 0.4，工厂有效工作日为 360d，试计算金属材料仓库应建多大面积。

解：根据荷重计算公式可得

$$S=\frac{Q\times T}{T_0\times q\times\partial}=\frac{1000\times 90}{360\times 1.5\times 0.4}\approx 417(m^2)$$

（2）托盘尺寸计算法

若货物储存量较大，并以托盘为单位进行储存，则可先计算出存货实际占用面积，再考虑叉车存取作业所需通道面积，就可计算出储存区域的面积需求。具体可参考相关书籍。

（三）现代仓库的总体构成及规则

仓库的总平面规划如表 3-10 所示。

表 3-10 仓库的总平面规划

总平面	功能	主要建筑物和构筑物
仓储作业区	仓储作业区是仓库的主体。仓库的主要业务和商品保管、检验、包装、分类、整理等都在这个区域里进行	库房、货场、站台，以及加工、整理、包装场所等
辅助作业区	在辅助作业区内进行的活动是为主要业务提供各项服务	维修加工以及动力车间、车库、工具设备库、物料库等
行政区	行政生活区由办公室和生活场所组成	办公楼、警卫室、化验室、宿舍和食堂等
院内道路	在仓库总面积中需要有库内运输道路。商品出入库和库内搬运要求库内、外交通运输线相互衔接，并与库内各个区域有效连接	道路
停车场绿化区	在规划各区域时，要遵照相应的法律法规并使不同区域所占面积与仓库总面积保持适当的比例	停车场、绿化区域等

仓库总平面一般划分为仓储作业区、辅助作业区和行政生活区。仓储作业区是仓库的主体，仓库的主要业务和商品保管、检验、包装、分类、整理等都在这个区域进行；辅助作业区是为主要业务提供服务；行政生活区由办公室和生活场所组成。在规划各区域时，要按照相应的法律和法规并使不同区域所占面积与仓库总面积保持适当的比例。如院内绿化面积不小于30%，院内要设计防火通道等。

1. 仓库的总平面规划规则

（1）生产作业区

生产作业区是仓储作业的主要场所，是库区的主体部分。主要包括库房、料棚、露天货场、铁路专用线、道路、装卸站台等。现代仓库已由传统的储备型仓库转变为以收发作业为主的流通型仓库，其各组成部分的构成比例通常为：合格品储存区面积占总面积的40%～50%；通道占总面积的8%～12%；待检区及出入库收发作业区占总面积的20%～30%；集结区占总面积的10%～15%；待处理区和不合格品隔离区占总面积的5%～10%。

铁路专用线和库区道路是货物的运输通道，因铁路专用线具有运输能力、安全快速等特点，所以有条件的企业应尽量铺设，同时应考虑铺设地点，以便于物资装卸和集散，有利于库内短距离搬运，并尽可能缩短库内搬运距离。库区道路要通畅、简捷，要有足够的宽度。

装卸站台是火车或汽车装卸货物用的建筑平台。站台高度与铁路货车车厢底面或汽车车厢底面高度相等，以便于叉车作业，站台的宽度和长度要根据作业方式和作业量大小而定。

用汽车运输时，根据汽车的一般类型，站台应高出地面0.9～1.2m。用火车运输时，站台的高度应与车厢底板平行。各参数如表3-11、表3-12所示。

表3-11　各车辆适应的站台高度

车型	站台高度（m）
集装箱卡车	1.40
冷藏车	1.32
作业拖车	0.91
载重车	1.17
长途挂车	1.22
普通卡车	1.17

表3-12　仓库站台主要参数

项目	汽车站台（m）	铁路站台（m）
一般站台高度	2.0～2.5	3.5
小型作业叉车站台宽度	3.4～4	≥4.0
站台高度	高于地面0.9～1.2	高于轨顶1.1
站台上雨棚高度	高于地面4.5	高于轨顶5.0
站台边距铁路中心	—	1.75
站台端头斜坡道坡度	≤10%	≤10%

（2）辅助生产区

辅助生产区包括机修车间、车库、包装间、配电室等，虽然不直接参与仓储作业，但它是完成仓储作业所必需的，所以辅助生产区的布置应尽量减少占地面积，保证仓库安全。

（3）行政生活区

行政生活区包括办公区、食堂、值班宿舍等，行政生活区应与生产作业区和辅助生产区隔开。

（4）其他布置

建筑物间距在符合防火规定的基础上，力求紧凑合理。库区要设置消防水管、排水系统，在多雨和沿江沿海地区，要有防汛防涝设施。办公生活区及建筑物间要有绿化带。围墙的高度要满足防盗要求，同时应设实体围墙。

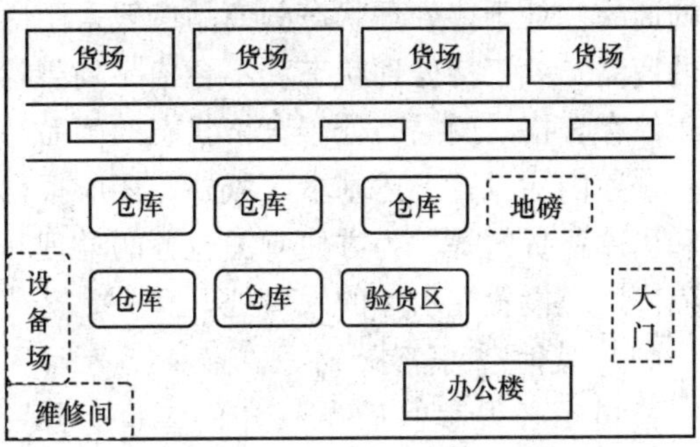

图 3-3　仓库总体布局示意图

仓库总体布局示意图如图 3-3 所示。

2. 仓库空间需求分析

在仓库布局设计时，首先考虑物流公司对仓库空间有哪些需求。一般来讲，包含收货区、发货区、按订单分拣区、按订单组装区、存储区、其他用途区、办公区，如图3-4所示。

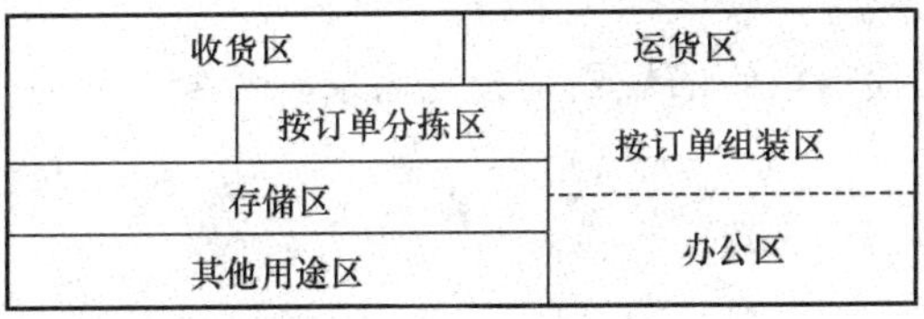

图 3-4　仓库的空间需求

决定所需仓库空间的第一步是对公司产品的需求做个预测，即根据产品种类，估计在一定的销售时期（通常为 30d）产品的销量，然后估计各类产品安全储备在内的数量，接下来是计算各部分所占的空间。此时，公司对所需的基本储存空间就有了大致的估计。公司还必须为过道以及诸如电梯、会议室之类设施留出所需空间。仓库总空间的 1/3 通常无储存功能，很多公司通过计算机模拟来进行对这些空间的决策。

（1）收货区与发货区

此空间需求为物流系统中的运输部分提供一个接口，即收货与出货接口。通常把它设在两个不同的位置以保证较高的效率。考虑到这些空间需求，公司必须决定是将接货点设在仓库外部，还是将货物直接利用运输工具卸载到仓库内部。公司必须考虑到装卸货物以及存放设备与托盘所需的空间。

在货物整合及运输前安排货物的场所同样很重要。此外，还必须要有进行核对、点数和检查工作的空间。收发货物的体积和频率严格决定了对接货与发货空间的需求。

（2）按订单进行分拣、组装的空间

此空间需求是出于按要求进行分拣和组装，所需的空间大小取决于产品的自然属性以及处理时所采用的设备。这一场所的布局对高效运作和为客户服务方面起着关键性作用。

（3）实际存储空间

按照仓储作业的功能特点和 ISO 9000 国际质量体系认证的要求，储存区域可分为待检区、待处理区、储存区和不合格品隔离区等。待检区用于暂存处于检验过程中的商品。处于待检状态的商品一般采用黄色的标识。待处理区用于暂存不具备验收条件或质量暂时不能确认的商品。处于待处理状态的商品一般采用白色的标识。不合格品隔离区用于暂存质量不合格的商品。处于待处理状态和不合格品隔离状态的商品一般采用红色的标识。合格品储存区用于储存合格的商品。处于合格状态的商品一般采用绿色的标识。

仓库内除设置上述基本区域外，还应根据仓储业务的需要，设置卸货作业区、流通加工区和出库备货区等。为方便有关业务的处理和库内货物的安全，待检区、待处理区和不合格品隔离区应设置在出库的入口处。

（4）其他空间需求

公司还必须考虑三类额外的空间。第一，许多配送仓库必须要有空间进行回收工作，即将未损坏的部件从损坏了的包装箱中分离出来；第二，管理和工作人员日常所需的办公空间；第三，休息室、职工食堂、公共场所及更衣室也需要空间。最后这三类空间的大小取决于一系列的变量，例如，货物的平均损坏量和重新包装未受损货物的难易程度决定了回收工作所需空间的大小，而员工数量多少决定了所需食堂和更衣室的空间大小。

3. 仓库作业区的规划

（1）考虑因素

1）仓库特性。不同类型仓库对作业区规划有不同要求。

2）商品吞吐量。吞吐量大的仓库要靠近铁路专用线或运输干线。

3）库内道路。库内道路的配置与仓库主要建筑设施的规划是相互联系、相互影响的。

4）仓库作业流程。各作业环节要密切衔接。

（2）仓库作业区规划的基本任务

1）减少搬运距离，使作业路线最短。

2）有效利用时间。

3）充分利用仓库面积。

（3）仓库内布局的形式

仓库布局中考虑的优先原则是：货品的快速移动。

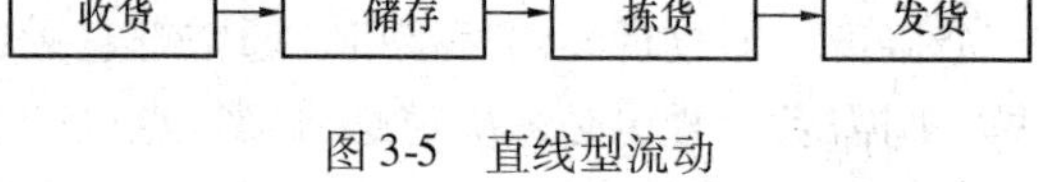

图 3-5　直线型流动

直线型流动（图 3-5）出货和收货区域建筑物的方向不同。它往往用于接收临近工厂的货物，或用不同类型的车辆出货和收货。直线型布置受环境和作业特性的限制，例如我国北方不适于直线型布置库房，因为冬季会形成穿堂风，影响作业。

U 型流动（图 3-6）在建筑物一侧有相邻的两个收货站台和发货站台，具有以下特点：①站台可以根据需要作为收货站台或发货站台；②如有必要可以在建筑物的两个方向发展；③使用同一个通道供车辆出入；④易于控制和安全防范；⑤环境保护问题较小。

T 型流动（图 3-7）是在直线型的基础上增加了存货区域功能，具有以下特点：①可以满足快速流转和储存两个功能；②可以根据需求增加储存面积；③仓库适用的范围更广。

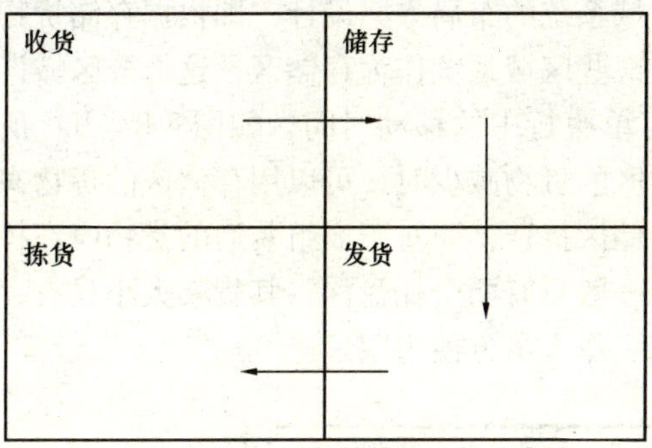

图 3-6　U 型流动

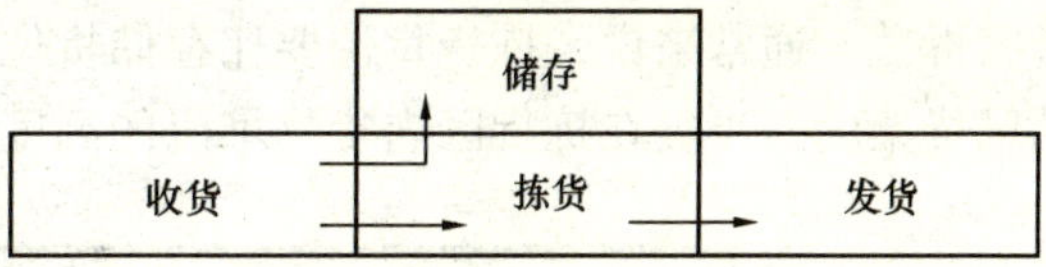

图 3-7　T 型流动

（4）货品流动的原则

为了降低货品单件的流动距离，提高流动效率，一般的做法是批量操作，不到最后关头不拆散货物。因为整托盘操作比起拆成单箱操作在成本上更加节省，在经济意义上更加有效。在所有货物都必须频繁移动的仓库中，批量储存能使货物快速移动，也能减少库位不足的矛盾。

在仓库中，劳动力使用最多的地方是拣货作业区域，那里最容易出错，最容易影响服务水平，人员也最集中，所以关注货品流动速度也应该把重点放在那里。依据上面曾经提到的原则，需要快速移动的货品要尽量靠近拣货区，以便减少货品频繁搬动。以下是仓库布局时应注意的几个原则：

①快速流动的物品靠近拣货区。

②拣货区域按货品流动速度区分。

③拣货区域按货品订货发生频率区分。

（5）作业区规划

1）存储区的设计

对于货物周转率低的仓库，首先要考虑的是存储区的设计。对于这类仓库，货位可以又宽又深，堆码的高度可以直达天花板或者在货物稳定摆放容许的范围内，货位间的通道也不需要很宽。但是，随着货物周转率的提高，应逐步降低货物堆码的高度并加宽通道的距离，这样可以缩短摆放和提取货物的时间。

2）拣货区的设计

最简单的拣货区布局就是利用现有的存储区域，如图 3-8（a）所示。此区域系统的设计思路是依据目前的库内布局，根据不同的订单上的货物，按照一定的顺序，从货位上取出。一般而言，通过提高堆码高度、相对于出库站台的存货位置、货位的尺寸等方法可以提高作业的效率。

如果仓库货物的周转率较高，且客户的订单履行时需要拆装货物，那么对货位的要求可能太高，既要满足存储的要求，又要满足拣货的需要，这样可能会导致物料搬运成本过高，仓容利用率过低。造成这种现象的主要原因是：在订单履行过程中，由于货物在仓库内的搬运距离比较长，耗费的时间延长；成组化装运的货物被拆散，造成按顺序堆码和摆放的货物减少，降低了仓容的利用率。

解决上述问题的方法是有一种被称为改良的区域系统的布局方案设计，即根据存储货物在仓库里的主要功能进行设置。在布局设计中指定某些区域系统作为存储区，这部分区域设计原则是满足拣货的需要并且要尽量减少客户的订单履行中的移动时间，如图 3-8（b）所示。存储货位是用于存放半永久性的货物，当拣货区的货物减少时，可以用存储区的货物来补充，但大件、散装货物除外，这些货物仍放在存储区拣选，而对于成组装运的货物应在拣货区拆散。通常来说，拣货货位要比存储货位小，一般只有两个托盘深，其货架大小只有存储区货架的一半。在拣货区内货物堆码的高度应以工作人员方便为限。

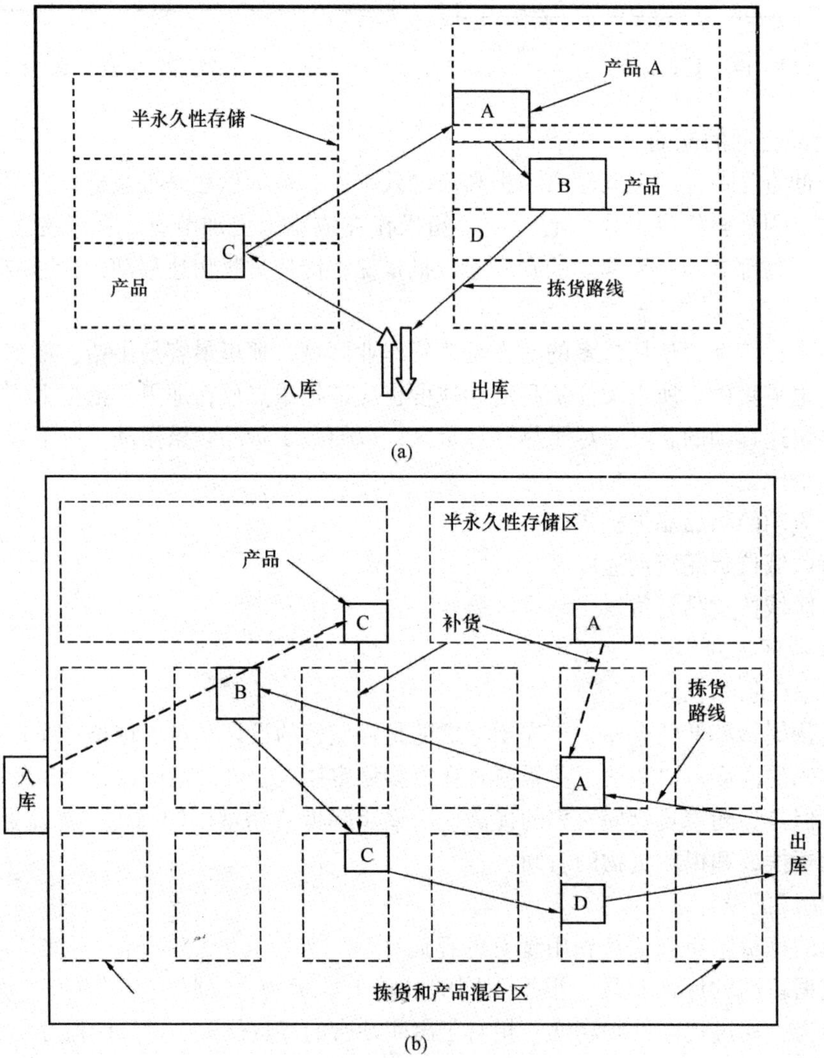

图 3-8　拣货区域系统

（a）从存储区拣货；（b）从指定货位拣货

3）收货区和发货区的设计

在仓库的布局设计中还应留出一部分额外的空间，作为物流系统中的运输部分。通常都会把它们设在两个不同的位置以保证效率，也就是单独辟出专门的收货区和发货区。在收货区与发货区的设计中，需要重点考虑装卸货物以及存放设备与托盘所需要的空间，还要留出必要的核对、点数和检查工作的空间。

4. 仓库货区布局

货区布局的目的一方面是提高仓库平面和空间利用率，另一方面是提高物品保管质量，方便进出库作业，从而降低物品的仓储处置成本。

仓库货区布局分为平面布局和空间布局。

（1）平面布局

平面布局是指对货区内的货垛、通道、垛间距、收发货区等进行合理的规划，并正确处理它们的相对位置。平面布局的形式可以概括为垂直式和倾斜式。

1）垂直式布局。它是指货垛或货架的排列与仓库的侧墙互相垂直或平行，具体包括横列式布局、纵列式布局和纵横式布局。

①横列式布局。它是指货垛或货架的长度方向与仓库的侧墙互相垂直。这种布局的主要优点是：主通道长且宽，副通道短，整齐美观，便于存取查点，如果用于库房布局，还有利于通风和采光，如图 3-9 所示。

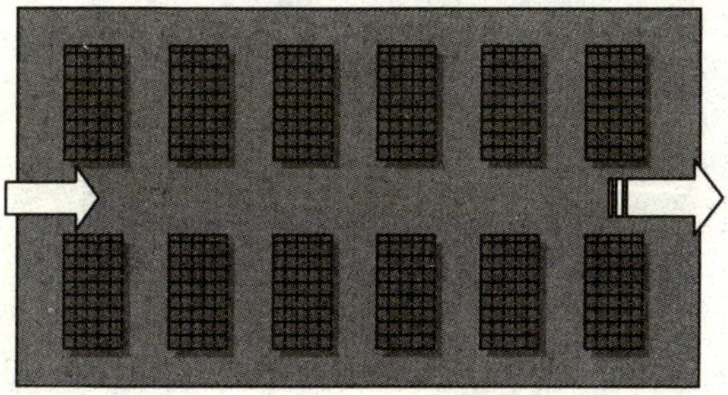

图 3-9　仓库横列式布局

② 纵列式布局。它是指货垛或货架的长度方向与仓库侧墙平行。这种布局的优点主要是可以根据库存物品在库时间的不同和进出频繁程度安排货位：在库时间短、进出频繁的物品放置在主通道两侧；在库时间长、进库不频繁的物品放置在里侧，如图 3-10 所示。

③ 纵横式布局。它是指在同一保管场所内，横列式布局和纵列式布局兼而有之，可以综合利用两种布局的优点，如图 3-11 所示。

2）倾斜式布局。它是指货垛或货架与仓库侧墙或主通道成 60°、45°或 30°夹角。具体包括货垛倾斜式布局和通道倾斜式布局。

① 货垛倾斜式布局。它是横列式布局的变形，它是为了便于叉车作业、缩小叉车的回

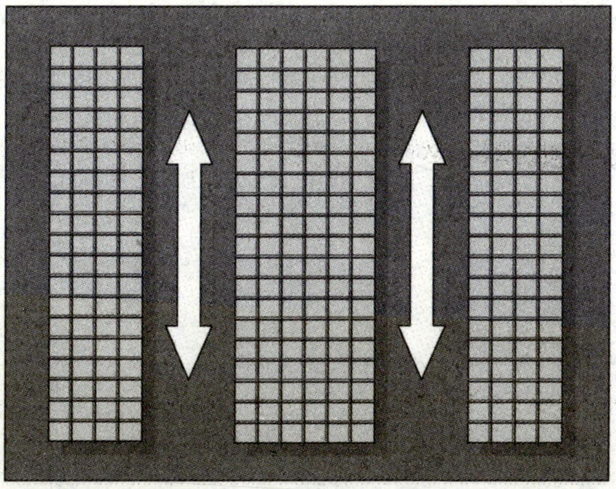

图 3-10　仓库纵列式布局

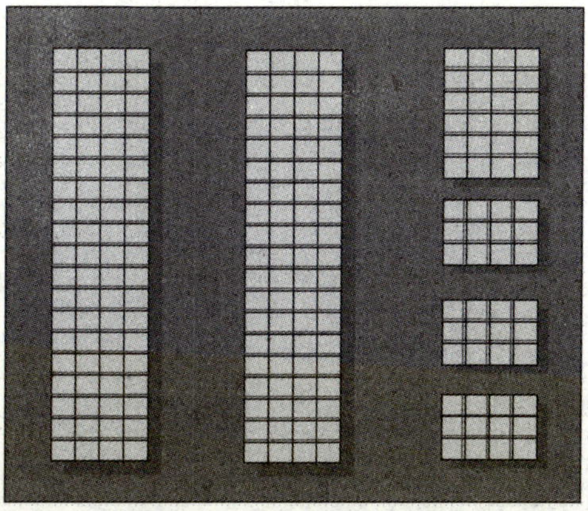

图 3-11　仓库纵横式布局

转角度、提高作业效率而采用的布局方式，如图 3-12 所示。

② 通道倾斜式布局。它是指仓库的通道斜穿保管区，把仓库划分为具有不同作业特点，如大量存储和少量存储的保管区等，以便进行综合利用。这种布局形式，仓库内形式复杂，货位和进出库路径较多，如图 3-13 所示。

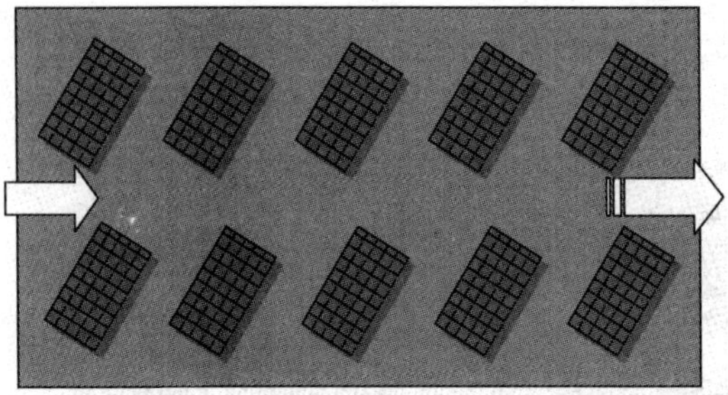

图 3-12　货垛倾斜式布局

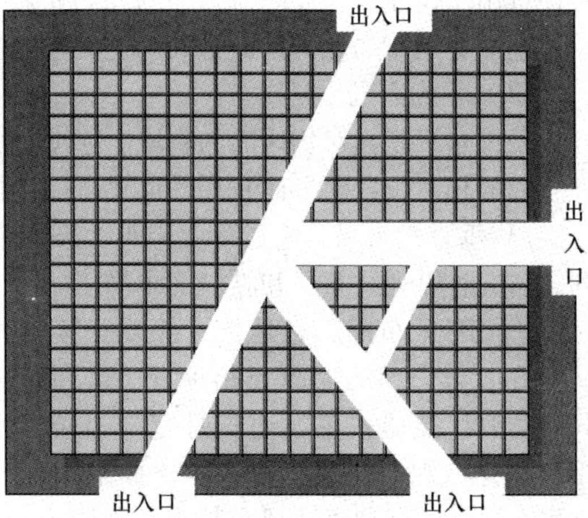

图 3-13　通道倾斜式布局

（2）空间布局

空间布局是指库存物品在仓库立体空间上布局，其目的在于充分有效地利用仓库空间。空间布局的主要形式有：就地堆码、上货架存放、加上平台、空中悬挂等。

其中使用货架存放物品有很多优点，概括起来有以下几个方面：

1）便于充分利用仓库空间，提高库容利用率，扩大存储能力。

2）物品在货架里互补挤压，有利于保证物品本身和其包装完整无损。

3）货架各层中的物品，可随时自由存取，便于做到先进先出。

4）物品存入货架，可防潮、防尘，某些专用货架还能起到防损伤、防盗、防破坏的作用。

5. 仓库通道设计

仓库内的通道是除了货物存储面积外所占面积最大的部分，它的设计要求保证货物能够有效地存取、搬运，装卸设备能够正常地运作，电梯、防火设施及服务区的设备能够便于使用。虽然减少通道面积就意味着增加了保管面积，但是过于狭窄的通道会影响作业车辆的通行及回转。在规划仓库通道时，一定要充分考虑作业设施运行需要的最小宽度，并设置一些供其回转的空间。

常见的仓库通道的种类及其设计要点如表 3-13 所示。

表 3-13　仓库通道设计要点

通道类型	作用说明	设计要点	设计顺序
工作通道	货品放入或移出存储区的通道，可分为主要通道和交叉通道	主要通道通过库房中央，且尽可能直通，使其两端在出入口，同时连接主要交叉通道	首先设计

续表

通道类型	作用说明	设计要点	设计顺序
电梯通道	提供货物出入电梯的通道	根据电梯位置设置，距离工作通道约3～4.5m	其次设计
设施通道	为公共设施、防火设备等所设的进出通道	根据公共设施及消防设施位置设置	
人行通道	便于仓管员及装卸人员进出特殊的区域	在必要的情况下设计，尽量减少所占面积及其对主要通道的影响	最后设计
服务通道	为存货或检验提供大量物品进出的通道	尽量维持最小数目及占用面积，减少对主要通道的影响	

二、现代仓库的立体规划

立体规划指在立体空间上的布置，即建筑高度的规划。

1. 库房、货场、站台标高布局

库房地坪标高与库区路面标高决定仓储机械化程度和叉车作业状况。二者高度差要适当。

货场与铁路专用线标高的关系：货场一般沿着铁路线布置，多数跨铁路专用线两侧。

站台一般有高低之分。多品种少批量一般采用高站台，即站台高度与汽车货台高度一样。一般汽车站台高出路面0.9～1.2m，宽度不少于2m；铁路站台高出轨面1.12m，宽度不少于3m。处理少品种、大批量的商品一般采用低站台，即站台面和地面等高，有利于铲斗车和吊车进行装卸作业。此外，有的站台可以升降。

2. 合理利用地坪建筑承载能力

仓库地坪单位面积建筑承载能力因地面、垫层和地基结构的不同而不同。例如，在坚硬的地基上采用300mm厚的片石，地面用200mm厚的混凝土，其建筑承载能力为5～7t/m^2。应充分利用地坪的承载能力，采用各种货架存货，以充分利用空间，同时使用各种装卸机械设备配合作业，加速库存商品的周转。

三、厂（库）区布置的方法

（一）考虑因素

（1）企业厂房应满足生产过程的要求，以避免互相交叉和迂回运输，从而缩短生产周期，节约生产费用。

（2）生产联系和协作关系密切的车间应相互靠近。

（3）充分利用现有运输条件。

（4）按照生产性质、防火和环保要求，合理划分厂区。

（5）考虑防火和卫生条件，总平面布置力求占地面积小。

（6）企业应考虑有扩建的余地。

（二）关联性分析

仓库不同活动区域之间从作业程序、组织结构、业务管理、环境影响等方面存在一定的依存关系，对此进行关联性分析有助于仓库的布局设计。关联性分析主要包括定性关联图和定量从至图两种方法。

1. 定性关联图

定性关联图方法主要是对仓库内部的各种活动之间的相互关系进行定性分析，确定两两活动区域间的关联程度，以此为仓库的空间布置提供设计上的依据。例如，设某仓库有 11 个活动区域，其一般性的定性关联图如图 3-14 所示。

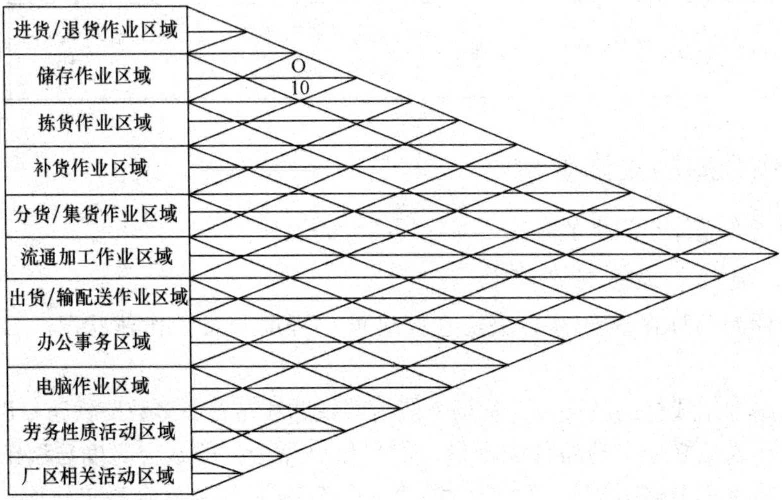

图 3-14　定性关联图

图 3-14 左边的各个活动区域以实体模块组中的功能模块活动区域以及支持实体作业的需求区域如办公事务区域、电脑作业区域、劳务性质活动区域、厂区相关活动区域等共同组成。图 3-14 表明某些实体功能模块在活动区域上可以进行空间上的整合以提高设施的利用率，如退货作业区域与进货作业区域合并，输配送作业区域与出货作业区域合并。在定性关联图中，任何两个区域之间都有将两个区域联系在一起的一对三角形，其中上三角记录两个区域关联程度等级的评估值，下三角记录关联程度等级的理由编号。关联程度等级设计如表 3-14 所示，关联程度等级理由如表 3-15 所示。

表 3-14　关联程度等级设计

相关程度等级	相关程度说明	相关程度等级	相关程度说明
A	绝对重要	O	普通重要
E	特别重要	U	不重要
I	重要	X	不可接近

表 3-15　关联程度等级理由

编号	两区域需要接近的理由	编号	两区域需要接近的理由
1	人员接近程度	7	进行相似活动
2	公用相同的人员	8	物流搬运次数的考虑
3	文件往返程度或配合失误流程顺序	9	作业安全的考虑
4	使用共同记录	10	提升工作效率的考虑
5	共用设备	11	改善工作环境的考虑
6	共用相同的空间区域		

在图 3-14 中，由于进货/退货作业区域与拣货作业区域的关联程度等级为普通重要，其理由是为了提升工作效率，则在与两区域相联系的上三角中标记“O”，下三角中标记“10”。

2. 定量从至图

定量从至图以资料分析所得出的定量数据为基础，目的是分析各作业区域之间的物料流动规模的大小，使设计者进行区域布置时，避免搬运流量大的作业需经过太长的搬运距离，减少人力、物力的浪费，并为设计各区域的空间规模提供依据。一般性的定量从至图如图 3-15 所示。

物流作业区域		搬运到达区											
		1	2	3	4	5	6	7	8	9	10	11	合计
物流起始区	1												
	2												
	3												
	4												
	5												
	6												
	7												
	8												
	9												
	10												
	11												
	合计												
主要搬运单位				其他搬运单位									

图 3-15　定量从至图

定量从至图的制定过程如下：

（1）依据主要作业流程，将所有作业区域分别以搬运起始区与搬运到达区按同一顺序列表（为方便起见可使用作业编号）。

（2）为了正确表现各个流量之间的关系，需要统一各个区域的搬运单位，以便能够计算流量的总和。

（3）根据作业流程将物料搬运流量测量值逐项填入定量从至图内。

（4）以从至区域间的搬运流量为后续区域布置的参考，流量大的两个作业流程将具有较高优先顺序被放置于相邻近的位置。

定性关联图和定量从至图的使用，主要适用于设施中的作业或活动区域划分较多、作业或活动时间时常缺乏明确的从属关系等情况。

（三）区域布置方法

经过关联性分析后，根据不同作业区之间的定性测量值即接近程度，或定量测量值即物料流动密度来配置各作业区的相对位置时，可以将整个布置的过程简化为算法程序。以下介绍三种方法：关联线图法、图形建构法、动线布置法。其中关联线图法假设各作业活动区域的空间需求可为相同或不同，其余两种方法则把各作业活动的不同空间需求和关联性需求合并考虑。

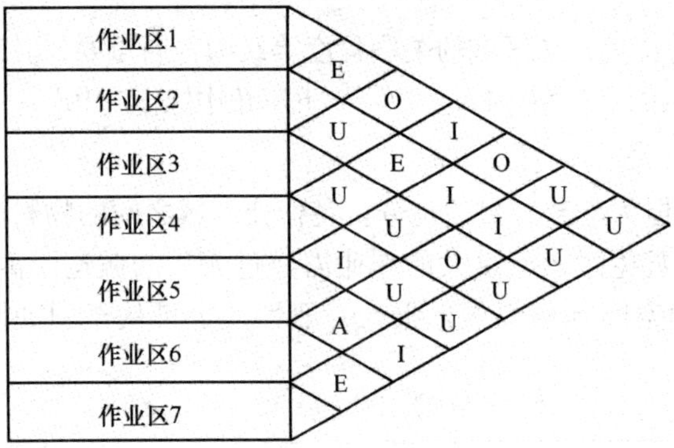

图 3-16　作业关联图

1. 关联线图法

在绘制关联线图之前，首先汇总各个作业区的基本资料如作业流程与面积需求等，然后制作各个作业区的作业关联图，如图 3-16 所示。

根据作业关联图的基本资料，按照作业区间的各级接近程度将其转化为关联线图底稿表，如表 3-16 所示，表中数字表示与特定作业区有某级关联的作业区号。

表 3-16　关联线图底稿表

关联	作业区 1	作业区 2	作业区 3	作业区 4	作业区 5	作业区 6	作业区 7
A					6	5	
E	2	1，4		2		7	6
I	4	5，6		1，5	2，4，7	2	5
O	3，5		1，6		1	3	
U	6，7	3，7	2，4，5，7	3，6，7	3	1，4	1，2，3，4
X							

建立关联线图的基本步骤如下：

（1）选定第一个进入布置的作业区。选择具有最多的“A”关联的作业区作为开始。若有多个作业区同时符合条件，则以下列顺序加以选定：最多“E”的关联，最多“I”的关联，最少“X”的关联。最后如果还是无法选定，就在这些条件完全相同的作业区中，任意选定一个作业区作为第一个进入布置的作业区。本例中选定的第一个进入布置的为作业区 6。

（2）选定第二个进入布置的作业区。第二个被选定的作业区，是与第一个进入布置的作业区相关联的未被选定的作业区中具有最多“A”关联的作业区。如果有多个作业区具有相同条件，则与步骤（1）一样，按照最多“E”的关联，最多“I”的关联，最少“X”的关联进行选择。最后如果还是无法选定，就在与第一个进入布置的作业区相关联的这些条件完全相同的作业区中，任意选定一个作业区作为第二个进入布置的作业区。本例选定的第二个进入布置的为作业区5。

(3) 选定第三个进入布置的作业区。第三个被选定的作业区应与已被选定的前两个作业区同时具有最高的接近程度。与前两个作业区关系组合的优先顺序依次为AA，AE，AI，A*，EA，EE，EI，E*，II，I*，其中符号*代表“O”或“U”的关联。如果遇到多个作业区具有相同的优先顺序，仍采用步骤（1）的顺序法则来处理。本例选定的第三个进入布置的为作业区7。

(4) 选定第四个进入布置的作业区。第四个作业区选定的过程与步骤（3）相同，被选定的作业区应与前三个作业区具有最高的接近组合关系。组合的优先顺序依次为AAA，AAE，AAI，AA*，AEA，AEE，AEI，AE*，AII，AI*，A**，EEE，EEI，EE*，EII，EI*，E**，III，II*，I**。本例选择的第四个进入布置的为作业区2。

(5) 依此类推，选择其余的 $n-4$ 个作业区。

本例中作业区1，2，…，7最后布置的相对位置的方块样板如图3-17所示。

在绘制关联线图时，可使用图3-17所示的方块样板来表示每个作业区。在相对位置确定以后，即可依照各作业区的实际规模，完成最终的实际布置。但由于样板的放置过程中有很多主观因素，因此最后可能会产生数个布置方案。此外，如果各作业区面积不同时，也会产生多个最终布置方案。

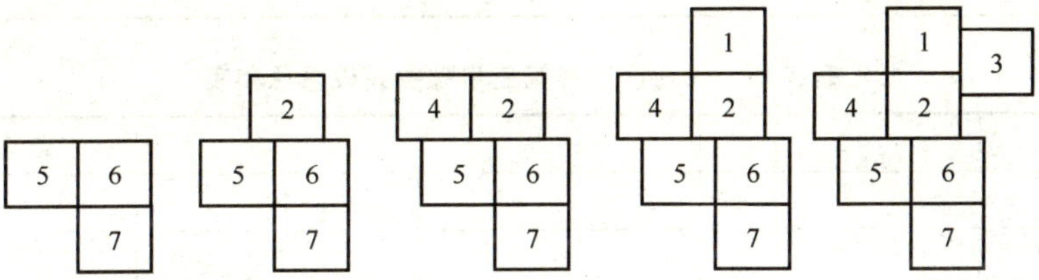

图3-17　方块样板的相对位置图

2. 图形建构法

图形建构法和关联线图法相似，所不同的是，此方法以不同作业区间的权数总和（定量测量）作为挑选作业区的法则，而关联线图法则是以作业区间接近程度（定性测量）作为挑选作业区的方法。这里介绍一种启发式的图形建构法，主要是根据节点插入的算法来建构邻接图，并且保持共平面的性质。图形建构法首先要设定各作业区间的关联权重，图3-18所示的是某个案例的作业关联图和关联线图。

在此基础上，图形建构法的基本步骤如下：

(1) 从图3-18制作的关联图中，选择具有最大关联权重的成对作业区。因此，在本案例中作业区（3）和作业区（4）首先被选中而进入关联线图中。

(2) 选定第三个作业区进入图中，其根据是这个作业区与已选入的作业区（3）和作业区（4）所具有的权重总和为最大（表3-17）。在表3-17中，作业区（2）的权数总和为25，所以入选，如图3-19所示。在图3-19中，弧线（2-3）、(3-4）和（4-2）就构成一个封闭的三角形图面，这个图面可以用符号（2-3-4）来表示。

(3) 对尚未选定的作业区，建立第三步骤关联权重总和表（表3-18），由于加入作业区

（1）和作业区（5）的关联权重值分别为27和9，因此作业区（1）被选定，以节点的形态加入图面，并置于区域（2-3-4）的内部，如图3-20所示。

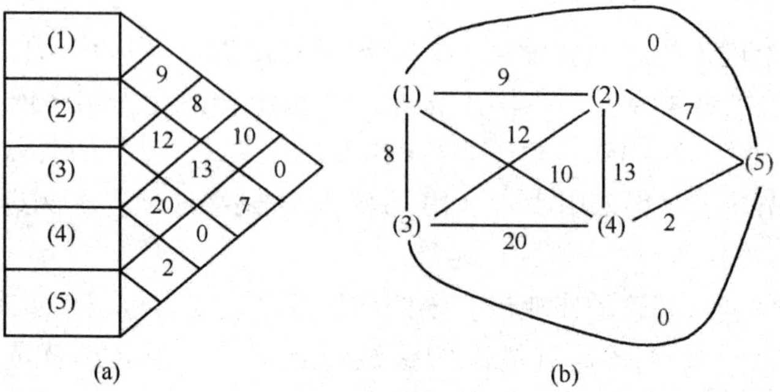

图3-18 作业关联图与关联线图

（a）作业关联图；（b）关联线图

表3-17 作业区选择第二步骤关联权重总和表

作业区	3	4	合计
1	8	10	18
2	12	13	25（最佳）
5	0	2	2

表3-18 作业区选择第三步骤关联权重总和表

作业区	2	3	4	合计
1	9	8	10	27
5	7	0	2	9

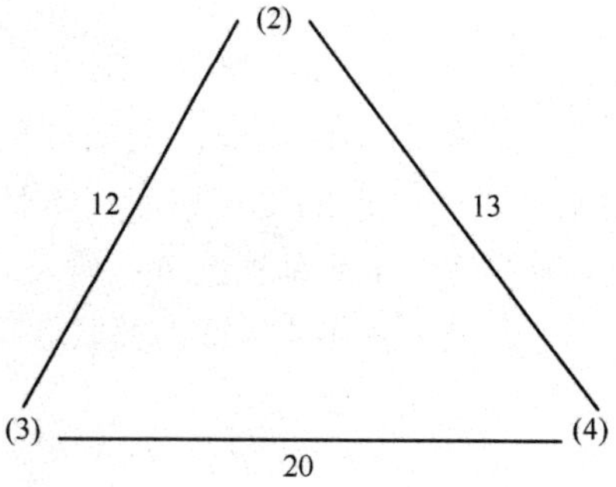

图3-19 图形建构法第二步骤示意图

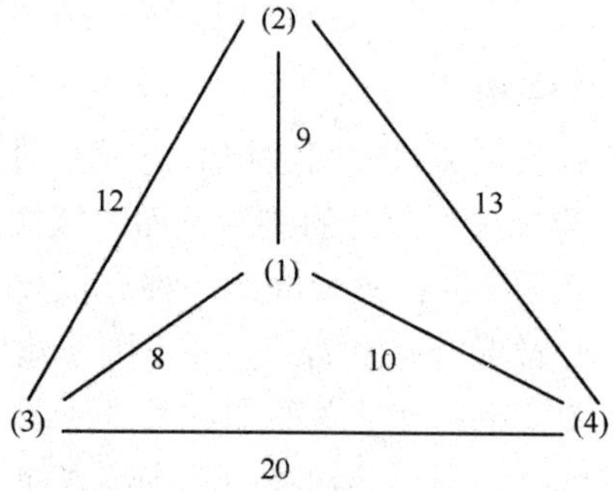

图3-20 图形建构法第三步骤示意图

（4）剩余的工作是决定作业区（5）应该加入哪一个图面上。在这个步骤中，先建立作业区选择关联权重总和表（表3-19），显然，作业区（5）可以加入图面（1-2-3）、（1-2-4）、（1-3-4）或（2-3-4）之内。作业区（5）加入图面（1-2-4）或加入图面（2-3-4）都得到相同的权重值为9，所以任意选择其一即可，本案例将作业区（5）加入图面（1-2-4）。最后所得到的邻接图如图3-21所示，此图为图形建构法的最佳解，弧线上的权数总和为81。

表 3-19　作业区选择第四步骤关联权重总和表

作业区	1	2	3	4
5	0	7	0	2
图面	合计			
1-2-3	7			
1-2-4	9（最佳）			
1-3-4	2			
2-3-4	9（最佳）			

（5）构建完成一个邻接图之后，最后一步是依据邻接图来重建区块布置，如图 3-22 所示。在建构区块布置图时，各作业区的原始形状需明显地改变，以配合邻接图的要求。但在实际应用上，由于作业区形状需要配合内部个别设备的几何外形，以及内部布置结构的限制，所以作业区的形状还须根据具体情况来决定。在决定各作业空间的面积时，需要考虑下列因素：仓房本身的大小、设备的大小和设备的摆放位置。

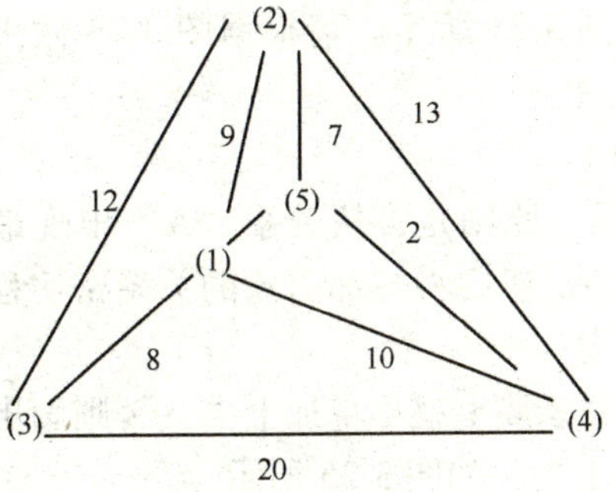

图 3-21　图形建构法第四步骤示意图

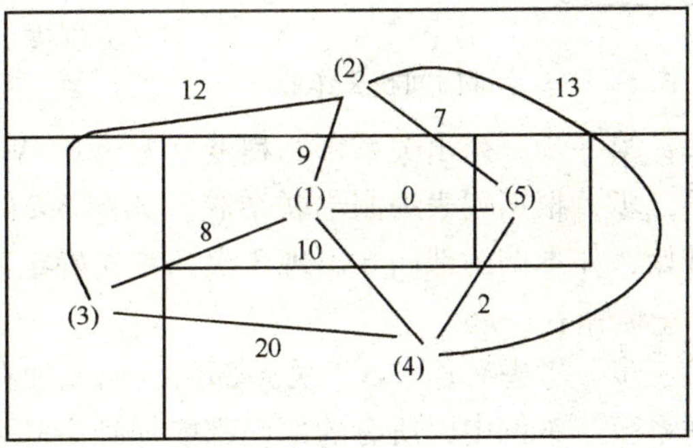

图 3-22　最终邻接区块布置示意图

3. 动线布置法

前述两种区域布置方法的主旨是在完成各作业区面积需求的计算及基本规划后，对物料流程与活动关联性的关系进行整合，以决定不同作业区域的可行位置。本节所述方法则是先决定作业系统的主要动线进行方向，再依据流程性质或关联性关系进行区域配置。为此，先将各作业区依估计面积大小与长宽比例制作成模板形式，然后在规则区域布置时根据各作业区域性质决定其配置程序，其方式包括两种。一种是流程式，即配送中心的各作业区多半具有流程性的关系，在以模板进行配置时应考虑区域间物流动线的形式。作业区域间物流动线基本形式有四种，即 I 形（直线形）、L 形、U 形、S 形（锯齿形），其余形式均为这四种基本形式的组合。规划设计可采用混合式的动线规划，而非单一的固定模式。另一种是关联式，即以整个厂区作业配置为主，根据活动关联分析得出各作业区域间的活动流量，两区域间的流量以线条表示。为避免流量大的区域间活动经过的距离太长，应将两区域尽量接近。

以下区域布置安排以流程式为主，基本步骤包括：

（1）决定配送中心对外的道路连接形式，以决定出入口位置及厂区配置。

（2）决定配送中心厂房空间范围、大小及长宽比例。

（3）决定配送中心内从进货到出货的动线形式。

（4）根据作业流程顺序配置各作业区位置，首先安排面积较大且长宽比例不易变动的区域，如储存或分类收货等作业区；之后再插入面积较小且长宽比例较易调整的区域，如理货区及暂存区等。

（5）决定行政办公区的位置。

（6）进行各作业流程与活动关联的布置组合并考虑各种可能的布置组合，若有违反关联性原则者（即大流量的区域间活动经过太长的距离），则回到步骤（3）进行调整，直到动线形态、活动区域配置与区域间关联性取得一致为止。

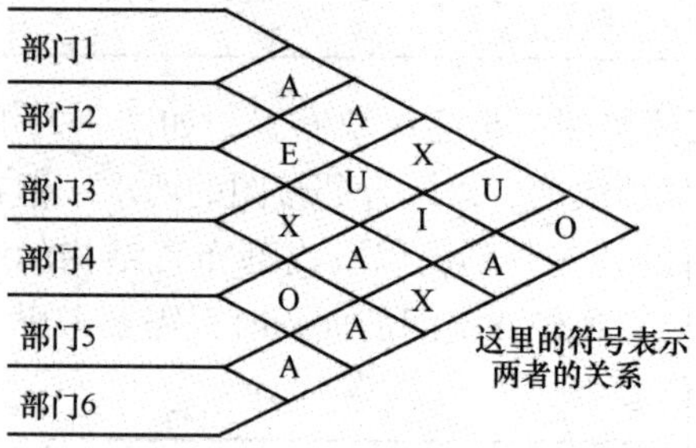

图 3-23　6 个部门间相关作业图

根据上述程序，可以逐步完成各区域的概略布置，然后再以区域模板置入相对位置，并做适当调整，形成关联布置图。最后经过调整部分作业区域的面积或长宽比例后，即得到作业区域配置图。

【例 3-5】　一家快餐店欲布置其生产与服务设施。该快餐店共分成 6 个部门，计划布置在一个 2×3 的区域内。已知这 6 个部门间的作业关系密切程度，如图 3-23 所示。请根据图 3-23 做出合理布置。

解：第一步，列出关系密切程度（只考虑 A 和 X）。

第二步，根据列表编制主联系簇，如图 3-24 所示。原则是，从关系“A”出现最多的部门开始，如本例的部门 6 出现 3 次，首先确定部门 6，然后将与部门 6 的关系密切程度为 A 的一一联系在一起。

第三步，考虑其他“A”关系部门，如能加在主联系簇上就尽量加上去，否则画出分离的子联系簇。本例中，所有的部门都能加到主联系簇上去，如图 3-25 所示。

第四步，画出“X”关系联系图，如图 3-26 所示。

第五步，根据联系簇图和可供使用的区域，用实验法安置所有部门，如图 3-27 所示。

A:	1~2	1~6	2~6
	3~5	4~6	5~6
X:	1~4	3~4	3~4

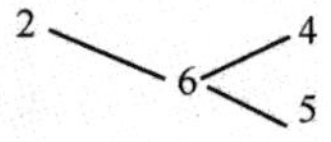

图 3-24　主联系簇

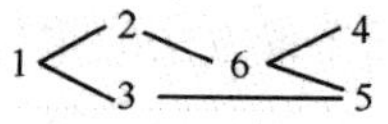

图 3-25　联系簇

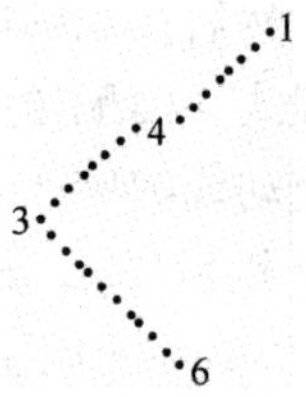

图 3-26　X 关系联系簇

1	2	6
3	5	4

图 3-27　最后结果

四、储位规划

（一）储位管理的基本原则

1. 储存位置指示明确

先将储存区域经过详细规划区分，并标示编号，让每一项预备储放的货品均有位置可以储放。此位置必须是很明确的，而且经过储位编码的，不可以是边界含糊不清的位置，例如走道、楼上、角落或某某货品旁等。

2. 货品被有效定位

所谓“有效的”就是刻意的、经过安排的，例如是冷藏的货就该放冷藏库，是高流通的货就该放置靠近出口处，香皂就不应该和香烟放一起，这就是有效原则的应用。

3. 异动情况要如实记录

货品不管是因拣货取出、产品更新，或是受其他作业的影响，使货品的位置或数量有了改变时，都必须如实地把变动情形加以记录，以使料账与实际数量能够完全吻合，这样才能进行管理。这个原则是进行储位管理最困难的部分，也是目前各配送中心储位管理作业成败的关键所在。

（二）储位管理范围

在配送中心的所有作业中，其所使用到的保管区域均属于储位管理的管理范围，其范围因作业方式的不同而有四类储区域：暂存储区、保管存储区、半存储区、移动存储区。

1. 暂存储区

即在进货和出货作业时所使用的暂存区。放在此区域中的货品不但应对品质有某种程度的保证，而且对于此区域的标识与货品分类也要清楚，即先将货品分类区分，再将产品依要求归位，排放整齐。

以进货暂存区而言，在货品进入暂存区前先分类，暂存区域也先标识区分，把货品依分类或入库上架顺序，配置到预先规划好的暂存区储位。

以出货暂存区而言，对于预备配送的货品，每一车或每一区域路线的配送货品必须排放整齐并且加以隔离，安置在事先标识区分好的储位上，并照出货单依序的点收上车。

总之，暂存储区的管理以标识、隔离、定位为方法，加以颜色管理和类别管理。

2. 保管存储区

在入库作业时所使用的保管区域，此区域的货品大多以中长期状态进行保管，所以称为保管存储区。此区域为配送中心最大且最主要的保管区域，是整个配送中心管理的重点。加大存放数量，提升空间使用效率应考虑到货物摆放方式、摆放位置以及合适的搬运设备等。

此区域作业需要注意以下内容：

（1）待验与验好的货品应于预备区储存时已划分清楚，保管区内仅存放验妥的货品。

（2）盘点作业应在各储区中分别进行，其中以保管区内种类最多，作业也最复杂，故而应考量便利性。

（3）基于配送中心内货品品项繁多，且大小不一，故储位及储架位置应视情况适时调整。

（4）为了提升客户的服务水平，以配送效率而言，应依据入库单迅速接收预备存储区的货品；并且在必要时，依据补货单补货至半存储区。

（5）保管区内货品的储存，也应注重管理使货品分区分类储存，标示清楚，以防止混淆。

（6）散装的货品尽可能摆设在料架上或储物柜中。容易滚（滑）动货品应在储位（架）四周以挡板定位，并使储区内货品整齐和建立库存表记录库存情况，以供随时查阅库存情形。

（7）收发货品应以先进先出为原则。若为食品，则要考虑保存期限，以先到期者先出货，且周转率较高者应接近通道，以方便存取。

3. 半存储区

即在拣货作业时所使用的拣货区域，此区域的货品大多在短时期即将被拣取出货，其货品在储位上流动频率很高，所以称为半存储区。为了让拣货时间及距离缩短，以及降低拣错率，就必须在拣取时能很方便迅速地找到欲拣取的货品，因此对于储存的标识与位置指示就非常重要。设置半存储区的原因是：

（1）当保管存储区与半存储区分开时，保管存储区一般以托盘为单位，没有零散箱数。而半存储区每一品项仅有一储位，虽然有零散箱数，但数量少，因此管理及盘点均相当明确。

（2）直接由保管存储区中拣取，即一次拣货，但若分成保管存储区与半存储区则需二次拣货，虽二次拣货名义上花费的时间与人力均比一次高，但保管储区补货至拣货区是以托盘为单位，作业较简单，且由保管存储区中到半存储区的补货作业也仅补给被拣取完的品项或不足的品项，次数并不频繁，故并未增加多少负担，相反地可以大大地缩短行走距离。

（3）对商品种类做 ABC 分析，A 类商品为全部品项中的 10% 品项，其出货量占总出货量的 70%，所以，可考虑将 A 类放在半存储区，而 B、C 类放在保管存储区。设备方面，半存储区使用流动棚架，保管存储区选用一般货架，或是半存储区放置在一般货架的第一层，保管存储区放置在货架第二层以上，以发挥储位管理的最佳功能。

4. 移动存储区

在配送作业时，配送车上的货品放置区域，此区域货品存放在移动中的车上，称之为移动存储区。为了提高配送效率，减少配送环节的无效作业和提高客户的满意度，需要对配送环节在路线优化、装车配载等方面进行规划设计。移动存储区的管理要注意以下几点：

（1）依配送计划决定送货优先顺序。

（2）优先顺序决定后，在驾驶记录表上应载明路线优先顺序与到达时间，并告诉驾驶员遵照执行。

（3）货物装载的单位（如托盘），应尽量使用标准尺寸，以提升车辆的容积率。

（4）装载车内的储存空间应预留一块位置，以方便配送货品顺序调配及人员取货站立使用。

（5）货品装载单位（如托盘）上，应附上客户名称、卸货顺序的标识卡，并正确存放在事先规划好的移动储位编号上，如图 3-28 所示。若没有储位编号，则每家店的货品必须以帆布或隔板加以明确区隔。

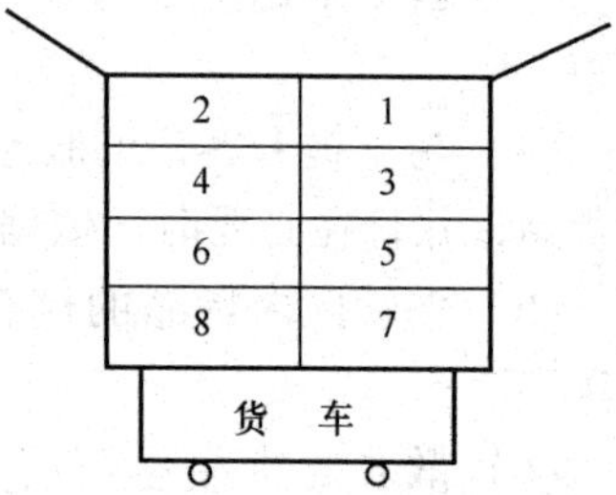

图 3-28 卸货配送顺序编号

（三）储位管理的方法步骤

1. 储存保管的目标

（1）空间利用率最大。

（2）人力及设备的有效使用。

（3）按照储存货品特性考虑储存。

（4）做到所有货品都能随时存取。

（5）货品的有效移动。

（6）货品质量完好。

（7）良好的管理。

2. 选择储区位置的策略

（1）依照货品特性来储存。

（2）大批量使用大储区，小批量使用小储区。

（3）能安全有效率储于高位的物品使用高储区。

（4）笨重、体积大的货品储存于较坚固的货架底层及接近出货区。

（5）将较轻货品储存于层架。

（6）将相同或相似的货品尽可能靠近储放。

（7）滞销的货品或小、轻及容易处理的货品使用较远存储区。

（8）周转率低的物品尽量远离进货、出货区及仓库较高的区域。

（9）周转率高的物品尽量放于接近出货区及较低的区域。

（10）服务设施应选在低层楼区。

3. 储存策略

良好的储存策略可以减少出入库移动的距离、缩短作业时间，甚至能够充分利用储存空间。一般常见储存策略如下：

（1）定位储放

每一储存货品都有固定储位，货品不能互用储位。选用定位储放的原因在于：

① 物品尺寸及质量（不适用于随机储放）。

② 储存条件的原因。例如，有些品项必须控制温度。

③ 易燃物必须限制储放于一定高度以满足保险标准及防火法规。

④ 依商品物性必须分开储放。

⑤ 保护重要物品。

⑥ 储区能被记忆，容易提取。

定位储放的优点是：① 每种货品都有固定储放位置，拣货人员容易熟悉货品储位。② 货品的储位可按周转率大小或出货频率来安排，以缩短出入库搬运距离。③ 可针对各种货品的特性作储位的安排调整，将不同货品特性间的相互影响减至最小。缺点是：储位必须按各项货品的最大在库量设计，因此储区空间平时的使用效率较低。

定位储放容易管理，所需的总搬运时间较少，但却要较多的储存空间。所以除上述原因外，此策略较适用于厂房空间大和多品种少数量商品的储存情况。

（2）随机储放

每一个货品被指派储存的位置都是随机的，而且可经常改变。也就是说，任何货物可以被存放在任何可利用的位置。

随机储放的优点是：由于储位可共用，因此只要按所有库存货品最大在库量设计即可，储区空间的使用效率较高。

缺点是：① 货品的出入库管理及盘点困难。② 周转率高的货品可能被储放在离出入口较远的位置，增加了出入库的搬运距离。③ 具有相互影响特性的货品可能相邻储放，造成货品的伤害或发生危险。

随机储放较适用于厂房空间有限和种类少或体积较大的货品的情况。

（3）分类储放

所有的储存货品按照一定特性加以分类，每一类货品都有固定存放的位置，而同属一类的不同货品又按一定的规则来指派储位。分类储放通常按产品相关性、流动性、产品尺寸和质量、产品特性来分类。

分类储放的优点是：① 便于畅销品的存取，具有定位储放的各项优点。② 各分类的储存区域可根据货品特性再做设计，有助于货品的储存管理。

缺点是：储位必须按各项货品最大在库量设计，因此储区空间平均的使用效率低。

分类储放较适用于以下情况：① 产品相关性大者，经常被同时订购。② 周转率差别大者。③ 产品尺寸相差大者。

（4）分类随机储放

每一类货品有固定存放位置，但在各类的储区内，每个储位的指派是随机的。

分类随机储放的优点是：具有分类储放的部分优点，又可节省储位数量，提高储存区利用效率。

缺点是：货品出入库管理及盘点难度较高。

（5）共用储放

在确定知道各货品的进出仓库时刻，不同的货品可共用相同储位的方式称为共用储放。共用储放在管理上虽然较复杂，所需的储存空间及搬运时间却更经济。

（四）储位分配原则

1. 考虑随机储放策略和共用储放策略

靠近出口原则：将刚到达的商品分配到离出入口最近的空储位上。

2. 考虑定位储放策略和分类（随机）储放策略

（1）以周转率为基础原则（turnover based location）

按照商品在仓库的周转率（ 销售量除以存货量 ）来排定储位。首先依周转率由大自小排一序列，再将此一序列分为若干段，通常分为三至五段。同属于一段中的货品列为同一级，依照定位或分类储存法的原则，指定储存区域给每一级的货品。周转率越高，应离出入口越近。另外，当进货口与出货口不相邻时，可依据进、出仓库次数来做存货空间的调整。如表 3-20 所示，为 A ~ H 八种货品进出仓库的情况，当出入口分别在仓库的两端时，可依据货品进出仓库的次数比率来指定其储存位置，图 3-29 为此八种货品的配置图。

（2）产品相关性原则

商品相关性大者在订购时经常被同时订购，所以应尽可能存放在相邻位置。

（3）产品同一性原则

同一性原则，指把同一物品储放于同一保管位置的原则。

（4）产品类似性原则

类似性原则，指将类似品比邻保管的原则。

表 3-20　货品进出仓库的情况

产品	进货量	进仓次数	出货批量	出仓次数	进仓次数/出仓次数
A	40 托盘	40	1.0 托盘	40	1.0
B	200 箱	67	3.0 箱	67	1.0
C	1000 箱	250	8.0 箱	125	2.0
D	30 托盘	30	0.7 托盘	43	0.7
E	10 托盘	10	0.1 托盘	100	0.1
F	100 托盘	100	0.4 托盘	250	0.4
G	800 箱	200	2.0 箱	400	0.5
H	1000 箱	250	4.0 箱	250	1.0

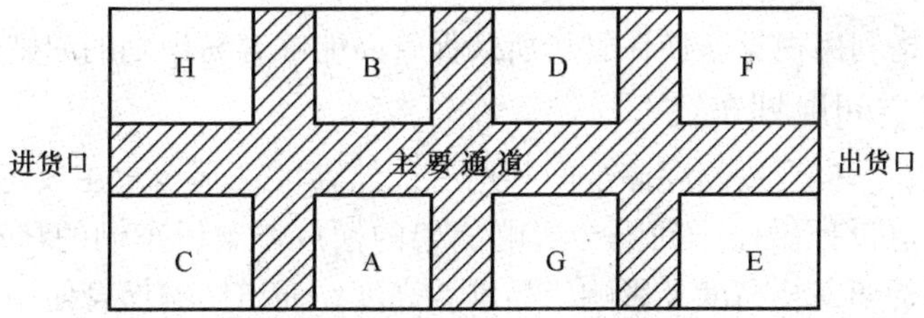

图 3-29　进出口分离的储位分配

（5）产品互补性原则

互补性高的物品也应存放于邻近位置，以便缺货时可迅速以另一品项替代。

（6）产品相容性原则

相容性低的产品绝不可放置一起，以免损害品质，如烟、香皂、茶便不可放在一起。

（7）先进先出原则

先进先出指先保管的物品先出库。一般适用于寿命周期短的商品，例如感光纸、食品等。另外，对于食品或易腐败变味的货品，此时应考虑的是先到期先出货的原则。

（8）叠高原则

叠高的原则，即是像堆积木般将物品叠高。

（9）面对通道原则

面对通道即是物品面对通道，将可识别的标号、名称让作业员容易简单地辨识。

（10）产品尺寸原则

储存物品时必须要有不同大小位置的变化，用以存放不同大小的物品和不同的容积。一旦未考虑储存物品单位大小，将可能造成储存空间太大而浪费空间，或储存空间太小而无法存放；未考虑储存物品整批形状也可能造成整批形状太大无法同处存放（数量太多）或浪费储存空间（数量太少）。一般将体积大的货品存放于进出较方便的位置。

（11）重量特性原则

重量特性原则，指按照物品重量的不同来决定储放物品的高低位置。一般而言，重物应保管于地面上或料架的下层位置，而重量轻的物品则保管于料架的上层位置；当以人手进行搬运作业时，人腰部以下的高度用于保管重物或大型物品，而腰部以上的高度则用来保管重量轻的物品或小型物品。

（12）产品特性原则

物品特性不仅涉及物品本身的危险及易腐性质，同时也可能影响其他的物品，因此在配送中心布置设计时必须要考虑。列举五种有关货品特性的基本储存方法：

1）易燃物的储存：安装适当防火设备的空间，最好是独立放置。

2）易窃物品的储存：储存在有锁的笼子、箱、柜或房间内。

3）易腐品的储存：要储存在冷冻、冷藏或其他特殊设备内，且专人作业与保管。

4）易污损品的储存：可使用帆布套等覆盖。

5）一般物品的储存：要储存在干燥库房，以应客户需要随时提取。

（13）储位表示原则

储位表示原则，指把保管物品的位置给予明确表示的原则，如居住地址般的标识。

（14）表示性原则

表示性原则，指利用视觉，使保管场所及保管品能够容易识别的原则。

（五）储存区空间规划布置

在配送中心内，为提升货物存储空间利用率，储存区规划布置主要考虑柱子间隔设计、梁下高度设计和通道设计。柱子间隔会影响货架的摆放、搬运车辆的移动、输送设备的安装；梁下高度限制货架安装高度及影响货品堆叠高度；通道影响保管使用面积及搬移的方便性。此三者均能让空间使用率受很大影响，故保管空间的规划重点就在柱子间隔、梁下高度及廊道布置三方面。

柱子的设计一般是以建筑物的楼层数、楼层高度、地板载重、地震的抵抗等条件来设计。但以保管空间来讨论，其除了包括上述的基本建筑设计条件外，还必须考虑一般建筑物内的保管效率及作业效率。

在保管空间中，梁下的高度，理论上是越高越好，但实际上受放置货物所能堆积的高度和货架高度等因素所限，并且太高反而会增加成本及降低建筑物单位高度的楼层数。

通道的正确安排及尺寸是影响保管效率的一个关键。作为储存区与进出货区的通路，通道的设计应能提供存货的正确存取、装卸设备的进出及必要的服务区间。仓库中通道的种类一般包含工作通道、人行通道、服务通道、贮藏室通道、电梯通道和其他各种性质的通道。一般不同储区布置形式有不同通道空间比例，如图 3-30 所示。

（六）储位编码与货品编号

1. 储位编码方法

一般储位编码的方法有下列四种：

（1）区段方式

把保管区域分割几个区段，再对每个区段编码。此种编码方式是以区段为单位，每个号码所标注代表的储位区域将会很大，因此适用于容易单位化的货品，以及大量或保管周期短的货品。在 ABC 分类中的 A、B 类货品也很适合此种编码方式。货品以物流量大小来决定其所占的区段大小，以进出货频率次数来决定其配置顺序。

（2）品项群别方式

把一些相关性货品经过集合以后，区分成好几个品项群，再对每个品项群进行编码。此种编码方式适用于比较容易保管的商品及品牌差距大的货品。例如服饰、五金

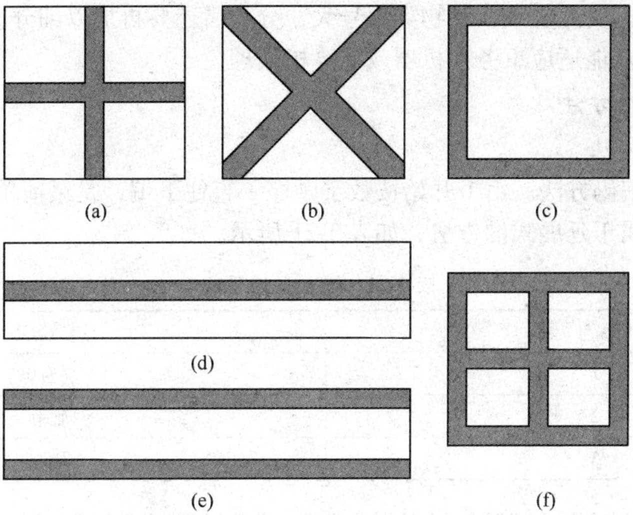

图 3-30　通道空间相对于整厂空间的比率

（a）19% 通道空间；（b）28% 通道空间；（c）36% 通道空间；

（d）20% 通道空间；（e）40% 通道空间；（f）51% 通道空间

方面的货品。

（3）地址式

利用保管区域中的现成参考单位，例如建筑物第几栋、区段、排、行、层、格等，依照其相关顺序来进行编码，就像地址的几段、几巷、几弄、几号一样。这些编码方式由于其所标注代表的区域通常以一个储位为限，且其有相对顺序性，使用起来容易明了又方便，所以为目前配送中心使用最多的编码方式。但由于其储位体积所限，适合一些量少或单价高的货品储存使用，例如 ABC 分类中 C 类的货品。

（4）坐标式

利用空间概念来编排储位的方式，对于流通率很小，需要长时间存放的货品即一些生命周期较长的货品比较适用。

2. 货品编号

货品编号是将货品按其分类内容，编排次序，用简明的文字、符号或数字，代替货品的名称、类别及其他有关资料的一种方式。合理的货品编号，必须具备下列基本原则：

① 简单性。应将货品化繁为简，便于货品活动的处理。

② 完整性。使每一种货品的编号能清楚完整地代表货品内容。

③ 单一性。使每一个编号代表一种货品。

④ 一贯性。号码位数要统一且有一贯性。

⑤ 伸缩性。为未来货品的扩展及产品规格的增加预留号码编列。

⑥ 组织性。应有组织，以便存盘或使用账上资料。

⑦ 充足性。其所采用的文字、记号或数字，必须有足够的数量及字段。

⑧ 易记性。应选择易于记忆的文字、符号或数字，或富于暗示及联想性。

⑨ 分类展开性。货品复杂，其物类编号大，分类后还要再加以细分。

⑩ 适应机械性。能适应事务性机器或计算机处理。

3. 货品编号的方法

（1）流水号编号法

这是最简单的编码方法。由 1 开始按数字顺序一直往下编，是最简单的编号法，常用于账号或发票编号，属于延展式的方法，如表 3-21 所示。

表 3-21　流水号编号法

编号	货品名称
1	洗面奶
2	肥皂
3	牙刷

（2）数字分段法

对数字进行分段，让每一段数字代表共同特性的一类货品，如表 3-22 所示。

表 3-22　数字分段法

编号	货品名称	备注
1	4 块装肥皂	1～5 预留给肥皂编号用
2	6 块装肥皂	
3	12 块装肥皂	
4		
5		
6	玉兰油洗面奶	6～12 预留给洗面奶编号用
7	雅芳洗面奶	

（3）分组编号法

分组编号法是依货品的特性分成多个数字组，每一数字组代表此项货品的一种特性，例如第一数字组代表货品的类别，第二数字组代表货品的形状，第三数字组代表货品的供应商，第四数字组代表货品的尺寸，至于每一个字组的位数要多少视实际需要而定。此方法现今使用尤为普遍，如表 3-23 所示。

表 3-23　分组编号法

	类别	形状	供应商	尺寸	意义
编号	07				饮料
		4			方形
			006		康师傅
				110	100mm × 200mm × 400mm

（4）实际意义编号法

依货品的名称、质量、尺寸、分区、储位、保存期限或其他特性的实际情况来考虑编号。此方法有一特点：由编号即能了解货品的内容，如表 3-24 所示。

表 3-24　实际意义编号法

编号	意义
FO4915B1	商品编号
FO	表示 Food，食品类
4915	表示 4×9×15，尺寸大小
B	表示 B 区，货品所在储区
1	表示第一排料架

（5）后数位编号法

运用编号末尾的数字，对同类货品做进一步细分，也就是从数字的层级关系来看货品的归属类别，如表 3-25 所示。

表 3-25　后数位编号法

编号	货品类别
260	服饰
270	女装
271	上衣
271.1	毛衣
271.11	红色

（6）暗示编号法

用数字与文字的组合来编号，编号本身虽不直接指明货品的实际情况（与实际意义编号法不同），但却能暗示货物的内容。这种方法的优点是容易记忆，但又不易让外人了解。例如：编号 BY005WB10 的意思如表 3-26 所示。

表 3-26　暗示编号法

货品名称	尺寸	颜色与型式	供应商
BY	005	WB	10
BY	表示脚踏车（bicycle）		
005	表示大小型号 5 号		
W	表示白色（white）		
B	表示小孩型（boy's）		
10	表示供应商号码		

五、仓库设备的配置

（一）配置原则

1. 适应性

设备的型号、规格应与仓库的作业数量、商品出入库频率相适应。所以首先要明确仓库的类型、被储存商品的性质、数量以及储存条件要求，同时还要考虑仓库的日平均出入库量，以配置符合仓库储存需要的设备。在进行各类设备配置时，还要注意处理好各类设备之间的衔接问题，以最大限度地发挥设备的作用。

2. 经济性

仓库设备的配置必须要从仓库自身的经营需要出发，在满足经营规模需要的情况下，以最少的资金占用来配置相对全面的设备，以实现仓库的最大经济效益。

3. 先进性

随着现代新技术的发展，各类新设备不断涌现，这些设备技术更先进，性能更适应仓储作业的要求。因此，在配置仓库设备时，要适应现代仓库作业的需要，应尽量配置较为先进的技术设备，以提高仓储企业的生产能力和生产效率。

（二）考虑的因素

1. 商品特性

储存商品的外形、尺寸直接关系到货架规格的选择；储存商品的质量直接影响到货架强度的选定；商品储存单位直接影响货架类型的选择。

2. 存取性

商品货物的存取性与储存密度有着密切的关系。当储存密度过大时，商品货物的存取性就相对较差。有些货架储存密度较佳，但如果采用先进先出的管理方式时却很难适应。只有自动化立体仓库能够很好地解决商品货物的存取性与储存密度的问题，但投资成本较高。

3. 出入库量

在选择出入库输送设备和分拣设备时，应充分考虑储存仓库的出入库量，根据仓库的作业频率，来选择相应的设备。

4. 库房架构

在进行仓库设备选择时，仓库的可用高度、梁柱的位置、地坪承载能力、防火设施等都是决策应考虑的重要因素。

（三）仓库设施设备数量的规划过程

1. 求出总的物流作业量

$$Q_c = \sum_{i=1}^{m} (ZQ_e \beta n_k \rho t)_i$$

$$Z = \sum_{i=1}^{m} Z_i$$

式中 Q_c——仓储机械设备能力，即设备能完成的物流量，t/年；

m——机械设备类型数；

Z——设备总台数；

Z_i——第 i 类机械设备台数；

Q_e——设备的额定起重量（或载重量），t；

β——起（载）重系数，即平均一次吊装或搬运的物资质量与 Q_e 的比值；

n_k——单位工作小时平均吊装或搬运次数；

t——年日历工作小时，h/年；

一班制工作：$t = 8 \times 280 = 2240$（h/年）；

两班制工作：$t = 16 \times 280 = 4480$（h/年）；

ρ——时间利用系数，即设备年平均工作小时与 t 的比值。

2. 分解物流作业量

仓储规划人员应根据仓库机械类型配置规划，将物流作业量 Q_c 分解到各类机械。

$$Q_c = \sum_{i=1}^{m} Q_{ci}$$

式中 Q_{ci}——第 i 类机械承担的物流量，t/年。

（3）确定某一类机械需要台数 Z_i。

$$Z_i = \frac{Q_{ci}}{(Q_c \beta\ n_k \rho t)_i}$$

（四）设备的选择

1. 托盘的选择

托盘是一种重要的集装器具，是在物流领域中适应装卸机械化而发展起来的一种集装器具，托盘的发展可以说是与叉车同步的。叉车与托盘的共同使用，形成的有效装卸系统大大促进了装卸活动的发展，使装卸机械化水平大幅度提高，使长期以来运输过程中的装卸瓶颈得以改善。目前，在物流活动中，托盘作为实现单元化货物装卸运输的重要工具，正在被各行业所认识和接纳，使用越来越广泛，在企业中体现出来的“第三利润源”效应不断地强化着它在物流系统中的地位与作用。

目前，托盘的形式和尺寸很多，在规划仓库时首先要确定托盘的形式和尺寸，否则无法进一步规划。仓库常常以电动拖板车当作拣货的工具，但是双面双叉的托盘不能使用电动拖板车。因此，如果要使用电动拖板车，只能选择单面托盘（两面叉）或是双面四叉的托盘。

托盘的选择要注意的问题：一是要注意托盘的制造材料；二是要注意托盘的尺寸；三是要注意托盘的结构。

2. 货架的选择

在仓库设备中，货架是专门用于存放成件货物的保管设备，在仓库中占有非常重要的地位。在现代仓库管理中，为了改善仓库的功能，不仅要求货架的数量多、功能全，而且要便于仓库作业的机械化和自动化。因此，仓库在选择货架时，必须综合分析库存货物的性质、单元装载和库存量，以及库房结构、配套的装卸搬运设备等因素。常用的货架主要有：托盘货架、重力货架、阁楼货架、电子拣选货架等。其中，托盘货架是使用最广泛的托盘类货物存储系统，通用性较强。其结构是货架沿着仓库的宽度方向分成若干排，其间有一条巷道，供堆垛起重机、叉车或其他搬运机械运行，每排货架沿着仓库纵向分为若干排，在垂直方向又分为若干层，从而形成大量货格，用以用托盘存储货物。

当托盘的形状和尺寸确定之后，可以考虑同时使用 1100mm × 1100mm 及 1000mm × 1200mm 两种托盘的货架。以 1100mm 托盘的宽度来考虑货架的宽度，则货架的内部宽度是 2500mm（间隙 100mm + 托盘宽度 1100mm + 间隙 100mm + 托盘宽度 1100mm + 间隙 100mm），若再加上柱子的宽度为 100mm，则一个托盘货架的实际宽度为 2600mm。另外，以 1200mm 托盘的深度来考虑货架的深度，则货架的深度约为 1000mm，连杆的深度为 300mm，两连杆并排时的深度为 1000mm + 连杆深度 300mm + 1000mm = 2300mm。使用 1200mm 托盘时，托盘前后会超出 100mm，两排托盘之间尚有 100mm，则其货架的规划尺寸为托盘深度 1200mm + 间隙 100mm + 托盘深度 1200mm = 2500mm；使用 1100mm 托盘时，托盘前后会超出 50mm，两排托盘之间尚有 200mm，如此规划则两种标准托盘都可以使用。因此，一般托盘的货架规划尺寸为 2600 mm × 2500mm 。

托盘货架的优点包括以下几个方面：

（1）每一块托盘均能单独存入或移动而不需移动其他托盘。

（2）可适应各种类型的货物，可按货物尺寸要求调整横梁高度。

（3）配套设备最简单，成本也最低，能快速安装及拆除。

（4）货物装卸迅速，主要适用于整托盘出入库或手工拣选的场合。

（5）能尽可能地利用仓库的上层空间。

3. 叉车的选择

叉车有多种类型，不同类型的叉车工作特点、动力大小、工作场所、工作半径各不相同，同时价格方面也差别很大。对于企业而言，选择叉车应该本着满足工作、适度超前、物美价廉的原则。

一般而言，内燃式平衡重叉车适用在库外工作，具有动力大、爬坡能力强等特点，但回转半径较大，需要货架间的通道尺寸较大。电动式的平衡重叉车对地面要求较高，爬坡能力较小。

前移式叉车与平衡重式叉车比较，具有体积小、质量轻、回转半径小、行驶时稳定性能好等优点，但其起重量不宜过大，适合于通路较窄的仓库内作业。

回转式叉车亦称回转叉式叉车。其结构特点是前方货叉可向左或向右旋转 90°，并通过前移机构进行伸缩。这样叉车从两侧叉取货物时，不必再使车体转向 90°就可以完成作业，这样可大大缩小通道的宽度，最适合库房内装卸搬运货物。

插腿式叉车多为蓄电池叉车。其结构特点是在车体的前方安装两个支腿，支腿前方有胆轮，可提高叉车的稳定性。其特点是体积小、质量轻、操作方便、转弯灵活，适合在坚硬地面的库内作业。

高货位拣选式叉车的结构特点是操纵室可上下升降，操纵人员可随货物一起升降，货叉可自由提升，当操纵室不动时与一般叉车相同。适用于库内存取托盘集装货物或货箱，但不适于远距离搬运。

物资仓库对叉车进行选型，其依据与起重机基本相同。在具体进行叉车的选型与配置时，应注意以下几个问题：

（1）选择具有不同结构特点的叉车

如前所述，根据叉车结构特点的不同，有多种类型。物资仓库特别是综合性仓库，应根据实际需要，同时选用几种类型的叉车，如在配备平衡重式叉车的同时，还可选用侧面式叉车、前移式叉车以及插腿式叉车等。避免只配备平衡重式一种类型的叉车。

（2）选择具有不同起重量的叉车

由于物资仓库作业对象情况复杂，被装卸搬运的物料大小不等、轻重不同，所以要求要有不同额定起重量的叉车与之相匹配。如可选用 1t、2t、3t、5t 等不同起重量的叉车。

（3）选择不同动力装置的叉车

由于物资仓库作业条件和对作业的要求不同，应充分利用不同动力装置叉车的有利条件，使其优势互补，实现最佳配合，配置一定数量的内燃式叉车和蓄电池式叉车。

（4）尽量配齐叉车的属具

为了扩大叉车的作业范围，提高叉车的作业效率，叉车除配置货叉外，还应配备多种专用属具，如吊臂、串杆、抱夹、铲斗、推出器等。

六、仓库人事组织结构

（一）设置原则

1. 有效性原则

有效性原则是仓库管理组织基本原则的核心，是衡量组织结构合理与否的基础。

有效性原则要求仓库管理组织必须是有效率的。这里所讲的效率，包括管理的效率、工作的效率和信息传递的效率。仓库管理组织的效率表现为组织内各部门均有明确的职责范围，节约人力，节约时间，有利于发挥管理人员和业务人员的积极性，使物流企业能够以最少的费用支出实现目标，使每个物流工作者都能在实现目标过程中做出贡献。

有效性原则要求仓库管理组织在实现物流活动的目标方面是富有成效的。仓库管理组织的成效最终表现为实现物流目标的总体成果上。所以，有效性原则要贯穿在仓库管理组织的动态过程中。在仓库管理组织的运行中，组织机构要反映仓库管理的目标和规划，要能适应企业内部条件和外部环境的变化，并随之选择最有利的目标，保证目标实现。仓库管理组织的结构形式、机构的设置及其改善，都要以是否有利于推进物流合理化这一目标的实现为衡量标准。

2. 统一指挥原则

统一指挥原则是建立仓库物流管理指挥系统的原则。其实质在于建立仓库物流管理组织的合理纵向分工，设计合理的垂直机构。

物流管理组织机构是企业、公司以及社会的物流管理部门，是担负不同范围的物流合理化使命的部门。为了使物流部门内部协调一致，更好地完成物流管理任务，必须遵循统一指挥的原则，实现“头脑与手脚的一体化”、责任和权限的体系化，使物流管理组织成为有指挥命令权的组织。

在统一指挥原则下，一般形成三级物流管理层次，即最高决策层、执行监督层和物流作业层。高层领导的任务是根据企业或社会经济的总体发展战略，制定长期物流规划；决定物流组织机构的设置及变更，进行财务监督，决定物流管理人员的调配等。中层领导的任务是组织和保证实现最高决策的目标。包括制订各项物流业务计划、预测物流量、分析设计和改善物流体系、检查服务水平、编制物流预算草案、分析物流费用、实施活动管理、进行物流思想宣传等。基层领导的主要任务是合理组织物流作业，对物流从业者进行鼓励和奖励，协调人的矛盾和业务联系的矛盾，进行思想工作。

管理层次的划分，体现纵向指挥系统的分工和分权原则。物流管理组织层次的合理划分，是形成强有力的物流管理指挥体系的前提，而物流管理指挥体系的建立对于实现物流管理组织化、改变人们轻视物流的传统观念具有重要意义。

3. 职责与职权对等原则

无论是管理组织的纵向环节还是横向环节，都必须贯彻职责与职权对等原则。

职责即职位的责任。职位是组织机构中的位置，是组织体内纵向分工与横向分工的结合点。职位的工作责任是职务。在组织体内，职责是单位之间的连接环，而把组织机构的职责连接起来，就是组织体的责任体系。如果一个组织体没有明确的职责，这个组织体就不牢固。

职权是指在一定职位上，在其职务范围内为完成其责任所应具有的权力。职责与职权应是相应的。高层领导担负决策责任，就必须有较大的物流决策权，中层管理者承担执行任务的监督责任，就要有监督和执行的权力。职责与职权的相适应称为权限，即权力限定在责任范围内，权力的授予要受职务和职责的限制。不能有职无权，无职也不能授权，这两种情况都不利于调动积极性，影响工作责任心，降低工作效率。

要贯彻权责对等的原则，就应在分配任务的同时，授予相应的职权，以便有效率、有效益地实现目标。

4. 协调原则

物流管理的协调原则，是指对管理组织中的一定职位的职责与具体任务要协调，不同职位的职能要协调，不同职位的任务要协调。具体地讲，就是物流管理各层次之间的纵向协调、物流系统各职能要素的横向协调和部门之间的横向协调。在这里，横向协调更为重要。

改善物流管理组织的横向协调关系可以采取下述措施。

（1）建立职能管理横向工作流程，使业务管理工作标准化。

（2）将职能相近的部门组织成系统，如供、运、需一体化。

（3）建立横向综合管理机构。

仓库管理组织的上述原则，都将具体体现在仓库物流组织的结构形式中。

（二）人事组织结构的形式

1. 直线制组织模式

此模式（图3-31）是一种由一个上级直接管理多个下级的组织结构模式，其特别适合于中小型仓储企业。优点是指令传递的直接性，易于发布命令，实施强有力的管理。缺点是管理水平受管理者自身能力的限制，同时当业务扩大时，命令执行不统一，管理者压力大。

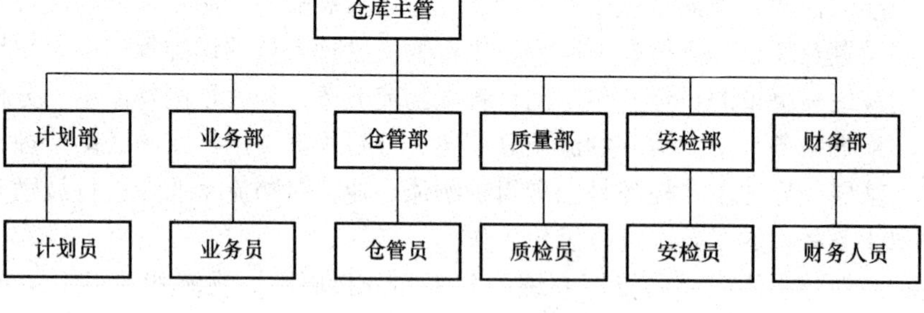

图3-31　直线制组织模式

2. 直线职能式

其管理模式（图3-32）是在直线制的基础上加上职能部门，适合大多数企业。其只是增加了一些职能来帮助上级管理下级。这些职能机构都是某种职能的组合体，这样就克服了直线制管理模式的由于人力所限造成的管理上的缺陷。

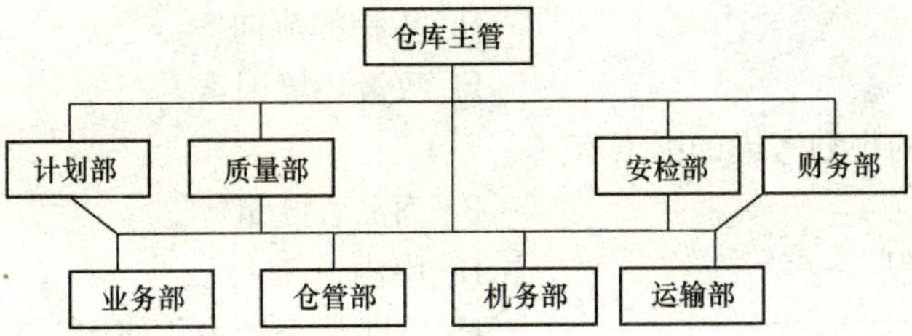

图 3-32 直线职能式

3. 事业部制管理模式

事业部制管理模式（图 3-33）是以某项事业（或管理模块）为核心组成的一个从决策到执行的管理系统。优点在于管理决策程序小而全，运行效率高。在各项事业内部管理权力相对集中，所有的经营方案都可以由各事业部自行决策，提高了工作效率。

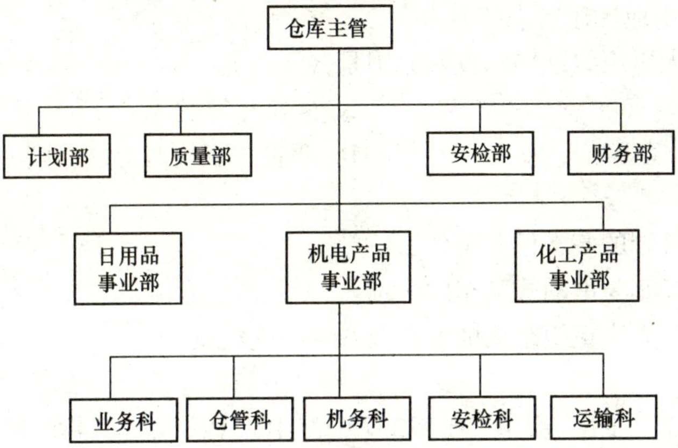

图 3-33 事业部制管理模式

问题思考

一、填空题

1. 仓库总平面一般划分为__________、__________、__________。其中仓库的主体是________。

2. 仓库布局中考虑的优先原则是__________________。

3. 仓库内布局的形式有____________、____________、____________。

4. 现代仓库设备的配置原则是________、________、________。

5. 仓库实用面积的含义是__________________。

二、选择题

1. 经济环境因素是仓库选址考虑的因素之一，其具体体现在（　　）。

A. 货流量的大小　　B. 城市的扩张与发展
C. 气候因素　　D. 货物的流向
E. 交通便利　　F. 政策环境因素

2. 仓库作业区的规划考虑的因素有（　　）。
A. 仓库特性　　B. 商品吞吐量
C. 仓库作业流程　　D. 库内道路
E. 有效利用时间　　F. 空间是否最大化使用

3. 下列关于现代仓库的立体规划叙述正确的是（　　）。
A. 库房地坪标高与库区路面标高二者高度差要适当。
B. 货场一般沿着铁路线布置，多数跨铁路专用线两侧。
C. 少品种、多批量一般采用高站台，即站台高度与汽车货台高度一样。
D. 少品种、大批量的商品一般采用低站台，即站台面和地面等高。
E. 多品种、少批量的商品一般采用低站台，即站台面和地面等高
F. 多品种、少批量一般采用高站台，即站台高度与汽车货台高度一样。
G. 考虑合理利用地坪建筑承载能力。

4. 现代仓库的人事组织结构的设置原则是（　　）。
A. 有效性原则　　B. 经济核算的原则
C. 协调原则　　D. 职责与职权对等的原则

三、简答题

1. 仓库作业区规划的基本任务是什么？
2. 简述内燃式叉车与电动式叉车的区别。
3. 简述现代仓库人事组织结构的形式及各自的优缺点。

四、计算题

1. 某公司现有 3 个工厂 A、B、C 和 2 个分配中心 P、Q，准备在 W 城或 A 城再建一个分配中心。现给出如表 3-27 所示的资料，求最佳分配中心地点。

表 3-27　某工厂和分配中心资料

工厂	从工厂到分配中心的单位运费（元）				工厂生产能力
	分配中心 P	分配中心 Q	A 城分配中心	W 城分配中心	
A	17	6	9	10	800
B	13	9	8	7	900
C	5	11	7	7	800
需求	900	700	600	600	

2. 某汽车制造公司决定在南方建一新厂，现在南方三个省初步确定了 3 个备选厂址 A、B 和 C，经过专家调查和判断，对这 3 个厂址按 5 个因素进行评分。结果如表 3-28 所示。哪个厂址比较可取？

表 3-28　备选厂址评分结果

选址因素	权重	备选厂址		
		A	B	C
交通运输	0.25	90	95	80
土地费用	0.10	80	75	95
生活条件	0.25	90	80	80
人口素质	0.20	90	85	80
科技文化条件	0.20	90	80	80

3. 希望通过一个中枢将一些城市连接起来，这些城市的地图坐标和运输量如表 3-29 所示。

表 3-29　城市地图坐标和运输量

城市	地图坐标（x，y）	运输量
A	(5，10)	5
B	(6，8)	10
C	(4，9)	15
D	(9，5)	5
E	(7，9)	15
F	(3，2)	10
G	(2，6)	5

（1）这个中枢应该位于哪个坐标附近呢？

（2）如果城市 A 的运输量增加了 3 倍，连接点会有什么变化？

五、实践题

1. 结合某储配中心分析仓库规划流程。

2. 写出某一仓储规划大概方案。

本章案例

某物流企业布局分析

一、公司基本情况

北京某物流公司位于具有“绿色国际港”之称的京郊顺义区，公司下设五家分公司、十一家控股子公司，是一家集粮食作物、经济作物、蔬菜、瓜果、果树种植、加工与销售，白酒生产与销售，肉食品加工与销售，农业技术开发、技术服务等为一体的相关多元化大型企业。该公司占地面积约为 126667m^2，其中 21340m^2 的仓储中心作为整个配送中心提供强有力的支持。物流中心的总体分为进货暂存区、仓储区、拆零作业区、储货暂存区四大模块。进、出货暂存区设立了高 1.2m 的出入库站台，并配有升降平台、加长雨台，为商品出入库提供了极大的方便。仓储区采用托盘货架（图 3-34），电子标签拣选系统，各种规格的搬运、拣选车辆，如地牛、堆垛式叉车、前移式叉车、拣选式叉车等。整个物流中心都使用了高耐磨防尘地面。

图 3-34　企业托盘货架

二、公司的业务流程

该物流公司最新的业务是为中石化在北京以及周边地区的易捷便利店做仓储、配送。由于中石化在北京以及周边地区拥有 260 多家便利店，因此，根据每家店的销售量不同，要货量也不同，将所有店分为 A、B、C 三类店，分批次要货，A 类店每周供三次货，B 类店每周供两次货，C 类店每周供一次货。易捷便利店每一家店的要货量都不大，但商品种类繁杂。因此，大部分货物都需要拆零。根据易捷便利店的供货特性，该公司将仓储区 1 ~ 5 道货架设为易捷便利店的存货区，其中一层中 1 道 31 ~ 58 为拆零货架，其余货架的一层为拣货区。为了便于补货，相对应的，拆零货架上方为拆零商品的存货区，其余二层以上的货架为普通货物的存货区。

仓库作业流程主要分为：验收、入库、补货、出库。图 3-35 为仓库作业流程图。

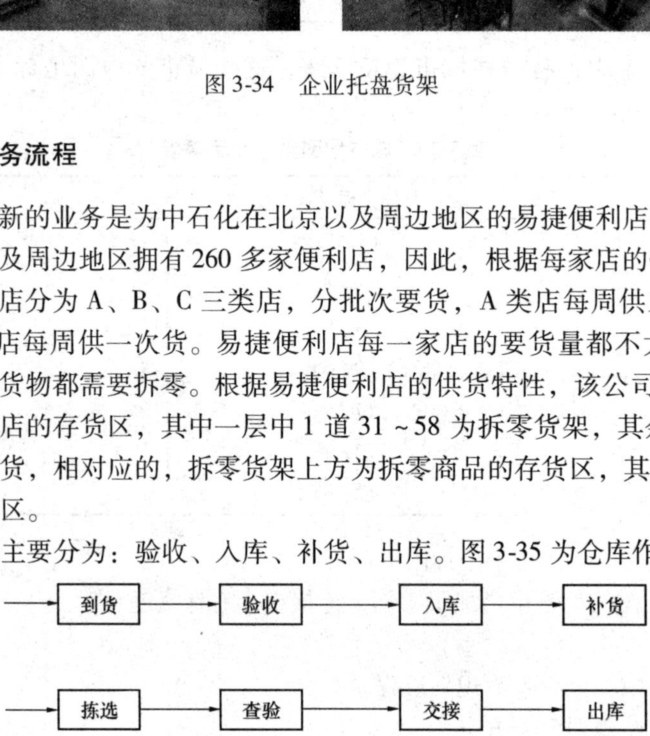

图 3-35　仓库作业流程

商品到货时，预检处根据凭证验收货物品名、数量以及完好程度，当商品正确无误时，再用手持终端（RF），如图 3-36 所示，输入商品信息，完成商品信息采集。系统接收信息后，打出黄色的入库标签，贴到相应的整托货物的左下角，完成货物验收。

进行商品入库时，先由作业人员将商品按照预定仓位的货位编号分为拆零商品与普通商品，再用堆垛式叉车将货物挑入相应的货道，用手持终端（RF）扫描入库标签与相应的仓储货位条码，再告诉高叉司机货位号，由他们将货物放到指定货位，完成入库。

为了降低配送中心配货作业的运作成本，提高客户订单需求反应速度，物流中心分别设立仓储区和分拣区。前者存储大批量的物品，后者存储少量各种类型的物品供商品拆零。这种配置增加了物流中心新的作业环节——补货作业：从仓储区把物品补充到分拣区，使分拣作业能够持续不断地进行。补货人员根据由中石化系统导入的补货清单拣选商品放到一层拣货位或拆零商品的拣货位，补齐第二天所需商品的数量，为第二天的货物出库提前做好准备。

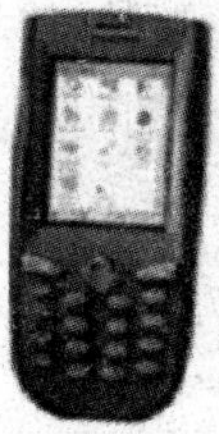

图 3-36　手持终端（RF）

货物出库又分为拣选、查验、交接。其中商品拣选是整个过程中最为烦琐的步骤，如图 3-37 所示。根据易捷便利店的要货需求，该物流公司为中石化配货采用摘果式的拣选方法。客服部根据中石化系统导入的易捷便利店各门店要货品种和要货量，打出出库标签，再由拣选人员根据出库标签拉地牛从一层一次巡回或分散巡回于货架之间，按订单进行拣货，直到配齐或者分拣作业人员乘堆垛式叉车拣选商品，同时，在拣选过程中就进行货物装箱或装托盘的处理，然后放到相应店牌后面。为了避免出现错货、串货等现象，拣货人员每一次只拣选一家店的商品，不可以同时拣选两家或以上的便利店所需商品。

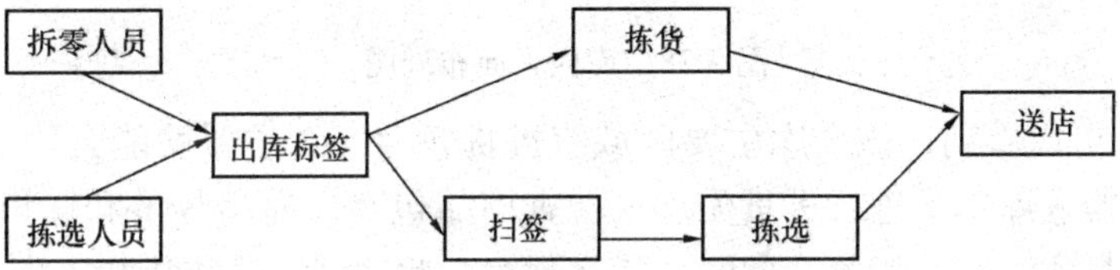

图 3-37　商品拣选流程

拆零货架采用无线射频识别技术（RFID），并配备了手持激光条码扫描器。拆零人员先用条码扫描器扫描一次电子标签，再进行拆零商品的拣选工作，并将拆零商品放入货物周转箱。拣选完成后，按下绿色按钮，进行下一次的拣选工作。拣选步骤依次循环，直至所有门店的要货全部配齐。

拆零商品拣选完成后，由拆零人员先查验一次商品清单，确定商品无误后，在周转箱上贴上出库标签，然后等待与司机进行周转箱的交接工作。普通商品等待发运部的人员查验商品，检查是否有错货现象。查验完成后，等待司机查验。

查验工作完成后，拆零人员记录各个门店商品使用的周转箱数和今天所使用周转箱的总数，确认数据与实数一样，再将箱数告诉发运部门。发运部门确认后，打印所有商品的明细单。拆零人员与司机进行现场清点商品明细，确定无误后，在商品明细表上签字，完成周转箱的交接工作。

三、公司的业务特点

易捷便利店采用拣选式配货方法，又称为“摘果式”。这种拣选方法适合储物货位相对固定，而拣选人员或工具相对运动的作业。相对各用户的拣选不互相牵制，可以根据用户的要求调整拣选的先后次序，集中力量优先完成某一用户的配货任务。拣选完一个货单，一个用户的货物便配齐。

摘果式拣选主要应用在：无法建立相对稳定的用户分货货位的情况；用户之间共同需求差异较大的情况；用户需求种类较多，增加了统计和共同取货难度的情况；用户配送时间要求不一的情况。

由于易捷便利店根据 A、B、C 类门店分批次要货，每天都有不同的便利店要货，要货的便利店每次不同，商品品种多、杂，而且要货量根据店内的销售量而定，因此供货相对不固定。相对而言，拣选式配货十分适用于易捷便利店的供货要求。

四、公司仓库现场布局

利用相关工具可以画出库内平面布局图，如图3-38所示。

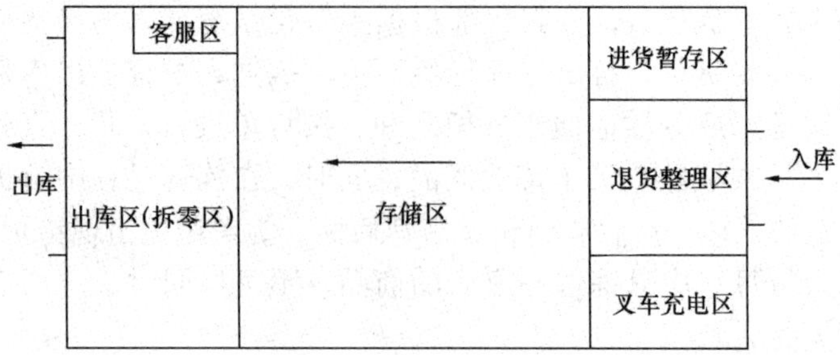

图3-38 库内平面布局图

根据图3-38可以看到，该仓库主要区域有进货暂存区，主要功能是物流部门通过采购单导入，生成采购入库单，进行进货受理，检查商品包装、商品数量和标识等信息无误后，办理交接手续，打印、粘贴标签。此时，货物预存在此区域，等待货物入库上架。

退货整理区或者称残品区，其功能主要是处理退货物品，退货主要是指配送过程中产生的次品，在此处整理。

叉车充电区主要是对仓库内的不同类型叉车实现充电功能。

存储区是仓库的主要作业区，它是由高层托盘式货架进行存取货物的，存储首先依据客户，然后在客户区域内随机存放入库的货物。

入库流程是（库管）在系统上看是否有等待入库商品，如果有就会到收货暂存区看是否是本部组的商品，是的话就启动叉车去暂存区将商品送到推荐仓位（随机），然后扫描托盘上商品的进货标签和仓位标签，实现商品上架，增加库存。

在存储区，还要实现拣取货物的功能，此时拣选员根据出库标签进行商品的拣选工作。根据部组分为酒饮、小食品、副食、非食品组和拆零组，除了拆零组外，其他小组根据每个商品的出库标签的“总分拣签”到指定仓位拣选相对数量的商品，根据各个“分拣签”上所标明的店铺名称及要货数量将商品放到发货区的各个店牌后等待复核，装车。拆零组按照电子拣选式货架的提示拣选。

五、布局优化及动态模拟

根据调研，发现该公司的作业存在一些缺点，主要体现在：

1. 补货作业烦琐

易捷便利店采用拣选式配货。补货人员在配货前一天便要根据系统统计出来的补货单将次日所需要货物从二层及以上的存货位补到一层的拣货位，第二天作业人员再从一层拣选商品。这种作业方式使作业流程相对简单，对作业人员要求不高，但每天的补货作业便要消耗大量时间，通常要至少花费近2h。一般来说，根据不同的要货量，每天至少需要花费半天的时间来拣选商品。并且，在拣货完成后，还要花费时间进行入库作业，同时还需要拆零人员与司机一起清点货物明细，进行拆零箱的交接。这种补货的作业方式不仅浪费了人力物力资源，更浪费了大量的时间，使人员的精力分散。

2. 拆零作业繁杂

拆零作业人员分配：一名作业人员负责扫签，三名作业人员负责拣选商品，另一名作业人员负责拉货物周转箱。这种分配方式极大增加了人员的消耗，使拆零作业复杂化，并增加了普通商品的拣选人员的工作量。

根据上面描述体现出来的问题，从布局上考虑，整体上可以设计，如图 3-39 所示。

将原来的存储区面积扩大，分成 4 部分，2 部分为存储区，主要存储一些周转率较低的商品，分成 2 个区是考虑不同的客户，当然也可以按照一个区域存储。半存储区域主要存储的货物是周转率较快的商品，这些商品可以利用销售数据分析得出。加工区主要的功能是将拣选的商品进行加工、包装、托盘堆码。

作业流程的内容可以通过 taraVRviewer 软件仿真出来。

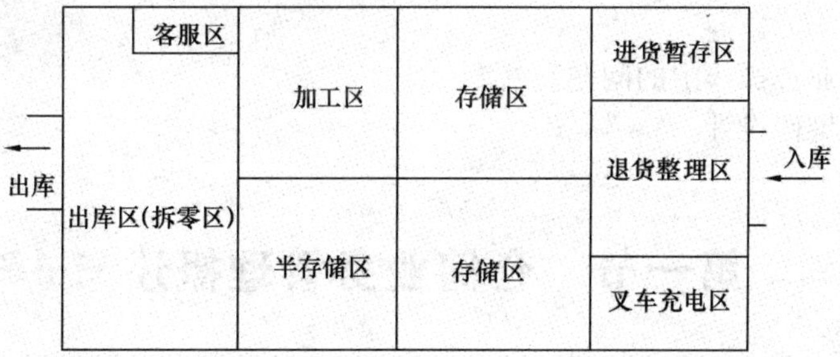

图 3-39　库内平面布局图优化

第四章　仓储业务管理

知识目标

1. 熟悉仓储业务流程。
2. 熟悉仓储保管保养内容与方法。

能力目标

1. 会分析仓储业务操作中的问题。
2. 会进行货物堆码设计。

第一节　仓储业务管理概述

一、仓储作业的要求

1. 及时

到库货物必须在规定的期限内完成验收工作，验收及时，出现问题及时处理。

2. 准确

从验收入库开始，仓储活动所产生的数据都要准确，准确的数据是仓库管理、存货控制、成本核算等一系列活动的基础。

3. 严格

严格按照仓储管理的各项规章制度对仓库中各运作环节进行控制，验收严格、管理严格、作业严格是完成仓储作业的保障。

4. 经济

经济性贯穿于仓储运作的各个环节，货物入库、储存、分拣、出货等各步骤都要考虑投入与产出的关系，避免时间、空间、货品的浪费。

二、一般仓储作业流程

仓储作业过程（图 4-1）可归纳为以下 7 项作业：

1. 订单处理

仓库的业务来源于客户的订单，始于客户的询价、业务部门的报价，然后接收客户订单，业务部门了解库存状况、装卸货能力、流通加工能力、配送能力等，以满足客户需求。

2. 采购作业

采购作业功能一是将库存的存货控制在一个可接受的水平，二是寻求订货批量、时间与价格的合理关系。采购信息来源于客户订单、历史销售数据和仓库存货量，所以仓库的采购活动不是独立的商品买卖。采购作业包括统计商品需求数量、查询供货厂商交易条件，然后根据所需数量及供货商提供的经济订货批量提出采购单。

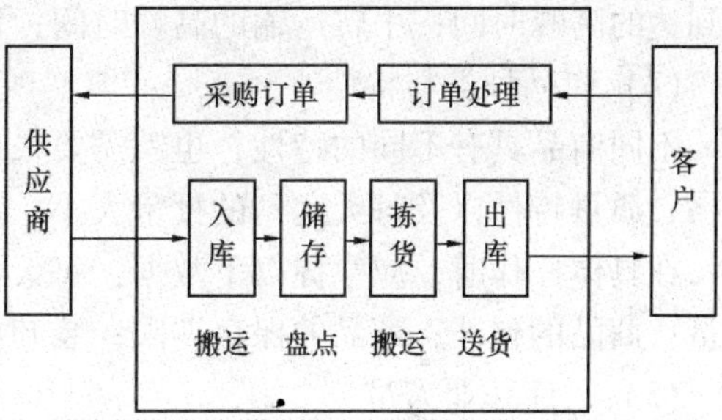

图 4-1　仓储作业流程

3. 入库作业

发出订货单后，库房管理员即可根据采购单上预订入库日期进行入库作业安排，在商品入库当日，进行入库商品资料查核、商品检验，当质量与订单不符时应进行准确的记录，及时向采购部门反馈信息。库房管理员按库房规定的方式安排卸货、码放和货品入位。

4. 盘点作业

仓库盘点是仓库定期对仓库在库货品实际数量与账面数量进行核查。通过盘点，掌握仓库真实的货品数量，为财务核算、存货控制提供依据。

5. 拣货作业

根据客户订单的品种及数量进行商品的拣选，拣选既可以按路线拣选，也可以按单一订单进行拣选。拣选工作包括拣取作业、补充作业的货品移动安排和人员调度。

6. 出货作业

出货作业是完成商品拣选及流通加工作业之后、送货之前的准备工作。出货作业包括准备送货文件、为客户打印出货单据、准备发票、制订出货调度计划、决定货品在车上的摆放方式、打印装车单等工作。

7. 送货作业

送货作业包括送货路线规划、车辆调度、司机安排、商品在途信息跟踪、意外情况处理等工作。

第二节　仓储业务管理

一、入库管理

（一）入库作业流程

1. 影响入库作业因素

影响入库作业的因素主要来自供应商及其送货方式、商品种类、特性、商品数量、入库作业与其他作业的相互配合等方面。

（1）供应商及其送货方式

每天送货的供应商的数量、供应商所采用的送货方式、送货工具、送货时间等因素都会直接影响到进货作业的组织和计划。在具体分析时，要注意以下几个方面的数据：每天前来送货的供应商的平均数和最大数；送货的车型及车辆数目；每辆车平均所需的卸货时间；货车到达的高峰时间；中转运输的高峰时间；货物装载形式；货物到达时间。

（2）商品种类与特性

不同商品具有不同的特性，也就需要采用不同的作业方式，因此每种商品的包装形态、规格、质量特性以及每天运到的批量大小，都会影响物流中心的进货作业方式。

在具体操作时，应掌握以下数据：每天入库商品的平均及最多数量；商品的单元尺寸及质量；商品的包装；商品的保存期限；装卸搬运方式。

（3）入库作业人员

在安排入库作业时，要考虑现有的工作人员以及人力的合理利用，尽可能缩短入库作业时间，避免车辆等待时间过长。

2. 入库作业原则

入库作业组织的目的是为了及时、安全、准确地组织货物入库，因此，在规划入库作业时须按照以下原则。

（1）集中作业

在入库作业过程中，尽可能将卸货、分类、标志等作业环节集中在一个场所完成。这样既可减少空间的占用，也可以节省货物搬运所消耗的人力和物力。

（2）保持顺畅

依据各作业环节的相关性安排活动，避免倒装、倒流，特别是货台有直接转运作业发生时，更应注意作业的顺畅性。

（3）合理安排

平衡安排装卸货站台的使用，货物在站台至储存区之间的流动尽量保持直线流动。优先安排入库高峰作业时间，合理调配人力资源，以保证入库作业的顺利进行。

（二）入库作业程序

货物入库的程序如图 4-2 所示。

入库作业既是仓储配送的基础环节，又是决定仓储配送成败与否、规模大小的最基础环节，同时也是决定仓储配送效益高低的关键环节。如果入库不及时或不合理，会大大降低仓储配送的整体效益。

按照入库作业的真实顺序，主要包含三个环节：首先是入库前的准备，其次是货物送达后的接收、验收，最后进行入库上架作业。具体环节如下：

1. 入库作业准备

入库前的准备工作，主要包括制订入库作业计划和实际进行入库准备作业。具体如下：

（1）制订入库作业计划

入库作业计划是根据采购计划与实际的进货单据，以及供应商的送货规律与送货方式来制定的。

1）与供应商联络

仓储配送中心应与供应商建立联系，以掌握其送货的有关信息，从而制定接货作业计划，安排人力、物力等。

2）制订入库作业计划

与供应商联络完毕，在掌握到货时间、数量、货重、体积等情况后，仓库管理人员根据货物情况、仓库情况、设备情况，制订进货入库计划。保证整个进货流程的顺利进行，同时提高作业效率，降低作业成本。

入库计划包括妥善安排人力、设施、设备、储位、装卸搬运工艺等诸多方面。

(2) 入库准备作业

与供应商约定送货时间临近时，仓储配送中心需根据入库计划进行作业准备。

1) 人力准备

根据入库货物的数量和时间，安排好货物验收人员、搬运堆码人员，将拟定好的进货入库计划下达到各相应的作业人员，以便做好入库前的准备。

2) 文件单据准备

进货入库所需准备的文件单据主要有入库记录、理货检验单、存卡和残损单等。

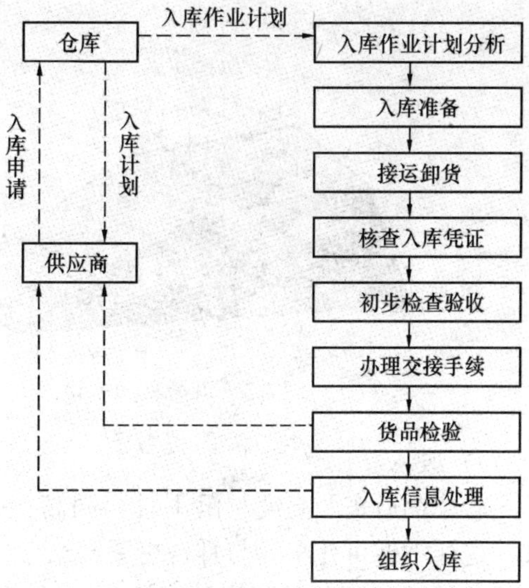

图 4-2 入库程序

3) 工具设备准备

这里工具准备主要包括验收工具准备、苫垫材料用具准备及装卸搬运设备准备等。

4) 作业条件准备

主要包括货位准备和卸货台准备。对预留的货位和卸货台进行清理。

2. 入库作业

入库作业主要包括送达货物的卸货作业，核对货物数量及状态的验收作业以及入库上架作业。由于配送中心的收货工作非常繁忙，通常会几辆卡车接连到达，为了节约时间，一般采取“先卸后验”的办法，几辆卡车同时卸车，先卸完的先验收，交叉进行，既可节省人力，又可加快验收速度，还可有效防止差错。

(1) 卸货作业

当货物到达指定卸货台后，收货人员必须监督送货人员装卸状况，如遇到恶劣天气，必须采取各种办法确保产品不会受损。收货人员需监督产品码放到托盘上时全部向上，不可倒置，每排码放的数量严格遵守产品码放示意图。

配送中心卸货一般在收货站台（亦称码头）上进行。送货方到指定收货台卸货。卸货方式常有人工卸货、输送机卸货和码托盘叉车卸货。为方便作业及保证作业安全，卸货时常需用到下列设施：

1) 可移动式楔块

可移动式楔块又称为竖板，如图 4-3 所示。当装卸货品时，可放置于卸货车车轮旁固定，以避免装卸货期间车轮意外地滚动可能造成的危险。

2) 吊钩

当拖车倒退入码头碰到码头缓冲块时，码头设施即开动吊钩，使其勾住拖车，以免装卸货时轮子打滑，如图 4-4 所示。

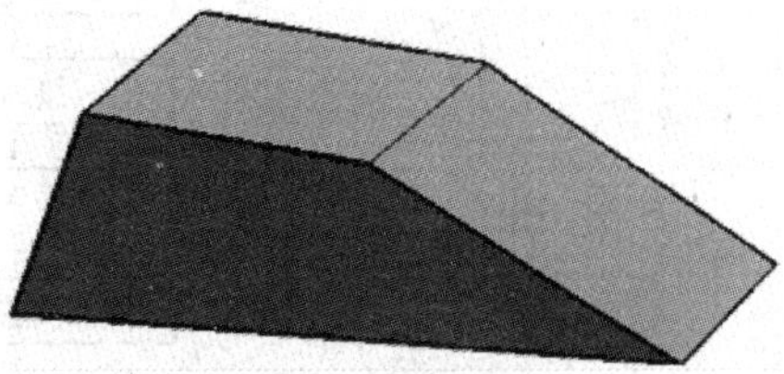

图 4-3　可搬移的楔块

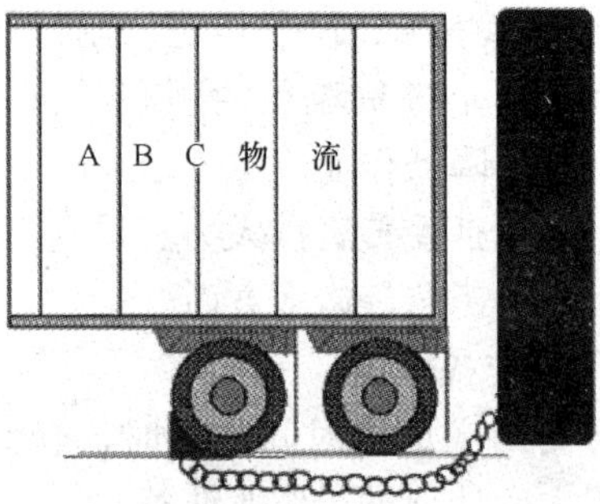

图 4-4　码头吊钩

3）驶入

若车辆后车厢高度与码头月台同高，则可考虑直接将车辆尾端开入收货台装卸货的方式，这样不但可让车辆与月台更紧密结合，以提高装卸效率，而且对于商品安全也更能发挥保护效果。车辆高度与月台同高的卸货方式如图 4-5 所示。

4）升降平台

若车辆后车厢高度与码头月台不同高，则升降平台是最安全也最有弹性的卸货辅助器。常见的升降平台有卡车升降平台、码头升降平台和车尾附升降台。

①车升降平台。当配送车辆到达时，以卡车升降平台而言，可提高或降低车子后轮，使得车辆底板高度与月台一致，而方便装卸货，卡车升降平台如图4-6所示。

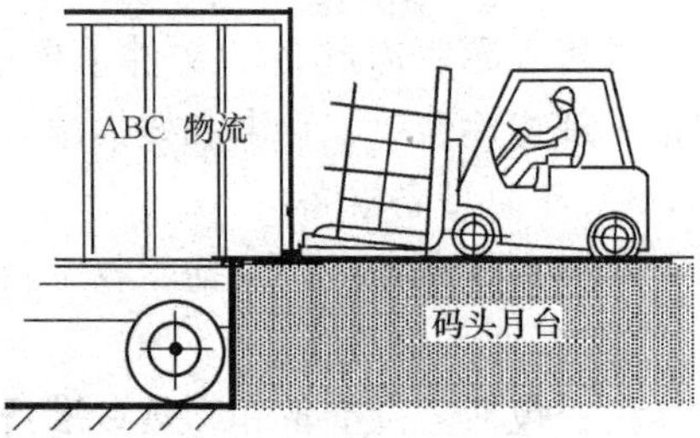

图 4-5　车辆高度与月台同高的卸货方式

② 码头升降平台。当配送车辆到达时，可调整码头平台高度来配合车辆车底板的高度，以方便装卸货。码头升降平台在仓储配送中心的收货台应用较为广泛，如图 4-7 所示。

③ 车尾附升降台。装置于配送车辆尾部的特殊平台。当装货、卸货时，可运用此平台将货物装上卡车或卸至月台，如图 4-8 所示。这种升降平台可延伸至月台，亦可倾斜放至地面，其设计有多种样式，适合无月台设施的配送中心或零售点的装卸货使用。

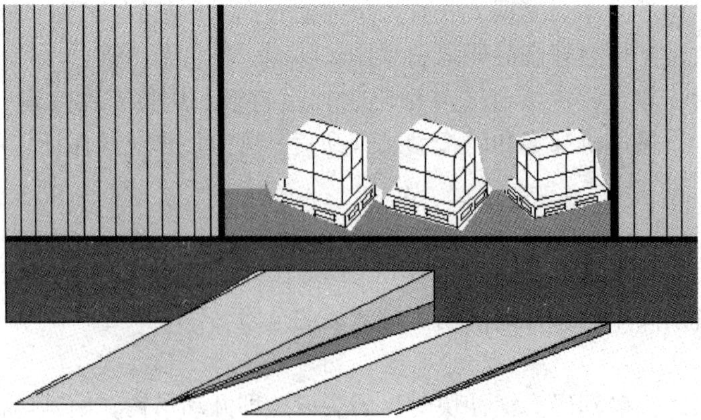

图 4-6　卡车升降平台

图4-7　码头升降平台

(2) 验收作业

图4-8　车尾附升降台

验收是按照订购的要求或合同规定，对到达物资进行检验和接收。商品在供应商与仓储配送中心之间相互有交接关系，所以验收的目的首先在于与送货单位分清责任，避免将商品在运输过程中造成的商品溢缺、损失带入配送中心；其次，可了解货物状况，方便后续储存工作。验收工作是做好保管工作的首要环节，也是企业进行全面质量管理的重要内容之一。验收的具体过程如下：

1) 验收准备

为了保证验收工作及时而准确地完成，验收前要进行充分的准备。主要包括全面了解验收物资的特性、准备验收设备工具材料、收集和熟悉验收凭证及有关资料。

2) 核对资料

需核对的资料有：物资采购单、入库通知单、供货合同，供货单位提供的质量证明书或合格证、装箱单、磅码单、发货明细表，以及运输部门提供的运单、途中残损记录等。

3) 检验货物

检验货物是仓储业务中的一个重要环节，必须经过商品条形码标识、数量、质量、包装四个方面的验收。

① 条形码验收。在条形码验收时要抓住两个关键，一是检验该商品是否是有送货预报的商品，二是验收该商品的条形码与商品数据库内已登录的资料是否相符。

② 数量验收。数量验收是保证物资数量准确不可缺少的措施，要按供需双方约定或供货合同规定的计量方法来点检。在一般情况下，按质量供货的应过磅验收；按理论货重换算供货的应按理论换算验收；按件供货的应点件验收；按体积供货或以体积为计量单位的物品，要先检尺，后求积；按定尺或定量包装供货的，可适量抽验，把点检的结果作为到货的实收数量；某些产品需要在收货方的技术人员指导下点检。

③ 质量验收。由于交接时间短促和现场码盘等条件的限制，在验收时，一般只能用“看”、“闻”、“听”、“摇”、“拍”、“摸”等感官检验方法，检查范围也只能是包装

外表。

对于液体商品的验收，应检验包装外表有无污渍（包括干渍和湿渍），若有污渍，必须拆箱检验并调换包装；对于玻璃制品的验收（包括部分是玻璃制作的制品），要件件摇动或倾倒细听声响；对于香水、花露水等商品的验收，除了“听声响”外，还可以在箱子封口处“闻”；对针织品等怕湿商品的验收，要注意包装外表有无水渍；对于有有效期的商品的验收，必须严格注意商品的出厂日期，并按规定把关，防止商品失效和变质。

④ 包装验收。包装验收是为了保证商品在运行途中的安全。物流包装一般在正常的保管、装卸和运送途中，经得起颠簸、挤压、摩擦、污染等影响。在包装验收时，应具体检查：纸箱封条是否破裂，箱盖（底）是否粘牢，纸箱内包装或商品是否外露，纸箱是否受过潮湿。

4）办理交接手续

商品检验后，仓库保管员应按验收情况进行记录，填写相关验收单据，完成验收交接手续。填写验收单据时，质量合格的实际数量填制“商品入库验收单”；如果数量不符，还应填制“商品溢余短缺报告单”；如果有轻微质量问题，还应对这些商品填写“商品残损变质报告单”。经仓库负责人、核对人核对签字后，作为今后与供货方、运输方交涉的凭证。验收过程中如遇严重问题，应填写物资异常报告，交货主确认。

商品入库验收单、商品溢余短缺报告单、商品残损变质报告单、物资异常报告单的参考格式分别如表 4-1 ~ 表 4-4 所示。

表 4-1　商品入库验收单

发货单位：

发货单号数：

合同编号：　　　　　　　　　　年　　月　　日　　　　　　　　存放仓库：

商品编号	品名	规格型号	包装细数	单位	单价	应收		实收	
						数量	金额	数量	金额
合　计									

会计　　　　　　　　　记账　　　　　　　　　验收　　　　　　　　　制单

表 4-2 商品溢余短缺报告单

仓库： 年 月 日 №

商品编号	品名	规格型号	包装细数	单位	单价	应收	实收	溢余	短缺	金额
溢余（短缺）原因										
处理意见										

仓库主管 保管 复核 制单

表 4-3 商品残损变质报告单

仓库： 年 月 日 №

商品编号	品名	规格型号	包装细数	单位	数量	原来单价	原来金额	重估单价	重估金额	原因
审核意见						领导批示				

表 4-4 物资异常报告

序号 日期

物资编号	品 名	规 格	数 量	异常情况

送货人： 检验：

（3）入库上架作业

上架作业是将验收完毕存放在进货暂存区的货物进行储位分配以及根据相对应的储位将

货物搬运存放到货架上的作业过程。

1）获取储位安排

货物入库上架前，相关工作人员要求信息人员提供待入库货物的储位表。

2）入库交接

验收人员凭验收单将货物交给保管员。双方共同查看货单是否一致，如果不一致，验收员就要查找原因；如果货单一致，则验收员与保管员在验收单上签字确认。

3）堆垛上架作业

托盘堆垛上架作业根据货架的特点，主要有直接堆垛、货架堆垛等形式。

二、商品出库管理

（一）商品出库业务

出库必须遵循“先进先出，推陈储新”的原则，使仓储活动的管理实现良性循环。不论是哪一种出库方式，都应按以下程序做好管理工作。

1. 分拣作业

分拣配货作业，是指根据特定的需要，将正在保管的商品取出的作业。分拣配送作业是超市配送的核心业务，占其作业量的一大部分，作业速度、效率及出错率直接影响配送中心的效率及顾客的满意程度。

分拣作业是依据客户的订货要求及配送中心的送货计划，尽可能迅速准确地将货物从其储位拣取出来，并按一定的方式进行分类、集中，等待配装送货的作业过程。在配送作业的各环节中，分拣作业是最烦琐、工作量最大的环节，它是整个配送中心作业系统的核心。

由于大体积、大批量货物多采取直达、直送的供应方式，因此配送的主要对象是中、小货物，这使得分拣作业工作量占配送中心作业量的比重非常大。特别是对于客户多、商品品种多、需求批量小、需求频率高、送货时间要求高的配送服务，分拣作业的速度和质量不仅对配送中心的作业效率具有决定性的作用，而且直接影响到整个配送中心的信誉和服务水平。

（1）分拣作业的基本过程

从实际运作过程来看，分拣作业是在拣货信息的指导下，通过行走和搬运拣取货物，再按一定的方式将货物分类、集中。因此，分拣作业的主要过程包括以下四个环节：

1）产生拣货信息

拣货作业必须在拣货信息的指导下才能完成，拣货信息来源于访销员取得顾客的订单或配送中心的送货单。因此，有些配送中心直接利用访销员的访销订单作为人工拣货指示，但这种信息传递方式无法准确标示所拣货物的储位，使拣货人员延长寻找货物的时间和拣货行走路径。

目前，多数配送中心一般先将订单等原始信息经系统处理后，转换成“拣货单”或电子拣货信号，指导拣货人员或自动拣取设备进行拣货作业，以提高作业效率。

2）行走搬运

行走搬运是分拣作业人员或机器设备直接接触并拿取和移动货物的过程。实现形式主要有三种：

① 人员通过步行或搭乘运载工具到达货物储位。

② 货物随自动化货架到达人员面前。

③ 无人参与的自动分拣系统中，完全由机械自动完成。

3）拣货

拣货是按照拣选信息的指示抓取货物并确认的过程。拣货是分拣作业的核心。根据货物体积、质量、出货频率等不同，分为手工、机械辅助及自动化设备等实现形式。

4）分类或集中

在批量拣选时，分类或集中是为了衔接出货装运作业而进行的再加工，在实际中也有人力分货、机械辅助和自动分货机等实现形式。

分拣作业流程是分拣系统的业务流程依据，合理利用机械、自动化设备，采用新技术可以节约作业时间、降低分拣错误率，也是构建分拣系统的目标与关键。

（2）拣货作业管理

拣货作业环节不仅工作量大、工艺过程复杂，而且作业要求时间短、准确度高、服务质量好，因此加强对拣货作业的管理非常重要。

1）拣货作业管理的基本流程

根据客户订单所提供的货物特性、数量多少、服务要求、送货区域等信息，对分拣作业进行科学的规划与设计，并制定出合理高效的作业流程是分拣作业系统管理的关键。拣货作业管理的一般流程如表 4-5 所示。

表 4-5　拣货作业管理的一般流程

序号	流程	序号	流程
1	确定拣货作业方式	5	拣取货物
2	制作拣货作业单据	6	集中货物
3	设计拣货作业路径	7	分货
4	分派拣货作业人员		

2）拣货作业管理的目标

从拣货作业的一般流程可以看出，拣货作业所消耗的时间主要包括：

① 订单或送货经过信息处理过程，形成拣货指示的时间。

② 走与搬运货物的时间。

③ 找到货物的储位并确认所拣货物及其数量的时间。

④ 取完货，将货物分类集中的时间。

因此，加强拣货作业管理、提高拣货作业效率，应主要缩短以上四个作业时间，以提高作业速度与作业能力。此外，防止分拣错误的发生，提高配送中心内账物相符率，降低作业成本也是拣货作业管理的目标。

（3）拣货信息的传递方式

拣货信息用于指导拣货作业的进行，使拣货人员正确而迅速地完成拣货工作。因为拣货信息来自客户的订单，既可通过手工单据来传递，也可以通过其他电子设备和自动拣货控制系统传递。

1）订单传票

订单传票即直接利用客户的订单作为拣货指示凭据。这种方法在订单订购品种比较少、批量较小的情况下使用。须注意的是：订单在传票和拣货过程中易受到污损，可能导致拣货作业过程发生错误。如果订单上未标明货物储放的位置，仅靠作业人员的记忆拣货会影响拣货效率。

2）拣货单传递

拣货单传递信息，即将原始的客户订单输入计算机，经过系统进行处理后，生成并打印出拣货单，作业人员据此拣货。为缩短拣货路径，提高作业效率，拣货单上按储位顺序来排列货物编号，并可标明储位。不过处理打印拣货单需要一定成本，而且必须尽可能防止拣货单据出现差错。

3）显示器传递

显示器传递即在货架上安装液晶显示器，通过自动控制系统传递拣货信息。显示器安装在储位上，相应储位上的显示器显示该货物应拣取的数量。这种系统可以安装在重力货架、托盘货架、一般货物棚架上。

4）无线通信传递

无线通信传递即在叉车上安装无线通信设备，通过这套设备把应从哪个储位拣取何种货物及拣取数量等信息指示给叉车司机。这种传递方式通常适用于大批量出货时的拣货作业。

5）计算机随行传递

计算机随行传递是指在叉车或台车上设置辅助拣货的计算机终端机，拣取前先将拣货信息输入计算机或软盘，拣货人员依据叉车或台车上计算机传递的指示，到正确位置拣取货物。

6）自动拣货系统传递

拣货过程全部由自动控制系统完成。通过电子设备输入订单后形成拣货信息，在拣货信息指导下由系统自动分拣作业，这是目前物流配送技术发展的主要方向之一。

（4）拣货方式与策略。

1）订单别拣取订单别拣取又称单一拣取法，是针对每一份订单，由作业人员巡回于仓库内，按照订单所列货物及数量，将客户所订购的货物逐一由仓库储位或其他作业区中取出，然后集中在一起的拣货方式。

订单别拣取的特点如下：

① 作业方法单一，接到订单可以立即拣货、送货，所以作业前置时间短。

① 作业人员责任明确，易于安排人力。

② 货物品种多时，拣货行走路径加长，拣取效率降低。

③ 拣货区域大时，搬运系统设计比较困难。

由于订单别拣取的处理弹性比较大，适合订单内容差异较大、订单数量变化频繁、季节性强的货物配送。如化妆品、家具、电器、高级服饰等。

2）批量拣取

批量拣取，又称播种式拣取，是将过账订单集合成一批，按照货物品种分类加总后再进行拣货，然后依据不同客户或不同订单分类集中的拣货方式。批量拣取方式的特点如下：

① 订单必须累计到一定数量，才进行一次性处理，因此中间会出现停滞时间。

② 可以缩短拣取货物时的行走时间，增加单位时间的拣货量。

③ 工艺难度较大，计划性较强，容易发生错误。

批量拣取方式适合订单变化较小、订单数量稳定的配送中心，以及外形较规则、固定的货物出货，如箱装、扁袋装的货物。另外，需进行流通加工的货物也适合批量拣取，拣取后进行批量加工，最后分类配送，这样有利于提高货物的加工效率。

3）复合拣取

为克服订单别拣取和批量拣取方式的缺点，配送中心也可以采取将订单别拣取和批量拣取组合起来的复合拣取方式。复合拣取即根据订单的品种、数量及出库频率，分别确定适合订单别拣取和批量拣取的订单，采取不同的拣货方式进行操作。

（5）拣货作业规划

拣货作业规划是影响拣货作业效率的关键，主要包括分区、订单分割、订单分批、分类四大类，它们相互作用可产生多个拣货作业规划。下面将逐一进行介绍。

1）分区

分区就是将拣货作业场地作区域划分。根据分区的原则不同来分类，可分为以下三种。

① 按拣货单位分区。将拣货作业按拣货单位划分，可分为整箱装拣货区、单件拣货区、具有特殊性的冷冻品拣货区等。这一分区基本上与储存单位分区是相对应的。其目的在于将储存与拣货单位分类统一，以便拣取及搬运单元化和拣取作业单纯化。

② 按拣货方式分区。不同的拣货单位分区中，依拣货方式及设备的不同，又可划分为若干个分区。分区的原则通常按商品销售的 ABC 分类而来。按各商品的出货量大小及拣取次数的多少，划分为 A、B、C 群组。再根据各群组的特征，决定合适的拣货设备及拣货方式。这种方式可将作业区单纯化、一致化，以减少因不必要的重复行走而耗费的时间。

③ 按工作分区。在相同的拣货方式下，将拣货作业场地细分成不同的分区，由一个或一组固定的拣货人员负责拣取区域内的货物。这一规划的优点在于能减少拣货人员所需记忆的存货位置及缩短移动距离，节约拣货时间。同时也可配合订单分割策略，运用多组拣货人员在更短时间内共同完成订单的拣取。

2）订单分割

当订单上的商品种类较多时，为了能在短时间内完成拣货处理，可利用订单分割策略将订单切分成若干个子订单，交由不同的拣货人员同时进行拣货作业，以加速拣货的完成。订单分割策略只有与分区策略配合运用，才能有效地发挥其优势。

3）订单分批

订单分批是为了提高拣货作业效率，把多张订单集合成一批进行批次拣取的作业。若再将每批次订单中的同一种类商品汇总拣取，然后将货品分至每一顾客订单，则形成批量拣取，这样不仅缩短了拣取时平均移动距离，也减少了重复寻找储位的时间，进而提高了拣货效率。

订单分批方式有以下四种：

① 合计总量分批。在拣货作业前，先计算出所有累积的订单中每一商品项目的总量，再按这一总量进行拣取。这样便可将拣取路径减至最短，但需要功能强大的分类系统来支持。此种方式适合于周期性配送，例如，可将所有的订单在中午前搜集，在下午做合计处理，次日一早再进行拣取、分类工作。

② 时窗分批。当订单要求紧急发货时，可利用此方式，开启短暂而固定的时间窗口 5 ~ 10min，再将这一时窗中所有的订单做成一批，进行批量拣取。这一方式常与分区及订单分

割联合运用，特别适合于到达间隔时间短而平均的订单形态，同时，订单的订购量及种类不宜太多。各拣货分区利用时窗分批同步作业时，会因分区工作量不平衡和时窗分批拣货量的不平衡产生作业的等待问题。因此，如果能将作业等待的时间缩短，将大幅度提高拣货的产出效率。这种分批方式较适合征订频繁的订单，且能应付紧急插单的需求。

③ 固定订单量分批。按先到先处理的基本原则，当订单累积达到设定的数量时，开始进行拣货作业。这种方式注重于维持较稳定的作业效率，但在处理速度上慢于时窗分批方式。

④ 智慧型分批。订单输入计算机经计算机处理后，将拣取路径相近的订单分成一批，进行批量拣取。采用这种分批方式的配送中心通常将前一天的订单汇总后，经过计算机处理，在当日产生拣货单据，其处理速度较快。

4）分类

若采用分批拣货策略，还必须有相应的分类策略与之配合。它大致可分成两类：

① 拣货时分类。在拣取的同时将货物分类到各订单中，这种分类方式常与固定量分批或智慧型分批方式配合，因此须使用计算机辅助台车作为拣货设备，以加快拣货速度。采用这种方式时，每批次的客户订单量不宜过大。

② 拣取后集中分类。即按合计总量分批拣取后，再进行集中分类。实际中的做法一般有两种：一种是以人工作业为主，将货物进行搬运再分类，但每批次订单量及货物数量不宜过多，且不得超过人员负荷；另一种是利用分类输送系统进行集中分类，这是较自动化的作业方式。当订单分批批量品种较多时，常使用后一种方式来完成集中分类工作。

以上四大类拣货规划可单独或联合运用，也可不制定任何规划，直接按订单拣取。

（5）拣货作业的改善

1）拣货效率不高的原因

① 作业人员增加。

a. 拣货时间太长（处理次数多、不易拣取、拣取作业多）。

b. 出货波动变化大。

c. 作业速度迟延（学习期间长、手推车速度慢、需步行找寻商品放置位置）。

② 未做好商品管理。

a. 处理品项增加。

b. 仍有淘汰品的订单。

③ 拣取准确度不佳。

a. 拿错商品。

b. 数量计算错误。

④ 电脑资料处理速度慢。

a. 传票张数多、列印速度慢。

b. 登录时间太久。

c. 电脑处理能力不足。

⑤ 未购置合适的设备。

a. 未曾考虑过采用合适的拣取设备。

b. 设备投资成本高。

2）提高拣货效率的方向

① 提高作业速度及正确性。

a. 减少拣货人员的行走时间或设法降低物品移动时间。包括上下运动改为水平运动；物品少移动或是缩短移动距离；多使用合适的搬运设备。

b. 设法缩短物品吸取时间。包括减少割箱、拆箱等附带作业；订货单位组合化。

c. 减少寻找物品的时间。包括商品应分类分区放置；必须做好储位管理；货品更新工作应加以处理；利用电子拣货设备。

d. 降低拣错率。加强资讯处理速度；彻底执行货品管理；设法改良作业环境；使用易见的表示器；设法使商品的判别容易；实施确认作业；加强电脑维护；库存资料正确的掌握；提高作业人员的工作情绪；维持适当的库存量；有效实施适当分类及编号管理。

② 落实省人化及省力化。去除不必要的作业及减少重复性的工作，并导入自动化设备的设计。

③ 作业合理化。

a. 改善作业线交错的状况。包装形态与搬运方式分开布置；拣货路线明确化；将出入作业动线分开。

b. 降低停滞及等待时间。提高机器运转能力；同时投入多名作业人员；利用电脑传输电子资讯，以达到作业即时化。

c. 防止缺货与紧急出货的状况发生。

④ 改善设备的使用效率。

⑤ 改善作业环境及管理。

2. 复核作业

出库物品应附有质量证明书或副本、磅码单、装箱单等，机电设备、电子产品等物品，其说明书及合格证应随货同付。备料时应本着“先进先出、推陈储新”的原则，易霉易坏的先出，接近失效期的先出。

备货过程中，凡计重货物，一般以入库验收时标明的质量为准，不再重新计重。需分割或拆捆的应根据情况进行。

复核是针对实行送货制的出库货物，将货物按地区代号搬运到备货区号，再进行核对、置唛、复核和待运装车等。

（1）核对

理货员根据货物场地的大小、车辆到库的班次，对到场货物按照车辆配载、地区到站编配分堆，然后对场地分堆的货物进行单货核对，核对工作必须逐车、逐批地进行，以确保单货数量、品名、品类、去向完全相符。

（2）置唛

搞好理货工作，必须准确置唛。实行送货制的出库货物，为方便收货方的收转，理货员必须在应发货物的外包装上刷置“收货单位”简称。置唛应在货物外包装两头，字迹清楚，不错不漏。对于复用的旧包装，必须刷除原有标志，如系粘贴标签，必须粘贴牢固，便于收货方收转。

（3）核对

为了保证出库物品不出差错，备货后应进行复核。出库的复核形式主要有专职复核、交叉复核和环环复核三种。除此之外，在发货作业的各道环节上，都贯穿着复核工作。例如，理货员核对单货，守护员（门卫）凭票放行，账务员（保管会计）核对账单（票）等。这些分散的复核形式，起到分头把关的作用，都十分有助于提高仓库发货业务的工作质量。

复核的内容包括：品名、型号、规格、数量是否同出库单一致；配套是否齐全；技术证件是否齐全；外观质量和包装是否完好。只有加强出库的复核工作，才能防止错发、漏发和重发等事故的发生。

3. 包装

出库物品的包装必须完整、牢固，标记必须正确清楚，如有破损、潮湿、捆扎松散等不能保障运输中安全的，应加固整理，破包破箱不得出库。各类包装容器上若有水渍、油迹、污损，也均不能出库。

出库物品如需托运，包装必须符合运输部门的要求，选用适宜包装材料，其质量和尺寸，便于装卸和搬运，以保证货物在途的安全。

包装是仓库生产过程的一个组成部分。包装时，严禁互相影响或性能互相抵触的物品混合包装。包装后，要写明收货单位、到站、发货号、本批总件数、发货单位等。

4. 点交

车辆到库装载待运货物时，理货员要亲自在现场监督装载全过程。要按地区到站逐批装车，防止错装、漏装，对于实际装车件数，必须与随车人员一起点交清楚，由接收人签章，以划清责任。再将送货通知单和随货同行单证交付随车人员一起送达车站码头。

5. 登账

点交后，保管员应在出库单上填写实发数、发货日期等内容，并签名。然后将出库单连同有关证件资料，及时交货主，以便货主办理货款结算。

6. 现场和档案的清理

经过出库的一系列工作程序之后，实物、账目和库存档案等都发生了变化。应按下列几项工作彻底清理，使保管工作重新趋于账、物、资金相符的状态。

（1）按出库单，核对结存数。

（2）如果该批货物全部出库，应查实损耗数量，在规定损耗范围内的进行核销，超过损耗范围的查明原因，进行处理。

（3）一批货物全部出库后，可根据该批货物入出库的情况，采用的保管方法和损耗数量，总结保管经验。

（4）清理现场，收集苫垫材料，妥善保管，以待再用。

在整个出库业务程序过程中，复核和点交是两个最为关键的环节。复核是防止差错的重要和必不可少的措施，而点交则是划清仓库和提货方两者责任的必要手段。

（二）出库常见问题

1. 串发货和错发货

串发货和错发货主要是指发货人员由于对物资种类规格不熟悉，或者由于工作中的疏漏，把错误规格、数量的物资发出库的情况。

如果物资尚未离库，应立即组织人力，重新发货。如果物资已经离开仓库，保管人员应及时向主管部门和货主通报串发货和错发货的品名、规格、数量、提货单位等情况，会同货主单位和运输单位共同协商解决。一般在无直接经济损失的情况下由货主单位重新按实际发货数冲单（票）解决。如果已形成直接经济损失，应按赔偿损失单据冲转调整保管账。

2. 包装破漏

包装破漏是指在发货过程中，因物品外包装破损引起的渗漏等问题。这类问题主要是在储存过程中因堆垛挤压、发货装卸操作不慎等情况引起的，发货时都应经过整理或更换包装，方可出库，否则造成的损失应由仓储部门承担。

3. 漏记和错记账

漏记账是指在出库作业中，由于没有及时核销明细账而造成账面数量大于或少于实存数的现象。错记账是指在商品出库后核销明细账时没有按实际发货出库的商品名称、数量等登记，从而造成账实不相符的情况。

无论是漏记账还是错记账，一经发现，除及时向有关领导如实汇报情况外，同时还应根据原出库凭证查明原因调整保管账。使之与实际库存保持一致。如果由于漏记和错记账给货主单位、运输单位和仓储部门造成了损失，应予赔偿，同时应追究相关人员的责任。

三、搬运作业管理

（一）基本概念

1. 搬运

搬运就是将不同形态（散装、包装或整体）的原料、半成品或成品，在平面或垂直方向加以提起、放下或移动，可能是运送，也可能是重新摆置物料，而使货品能适时、适量移至适当的位置或场所存放。

2. 搬运作业特点

装卸搬运不仅是生产过程中不可缺少的环节，而且是流通过程物流活动的重要内容。装卸搬运的特点主要表现在以下几个方面。

（1）作业对象复杂

在物流过程中的商品品种繁多，其形态、形状、体积、质量、性质、包装等各不相同，而且运输车辆的类型、托运方式也各不相同。因此，在选用装卸搬运设备、装卸搬运作业方式时都必须注意适应商品品种多变的特点。

（2）作业不均衡

由于商品运输的到发时间不确定，批量大小不等，而且收发商品的时间也会经常变化，这就造成装卸作业在时间上不连续。因此，必须加强货运、中转、储存、装卸搬运之间的协调配合，提高装卸搬运机械的使用效率。

（3）作业地点分散

在物流过程中，各车站、码头、物流中心、仓库等都可能发生装卸搬运作业，这给装卸搬运机械化带来了一定困难。因此，合理组织物流，尽量使装卸机械集中化，才能充分利用装卸机械，发挥装卸搬运活动的整体效益。

（二）搬运的基本原则

为发挥装卸搬运对提高物流系统整体效用的作用，对装卸搬运进行有效规划和控制，应当遵守以下基本原则：

1. 消除无效作业

装卸搬运本身并不能增加货物的价值与使用价值，相反却可能增加货物破损的可能性和成本。因此，应尽可能减少装卸搬运环节和装卸搬运次数，消除重复无效、可有可无的装卸搬运作业。依流水线形式组织装卸使其程序化，工序之间紧密衔接，作业距离最短、作业用时最少，将搬运前后的相关作业有机结合起来。

2. 文明装卸

在装卸搬运作业中，不因装卸搬运作业而使货物受损、作业人员受伤或使装卸搬运的设备、设施遭到破坏。要积极采取措施确保人身、设备、物品的安全，坚持文明装卸。各种搬运作业一定要按工艺要求，做到缓起轻放、不碰不撞；作业人员应穿戴整洁美观的工作服装；将其脑力劳动、体力劳动的强度与负荷控制在合理的生理范围之内。装卸搬运设备、设施的负荷与使用频率应控制在设计范围内，注意其生命周期，及时更新改造。

3. 集装单元化

用集装器具或采用捆扎方法，把物品组成标准规格的单元货件，以加快装卸、储存、运输等物流活动的速度，称为集装单元化或成组化。集装单元化为装卸搬运作业机械化、自动化创造了条件；方便堆码，提高了仓库的存储能力；负载大小均匀，有利于标准化作业；减轻或避免了对运输工具和物品的损伤。

4. 机械化

实现机械化作业是物流现代化的标志之一。充分利用装卸搬运设备不仅可以把人从繁重的劳动中解放出来，而且可以大大提高工作效率与作业的安全性。例如，在环境污染地域、深水区的操作就可以利用机械设备，甚至用智能化的设备进行作业，以保障工作人员的安全。智能机器人在物流活动中的应用是今后的一个发展趋势。将人力操作转换为机械来实现，而人可以从事更高级的工作。

5. 提高装卸搬运活性

装卸搬运活性是指货物的存放状态对装卸搬运作业的方便程度。在物流过程中，物品时刻处于运动状态之中。为了对货物活性进行度量，常用“活性指数”来表示，货物容易进入运动的程度越高，搬运活性就越高。最低的活性指数为 0 级，指货物散乱地堆放在仓库或配送中心地面；最高的活性指数为 4 级，指货物已被启动，处于装卸搬运的直接作业状态。

6. 标准化

装卸搬运作业不仅涉及物流过程的其他各环节，而且与其自身的工艺流程密切相关。因此，对装卸搬运的工艺、作业、设备、货物单元等制定、发布统一标准，实行装卸搬运标准化则意义重大。装卸搬运标准化有利于获得最佳的社会经济效益，同时它又是实现装卸搬运现代化的前提条件。

7. 系统化

装卸搬运作为物流活动过程中的一环，不仅要提高自身的作业效率，而且要与物流其他各环节相互兼顾、协调统一。应将包装、运输、仓储、装卸搬运等作为一个系统来看待，树立全局观念，考虑其综合效益。

（三）搬运方式的分类

按搬运商品的装卸方式进行分类，搬运方式包括以下三种。

1. 单件搬运

单件搬运是人工搬运的主要方法。尽管物流过程中使用的机械搬运形式越来越多，单件搬运还是必不可少的搬运方法之一。一方面某些商品出于本身特有的属性，采用单件作业法更有利于安全。另一方面，在某些搬运场合，没有设置装卸机械或难以设置而被迫单件作业。尤其在我国目前物流过程自动化水平还不高的情况下，人工的单件搬运是普遍的选择方式。

2. 集装搬运

集装作业法是指将商品先进行集装，再对集装件进行搬运的方法。集装作业法可以增加每次的搬运批量，从而减少搬运时间和能源耗费。根据使用设备的不同，集装作业法可以分为以下几种。

（1）集装箱作业法

集装箱的搬运作业常见的形式是在港口码头和铁路货运站的集装箱装运设备，有垂直装卸和水平装卸两种方式。

（2）托盘作业法

仓库中的托盘搬运主要依靠叉车来完成。在自动化仓库中，当货品按托盘放入进出货区后，货架内的取、存、移动等工作由自动巷道机来完成。

（3）滑片作业法

滑片是由纸板、纤维板，塑料板或金属板制成的、与托盘尺寸相一致的、带翼板的平板，用以承放货物，组成搬运作业系统。与其匹配的搬运机械是带推拉器的叉车。滑片作业法在国际运输中被大量采用，它可以节省托盘费用和装载空间。

（4）网、袋作业法

粉状、粒状货物采用多种合成纤维和人造纤维编织布制成的集装袋。这种柔性集装工具体积小，自重轻，回送方便，可一次使用，也可重复使用，在流通领域备受欢迎，很有发展前途。

3. 散装搬运

煤炭、建材、矿石等大宗商品历来都采用散装装卸方式。谷物、水泥、化肥、原盐、食糖、初级化工原料等随着作业量的增大，为提高搬运效率，也日益走向散装装卸。散装搬运可以节省大量包装成本。散装散卸方法基本上可分为：重力法、倾翻法、气动输送法等。

（1）重力法

重力法是利用货物的位能来完成装卸作业的方法。主要适用于铁路运输业，汽车也可用这种方法装载。重力法装车设备配有筒仓、溜槽、隧洞等。例如，火车装运煤炭时列车驶入隧洞，风动闸门开启，货物流入车内，每小时可装 1 万 ~1.2 万 t。一次可装 5 ~7 辆车的长隧洞装车效率高达 1.5 万 t/h。

（2）倾翻法

倾翻法是将运载工具载货部分倾翻作业的方法。常见的有装卸渣土的翻斗货车。

（3）气动输送法

气动输送法是利用风机在气力输送机的管内形成单向气流，依靠气体的流动或气压差来输送货物的方法。

（四）搬运方式合理组织

装卸搬运合理化是在坚持装卸搬运基本原则的基础上，按照装卸搬运的合理要求进行装卸搬运作业。其主要内容包括以下几个方面。

1. 提高货物装卸搬运活性

在货物流动过程中，要求装卸搬运作业必须为下一节的物流活动提供方便。例如：散乱堆放在仓库或配送中心地面上的物品不利于下次装运；在装上时要考虑卸下，在入库时要考虑出库。物品的外形尺寸、笨重程度与密度，物品、设备与作业人员的安全以及物品所处的状态，都会影响到物品装卸搬运的难易程度，即影响到货物装卸搬运的可运性。

2. 充分利用重力作用，减少能量消耗

在装卸搬运时尽量利用货物本身的质量，进行有一定落差的装卸，以减轻劳动力或其他能量的消耗。例如，利用卡车或站台与地面之间的落差，使用溜槽、溜板之类的简单工具，使货物依靠本身质量完成装卸搬运作业。在人力装卸时，应尽量减少人体的上下运动，做到“持物不步行”。

3. 合理选择装卸搬运方式

在装卸搬运过程中，搬运方式的不同会影响到作业效率的高低，应当根据货物的形状、种类、性质、质量来选择合理的装卸搬运方式。一般来说，对货物处理的装卸搬运有三种方式可供选择：分块处理、散装处理和单元处理。分块处理是指按普通包装对货物进行逐个装卸。散装处理是指用专门机械、器具进行运输、装卸的散装物品在某个物流范围内。不用任何包装，长期固定采用吸扬、抓斗等机械、器具进行装卸、运输、储存的作业方式。单元处理是指用托盘、容器或包装物件小件或散装物品集成一定质量或体积的组合件，以便利用机械进行作业的装卸方式。

4. 改进装卸搬运作业方法

装卸搬运作业程序确定后并非一成不变，而是要根据内外部条件的变化做出相应的调整。尽量将前后紧密相关的作业进行有机结合，作业路径尽量为直线，减少装卸搬运的距离与次数，避免出现装卸搬运流程的“对流”和“迂回”现象。尽量采用现代化的管理方法和手段，如网络技术、人机对话系统，控制好节奏，实现装卸搬运的均衡、连贯和顺畅。

此外，要实现装卸搬运合理化，还应当合理选择装卸搬运设备，实现“规模装卸”，消除无效装卸，合理创建“复合终端”。

四、仓库盘点

（一）仓库盘点概述

1. 盘点的目的

（1）清查库存商品实际数量，修正物账不符，做到账、物、卡的“三一致”。

（2）核实库存商品的质量、保存期和适销状况，以利改进库存管理。

（3）为计算企业的损益，考核仓库管理绩效提供数据。

2. 盘点方法分类

从不同的角度，商品盘点有不同的种类划分。

（1）按盘点的范围分类

按盘点的范围，分为全面盘点和局部盘点。

1）全面盘点。对仓库中的所有商品都进行盘点。

2）局部盘点。只对仓库中的部分商品进行盘点。动碰盘点是一种局部盘点，即对每天动过、碰过、发出过的商品，随即轧查点结。

局部盘点的特点是花费时间少、发现差错快，能及时解决问题、挽回损失。

（2）按盘点时间的固定性分类

按盘点时间的固定性分，分为定期盘点和临时盘点。定期盘点是固定在每月或每季的某一时间所进行的盘点。临时盘点指根据需要临时进行的突击性盘点。

（3）按盘点是否到现场分类

按盘点是否到现场分，分为账面盘点和现货盘点。

账面盘点是根据期初商品实际库存资料和本期商品入库、出库、损益的记录，推算出期末商品的库存量。

现货盘点又叫实地盘点，是到实地对库存现货进行盘点。

常用的盘点方法有以下几种：

（1）月末盘点

在月末，对全部库存商品进行逐品、逐垛、逐架的清点，并与实物账核对。

（2）循环盘点法

在每天、每周，分批对部分商品进行盘点，到月末才完成全部商品的盘点，周而复始，分批循环进行盘点。其中一些重要商品可以盘点多次。

（3）月末账盘、季末实盘

在每季前两个月的月末对库存商品进行账面盘点推算月末库存，到季末才进行实地盘点。

3. 盘点后的处理工作

（1）盘点表单的制作、分送与记账

首先，根据盘点的结果填写好盘点表，如果商品有损益、残损、变质，还要填写商品损益报告单、商品残损变质报告单，经过审核无误以后，由参与盘点的人员和保管员共同签名盖章；其次，将盘点表单分送财务、业务、统计部门；最后，根据审批后的盘点表单，调整货卡、实物账。

（2）盘点中发现问题的处理

对于盘盈、盘亏、毁损、变质、报废、呆滞等商品，查明原因，报业务部门处理。

（3）分析盘点差异原因

分析造成账实不符的原因，并提出预防、解决账实不符的方法、措施。

一般造成账实不符的原因主要有以下几个方面：

1）盘点方法不当，造成漏盘、重盘和错盘情况。

2）由于计量、检验方面的问题造成的数量或质量上的差错。

3）由于保管不善或养护不周，造成物资的损坏、霉烂、变质或短缺等。

4）由于自然灾害造成的非常损失和非常事故发生的毁损。

5）由于原始单据丢失，保存不齐全；登账不及时，有未达账项；存在计算错误、漏登、重登和错登情况。

6）由于用作样品，而又未开单，造成数量短缺。

7）由于贪污、盗窃、徇私舞弊等造成的物资损失。

8）由于供方装货量有多有少，而验收时无法每箱每桶核对，造成的短缺或盈余。

9）由于度量器具欠准确，或使用方法错误，而造成的数量差异。

10）由于整进零发所发生的磅差。

（二）盘点的程序

盘点程序如图 4-9 所示。

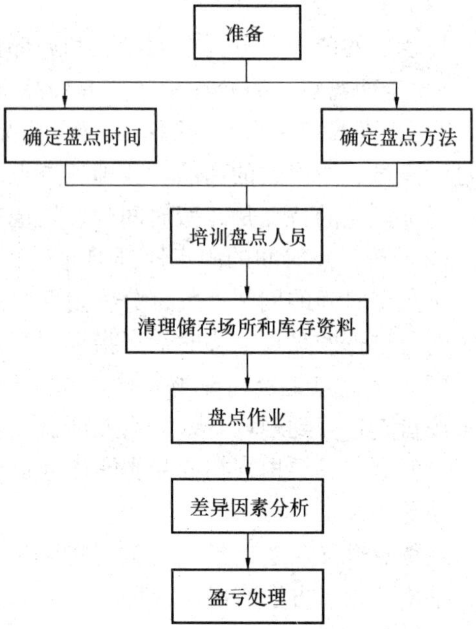

图 4-9　盘点程序

五、保管保养

物资的保管保养是指对入库物资的合理储存和科学地养护。合理储存，是将物资安排在适宜的场所和位置，使物得其所。科学地养护，即按照库存物资变化的客观规律维护和保养，为物资提供良好的保管条件和保管环境。储存和养护是相互联系不可分的，只储存不养护，或重储存轻养护都是错误的。

物资的保管保养是仓库保管作业的中心工作，是把好在库保管关的关键，对物资能否安全度过保管期，保质保量地分发出库，完成储存任务有决定性的意义。

（一）商品保养的基本要求

对在库储存的商品管理要建立健全定期和不定期、定点和不定点、重点和一般相结合的检查制度。严格控制库内温湿度并做好卫生清洁管理。“以防为主、防治结合”是保管保养的核心，要特别重视物品损害的预防，及时发现和消除事故隐患，防止损害事故的发生。特别要预防发生爆炸、火灾、水浸、污染等恶性事故和造成大规模损害事故。在发生、发现损害现象时，要及时采取有效措施，防止损害扩大，减少损失。

仓库保管保养的措施主要有：经常对物品进行检查测试，及时发现异常情况；合理通风；控制阳光照射；防止雨雪水浸湿物品，及时排水除湿；除虫灭鼠，消除虫鼠害；妥善进行湿度控制、温度控制；防止货垛倒塌；防霉除霉，剔出变质物品；对特殊物品采取针对性的保管措施等。

做好商品养护的基本要求有以下六点。

1. 严格验收入库物品

要防止物品在储存期间发生各种不应有的变化，首先在物品入库时要严格验收，弄清物品及其包装的质量状况。对吸湿性物品要检测其含水量是否超过安全水平，对其他有异常情况的物品要查清原因，针对具体情况进行处理和采取救治措施，做到防微杜渐。

2. 适当安排储存场所

由于不同物品性能不同，对保管条件的要求也不同，分区分类、合理安排存储场所是物品保养工作的一个重要环节。如怕潮湿和易霉变、易生锈的物品，应存放在较干燥的库房里；怕热易熔化、发黏、挥发、变质或易发生燃烧、爆炸的物品，应存放在温度较低的阴凉场所；一些既怕热又怕冻，且需要较大湿度的物品，应存放在冬暖夏凉的楼下库房或地窖里。此外，性能相互抵触或易串味的物品不能在同一库房混存，以免相互产生不良影响。尤其对于化学危险物品，要严格按照有关部门的规定分区，分类安排储存地点。

3. 科学进行堆码苫垫

阳光、雨雪、地面潮气对物品质量影响很大，要切实做好货垛遮苫和货垛垛下苫垫隔潮工作，如利用石块、枕木、垫板、芦席、油毡或采用其他材料防潮。存放在货场的物品，货区四周要有排水沟，以防积水流入垛下，货垛周围要遮盖严密，以防雨淋日晒。

货垛的垛形与高度，应根据各种物品的性能和包装材料，结合季节气候等情况妥善堆码。含水率较高的易霉物品，热天应码通风垛；容易渗漏的物品，应码间隔式的行列垛。此外，库内物品堆码留出适当的距离，俗称“五距”，要符合相关要求。对易燃物品还应适当留出防火距离。

4. 控制好仓库温、湿度

应根据库存物品的保管保养要求，适时采取密封、通风、吸潮和其他控制与调节温、湿度的办法，力求把仓库温、湿度保持在适应物品储存的范围内。

5. 定期进行物品在库检查

由于仓库中保管的物品性质各异、品种繁多、规格型号复杂、进出库业务活动每天都在进行，而每一次物品进出库业务都要检斤计量或清点件数，加之物品受周围环境因素的影响，使物品可能发生数量或质量上的损失，对库存物品和仓储工作进行定期或不定期盘点和检查非常必要。

（1）检查。检查工作主要包括：检查物品保管条件是否满足要求；检查物品质量的变化动态；检查各种安全防护措施是否落实，消防设备是否正常。检查应特别注意物品温度、水分、气味、包装物的外观、货垛状态是否有异常。

（2）盘点。盘点是检查账、卡、物是否相符以及把握库存物数量和质量动态的手段。

6. 搞好仓库清洁卫生

储存环境不清洁，易引起微生物、虫类寄生繁殖，危害物品。因此，对仓库内外环境应经常清扫，彻底铲除仓库周围的杂草、垃圾等物，必要时使用药剂杀灭微生物和潜伏的害虫。对容易遭受虫蛀、鼠咬的物品，要根据物品性能和虫、鼠生活习性及危害途径，及时采取有效的防治措施。

（二）仓库温、湿度管理

不同的商品，它们的性能也不一致，有的怕潮，有的怕干，有的怕热，有的怕冻。各种商品，一般都具有与大气相适应的性能，即按其各自的特性，都要求有一个适宜的温、湿度范围。而库内温、湿度的变化，直接受到库外自然气候变化的影响。因此，要搞好商品养护，不但要熟悉各种商品的特性，还必须了解自然气候变化的规律和气候对不同仓库温、湿度的影响，以便积极采取措施，适当地控制和调节库内温、湿度，创造一个适宜于商品储存的温、湿度条件，以确保商品质量的完好。所以，加强仓库的温、湿度管理，对搞好商品保养具有极为重要的意义。

控制库房温、湿度方法很多，如人工吸潮、排潮、加热、降温和密封库房等，特别是利用自然通风办法调节库内温、湿度，对仓库保管更具有经常和普遍的应用价值。

1. 通风

通风是根据大气自然流动的规律，有计划、有目的地组织库内外空气的对流与交换的重要手段，是调节库内温、湿度及净化库内空气的有效措施。利用干燥空气的大量流通，能降低货物的含水量；利用低温空气降低货物温度；通风还具有消除货物散发出的有害气体的作用，如消除使金属生锈的二氧化硫、酸气等；通风还能增加空气养分的含量。同时，通风也会将空气中的水分、尘埃、海边空气的盐分等带入仓库，影响货物的质量。

仓库通风应按照物品的性质以及它们对温湿度的不同要求（表4-6），结合库内外温湿度的对比情况，并参考风力、风向等因素，合理地选择通风时机进行通风，以维护物品质量的安全。

表4-6 部分物品安全湿度与安全相对湿度参考表

物品名称	安全温度（℃）	安全相对湿度（%）	物品名称	安全温度（℃）	安全相对湿度（%）
麻织品	25	55~65	火柴	小于30	小于75
丝织品	20	55~65	肥皂	-5~30	小于75
毛织品	20	55~65	洗衣粉	小于35	小于70
皮革制品	5~15	60~75	牙膏	-5~30	小于80
布鞋	30	50~75	人造革	-10~20	小于75
橡胶制品	小于25以下	小于80	干电池	-5~25	小于80
金属制品	小于35以下	小于75	打字蜡纸	-10~25	小于75
竹木制品	小于30以下	60~75	纸制品	小于35	小于75
塑料薄膜	-5~25	小于80	卷烟	小于25	55~70
玻璃制品	35	小于80	食糖	小于30	小于70

2. 密封

密封是将储存物品在一定空间使用密封材料尽可能严密地封闭起来，使之与周围大气隔离，防止或减弱自然因素对物品的不良影响，创造适宜的保管条件。

密封的目的主要是为了防潮，但同时也能起到防锈蚀、防霉、防虫、防热、防冻、防老化等综合效果。密封是相对的，不可能达到绝对严密的程度。密封可用不同的介质在不同的范围内进行。

密封储存应注意以下问题。

（1）选择好密封时机。在一般情况下进行的密封，多为以大气为介质的密封。因此，密封时必须首先选择好密封时机。在进行以防潮为主要目的的密封时，最有利的时机是在春末夏初潮湿季节到来之前，空气比较干燥的时节。在一日之内，也应选择绝对湿度最低的时刻。过早地密封，将会失去宝贵的自然通风机会，过晚密封则可能使库内湿度上升。一般选择在库外绝对湿度大于库内绝对湿度，而库内相对湿度较低的情况下进行密封。对整库密封来说，不但要选择好适宜的密封时间，而且要选择好有利的启封时间。启封时间应选择在库外温湿度下降、绝对湿度低于库内的时刻。

（2）做好密封前的检查。物品封存前，应进行一次全面检查，看其是否有锈蚀、发霉、生虫、变质、发热、潮湿等异常情况，检查其包装是否良好，容器有无渗漏。如发现异常情况，应及时采取救治措施，待一切正常后，方可密封。

（3）合理选用密封材料。由于密封方式不同，所需要的密封材料也不同。按其作用可分为两大类：一是主体材料，包括油毡、防潮纸、牛皮纸、塑料薄膜等；二是涂敷粘结材料，如沥青、胶粘剂等。在选用上述材料时应注意其是否性能良好、料源充足、使用方便、价格低廉。

（4）密封必须同通风和吸湿相结合。密封储存不能孤立地进行，为了达到防潮的目的，必须与通风和吸湿结合运用。一般情况下，应尽可能利用通风防潮，当不适合通风时，通常利用吸湿剂吸湿。密封能保持通风和吸湿的效果，吸湿为密封创造适宜的环境。

（5）做好密封后的观察。因为一切密封都是相对的，不可能达到绝对严密。密封后，外界因素对封存物品自然会产生一定的影响，仍有发生某种异状的可能。因此，必须经常注意观察密封空间的温、湿度变化情况及出现的某种异状，及时发现问题，分析原因，并采取相应的措施进行处理。

3. 除湿

空气除湿是利用物理或化学的方法，将空气中的水分除去，以降低空气湿度的一种有效方法。除湿的方法主要有：利用冷却方法使水汽在露点温度下凝结分离；利用压缩法提高气压，使水汽超过饱和点，成为水滴而被分离出去；使用吸附剂吸收空气中的水分。

（1）冷却法除湿。这种方法是利用制冷的原理，将潮湿空气冷却到露点温度以下，使水汽凝结成水滴分离排出，从而使空气干燥的一种方法，也称为露点法。通常采用的是直接蒸发盘管式冷却除湿法。其原理是在冷却盘管中，直接减压蒸发来自压缩制冷机的高压液体冷媒，以冷却通过盘管侧的空气，使之冷却到所要求的露点以下，水汽凝结成水被除去。冷却除湿装置，主要由压缩机、冷凝器、膨胀阀、冷却盘管等组成。

（2）吸湿剂吸湿。这种除湿方法是最常用的方法之一，仓库主管可以在密封库内用如下几种吸潮的办法来降低库内湿度。

1）吸湿剂。吸湿剂是一种除湿的辅助办法，它是利用吸湿剂吸收空气中水汽的办法来达到除湿的效果。常用的吸湿剂有生石灰、氯化钙、硅酸、木炭、炉灰等。

2）吸湿机。仓库普遍使用机械吸潮方法，即使用吸湿机把库内的潮湿空气通过抽风机吸入吸湿机冷却器内，使它凝结为水而排出。吸湿机一般适用于储存棉布、针棉织品、贵重百货、医药、仪器、电工器材和烟糖类的仓库吸湿。

3）气幕隔潮。气幕俗称“风帘”，是利用机械鼓风产生强气流，在库门口形成一道气流帘子，其风速大于库内外空气的流速，可以阻止库内外空气的自然交换，从而防止库外热潮空气进入库内。

4）干燥箱保管。对于一些体积不大易受潮的物品可放入干燥箱保管，但使用干燥箱要注意以下内容。

① 干燥箱每层需放置干燥剂，以辅助干燥，若干燥剂由蓝色变为红色，仓库人员应及时更换干燥剂。

② 停电时，干燥箱内应添加较多的干燥剂，以起到暂时防潮作用，若长时间没电，需

将该设备转移到有电的地方，以确保该设备正常运行。

③ 如发现干燥箱内的温湿度有异常，仓库人员应及时通知设备工程师或相关主管负责人。

④ 主管负责人应做好干燥箱湿度记录，具体内容详如表 4-7 所示。

表 4-7　干燥箱湿度记录表

编号：　　　　　　　　　　　　　　　　　　　　　　　　日期：____年____月____日

测试位置：仓库	____年____月					
记录时间	09：00～09：30					
设备编号 日期	SWF001	SWF002	SWF003	SWF004	记录人签字	上半月主管确认签字
						签字时间
						下半月主管确认签字
						签字时间

制表人：　　　　　　　　　　　　　　　　　审核人：

说明：合格标准为湿度≤40%。

4. 空气调节自动化

空气调节自动化，简称空调自动化。它是借助于自动化装置，使空气调节过程在不同程度上自动地进行，其中包括空调系统中若干参数的自动测量、自动报警和自动调节等。自动调节装置是由敏感元件、调节器、执行及调节机构等，按照一定的连接方式组合起来的。

敏感元件是具有一定物理特性的一系列元件的总称，它能测量各种热工参数，并变成特定的信号。调节器根据敏感元件送来的信号与空气调节要求的参数相比较，测出差值，然后按照设定好的运算规律算出结果，并将此结果用特定的信号发送出去。执行机构接受传送来的信号，去改变调节机构的位移，改变进入系统的冷热能量，实现空气的自动调节。

为了保证保管质量，除了温度、湿度、通风控制外，仓库应根据物品的特性采取相应的保管措施。如对物品涂刷油漆，涂刷保护涂料，除锈、加固、封包、密封等，发现虫害及时杀虫，释放防霉药剂等针对性保护措施。必要时采取转仓处理，将物品转入具有特殊保护条件的仓库，如冷藏库。

（三）防霉腐技术

常规防霉变，就是采取常用的方法，消除适于霉菌滋生发育的条件，使库内温、湿度控制在一定标准以下，以达到防霉变的目的，通常采用的措施有以下四种。

1. 加强商品的入库验收

每批商品入库时，都应严格验收，首先要认真检查商品是否已经有霉变现象，其次是检查商品含水量是否过高，包装有无破损或受潮现象。如有发热，表明商品已经开始霉变。对已经开始生霉和含水量较高或包装受潮的，应暂时另行存放，并及时采取拆件及通风晾晒等措施进行处理。

2. 选择合理的储存场所

容易生霉的商品应选择干燥密封条件较好的库房进行存放。在码垛时应采取隔潮措施，以防止地潮对商品的直接影响。梅雨季节应码通风垛，这样商品表面可不断接触流动的空气，就会抑制霉菌的生长。

3. 坚持在库检查

对仓库中的易霉商品，应建立并严格地执行在库检查制度。要随时观察并及时发现商品霉变的迹象，以免造成商品的严重损失。在检查站中，应根据库房结构与建筑条件，着重检查潮湿、高温的部位，其他部位可以抽查对比。

4. 加强仓库的温、湿度管理

搞好仓库温、湿度管理，是对易霉商品的外因进行限制的手段。当微生物得不到生长发育的必要条件时，商品就不会霉变。

（四）防治虫害的方法

仓库中虫害的防治工作应贯彻“以防为主，防治结合”的方法。对某些易生虫的商品和原材料，必须积极地向厂方提出建议和要求，在生产过程中，对原材料采取杀虫措施，如竹、木、藤原料，可采取沸水烫煮、汽蒸、火烤等方法，杀灭隐藏的害虫。对某些易遭虫蛀的商品，在其包装或货架内投入驱虫避虫药剂，如天然樟脑或合成樟脑等。此外，仓库中虫害的防治还常采用化学、物理、生物等方法，杀灭害虫或使其不再繁殖，以维护仓库商品的质量。

仓库虫害防治主要有以下三种方法。

1. 杜绝仓库害虫来源

要杜绝仓库害虫的来源和传播，必须做好以下几点。

（1）商品原材料、商品包装物的杀虫、防虫处理。

（2）入库商品的虫害检查和处理。

（3）仓库的环境卫生及备用工具的卫生消毒。

2. 药物防治

使用各种化学杀虫剂，通过喂毒、触杀或熏蒸等作用杀灭害虫，是当前防治仓害虫的主要措施。常用的防虫、杀虫药剂有以下几种。

（1）驱避剂。驱避剂的驱虫作用是利用易挥发并具有特殊气味和毒性的固体药物，使挥发出来的气体在商品周围经常保持一定的浓度，从而达到驱避害虫的目的。

（2）化学杀虫药剂。在实施时，应考虑害虫、药剂和环境三者之间的关系。例如，针对害虫的生活习性，要选择其抵抗力最弱的虫期施药，药剂应低毒、高效和低残毒，且对环境无污染。在环境温度较高时施药，可获得满意的杀虫效果。化学杀虫按其作用于害虫的方式，主要有触杀杀虫和喂毒杀虫两种。触杀剂和喂毒剂很多，常用于仓库及环境消毒的有敌敌畏、敌百虫等。

（3）熏蒸剂。杀虫剂的蒸气通过害虫的气门及气管进入体内，从而引起害虫中毒死亡。具有熏蒸作用的杀虫剂称熏蒸剂。用熏蒸的方法杀虫有成本低、效率高等优点。

3. 物理杀虫法

物理杀虫法是利用各种物理因素，如热、光、射线等破坏仓库商品中害虫的生理活动和机体结构，使其不能生存或繁殖的方法。其主要方法有：高、低温杀虫法，射线杀虫与射线不育法，远红外线与微波杀虫法，充氮降氧杀虫法等。

此外，还可采用生物防治，即利用害虫的天敌（寄生物、捕食者、病原微生物）来防治害虫，以及利用昆虫的性引诱剂来诱集害虫或干扰成虫的交配繁殖等。

（五）防锈蚀的方法

金属商品的电化学锈蚀是造成商品损失的重要因素之一，所以做好金属商品的防锈蚀工作非常重要，也是仓储过程中商品保养的一项重要任务。金属商品的电化学锈蚀除内在因素如金属及其制品本身的组成成分、电位高低、表面状况外，还主要取决于金属表面电解液膜的存在。因此，在防止金属商品电化学锈蚀的方法中，相当多的方法是围绕防止金属表面生成水膜而进行的。在生产部门，为了提高金属的耐锈蚀性能，最常采用的方法是在金属表面涂盖防护层，例如喷漆、搪瓷涂层、电镀等，把金属与促使金属锈蚀的外界条件隔离开来，从而达到防锈蚀的目的。不同物品的保管场所如表 4-8 所示。

表 4-8　不同物品的保管场所

序号	物品类别	保管场所
1	价值较高的贵重金属、小型精密配件和五金制品	应存放在库房中
2	小型薄壁管材，冷、热轧钢板，硅钢片和小型优质钢材等	应存放在库房中，如果条件不具备，也可存放在料棚中，但存放时一定要下垫上苫
3	镀锌铁板、马口铁、金属制品和小型钢丝绳等	可存入料棚内，如有条件最好存放在库房中
4	大中型物品，如圆钢、方钢、六角钢、工字钢、槽钢、各种型号的钢轨	可以在露天场地以下垫上苫的方式存放
5	贵重、有特殊性能的金属及金属制品	要用专门的库房存放。易燃物品不能裸露存放，且要远离火源。例如，高纯度的镁在空气中能自燃；硅铁受潮会分解出有毒气体，遇碱产生氢气，有爆炸燃烧的危险。因此，仓库主管为这类物品选择库房时需特别加以注意

在仓储过程中使用的主要防锈蚀方法是改善仓储条件、涂油防锈、气相防锈和可剥性塑料封存等。

1. 涂油防锈

涂油防锈是商品流通中常用的一种简便有效的防锈方法。它是在金属表面涂覆一层油脂薄膜，在一定程度上使大气中的氧、水分以及其他有害因素与金属表面隔离，从而达到防止或减缓金属制品生锈的方法。此法属于短期的防锈法，随着时间的推移，防锈油会逐渐消耗，或由于防锈油的变质，而使金属商品又有重新生锈的危险。根据防锈油形成膜的性质，可分为软膏防锈油、硬膜防锈油、油膜防锈油。除防锈油外，凡士林、黄腊油、机油等也可作防锈油脂。

2. 气相防锈

气相防锈是利用挥发性气相防锈剂在金属制品周围挥发出缓蚀气体，来阻隔空气中的氧、水分等有害因素的锈蚀作用以达到防锈目的的一种方法。这是一种较新的防锈方法，具有使用方便、封存期较长、使用范围广泛的特点。它适用于结构复杂、不易为其他防锈涂层所保护的金属制品的防锈。常用的气相防锈剂有亚硝酸二环已胺、肉桂酸二环已胺、肉桂酸、福尔马林等。

3. 可剥性塑料封存

可剥性塑料是用高分子合成树脂为基础原料，加入矿物油、增塑剂、防锈剂、稳定剂以及防腐剂等，加热溶解后制成的。这种塑料液喷涂于金属制品表面，能形成可以剥落的一层特殊的塑料薄膜，像给金属制品穿上一件密不透风的外衣，它有阻隔锈蚀介质对金属制品的作用，以达到防锈目的。可剥性塑料中，常用的树脂有乙基纤维素、醋酸丁酸纤维素、聚氯乙烯树脂、过氧乙烯树脂和改性酚醛树脂等。

4. 化学除锈法

化学除锈法，包括酸洗、碱除锈（碱液电解、碱还原、碱液煮沸等法）以及电解酸洗等。应用最为广泛的化学除锈法是酸洗法。酸洗法是将金属制品浸渍在各种酸的溶液中，把金属锈蚀产物溶去的方法。酸洗法与物理机械法比较，主要优点是不引起金属材料变形，处理的表面不粗糙，操作简便，效率高，金属制品各个角落的锈都可以除去，而且不需用专用设备，成本较低，适用于大量小型制品的除锈。

5. 电化学除锈法

电化学除锈法，是指被除锈的金属制品在电解液中接在外接电源上，通过电化学作用除去锈蚀产物的方法。电化学除锈主要用于较大的钢铁制品。电化学除锈法包括阳极法和阴极法。阳极法是以金属制品为阳极，通电后借金属溶解及在阳极度上产生的氧气的机械力分离锈层。此法在除锈过程中金属被腐蚀很难避免，所以一般不被采用，它主要应用于金属制品的电抛光。阴极法是以金属制品为阴极，通电后在阴极度上产生氢气还原氧化铁，并以氢气的机械作用剥离锈层。此法对金属制品具有保护作用，所以是常用的电化学除锈法。

另外还有手工除锈法（表 4-9）和机械除锈法（图 4-10）。

表 4-9　常见的手工除锈方法

除锈工具	操作方法	除锈范围
钢丝刷	先用钢丝刷或钢丝刷打锈，再用废布将商品擦拭干净	各种钢管、水暖器材、铁板等
砂布	用砂布直接擦拭、再蘸取去污粉、煤油擦拭，最后再用干抹布擦拭	各种小五金工具、配件及一般精密仪器，如钢珠、轴承、天平等
木屑	把清洁干燥的木屑撒在板材上，然后用旧布盖住进行擦拭，最后将木屑扫净，并用干抹布再擦拭一次	铜板上的轻中度锈蚀

抛光法	用软质的棉布、帆布等制成抛光轮，利用电动机带动，即通过高速旋转将锈除去
钢丝轮除锈法	用金属制成的轮刷在电动机的带动下，高速旋转去锈
喷射法	将砂粒等强力喷射到金属表面，借其冲击力与摩擦的作用将锈除去

图 4-10　机械除锈法

（六）堆码与苫盖

1. 货物堆码

（1）货物堆码的基本要求

1）合理。对不同品类、规格、型号、形状、牌号、等级和批次的货物，必须分开堆码，不能混合、间杂堆码。对于不同货物应根据其性能、包装和结构特点，选用适合货物特点的垛形，占用面积、垛间、墙距、走道宽度要合理。码垛时位置的安排要分清入库的先后次序，以便贯彻“先进先出”的原则。

2）安全。堆码的货垛必须具备尽可能大的稳定性，尤其是重心较高时更要特别注意。码堆应不偏不斜、不歪不倒，且不准压坏底层货物和地坪，以确保货物堆垛牢固、安全和货物不受损害。因此，要适当选择垛底面积、堆垛高度和垫衬材料，保证堆码的牢固与安全。

3）定量。为便于检查和盘点，能使保管人员过目成数，在货物堆码时，垛、行、层、包（件）等数量力求整数，每垛应有固定数量。对某些过磅称重货物不能成整数时，必须明确地标出质量，分层堆码或成捆堆码，定量存放。

4）整齐。堆垛排列整齐有序，垛形统一，不仅能形成良好的库容，而且有利于充分利用仓库的有效面积和方便作业。因此，堆码货物的垛形要规范，纵横成行成列，货物包装上的标志一律朝外排齐，便于查看和发货。

5）低耗。坚持一次堆码，减少重复搬运；爱护苫盖物品，节约备品用料，降低消耗；堆码紧凑，节省仓位，提高仓容利用率。

6）方便。便于装卸搬运，便于收发保管，便于日常维护保养，便于检查点数，便于灭火消防，以利货物保管和安全。

（2）有特殊要求的货物堆码

1）要求通风的货物堆码。对需要防潮湿、需通风保管的商品，可在每件货物的前后左右均留出一定的间隔或空隙，码成通风垛，便于散发货物中所含水分和降低垛中的温度。

2）怕压货物的堆码。为了使货物不致受损，堆码时应根据货物承受力的大小，适当地控制堆码的方式和堆码的高度。对于体形不大或不太特殊的货物，为保证不被压坏，并充分利用库容量，可利用货架摆放。

3）容易渗漏的货物堆码。此类货物为方便检查，应堆码成小垛，并且成行排列，同时行与行之间亦应留有一定的间隔。

4）有毒物品的堆码。有毒有害物品多指氰化钾、氰化钠等氰化物。各种有毒有害物品都必须单独存放，严加保管，堆码要适当地低一些，不要过高，而且存放场所要干燥、通风、阴凉，切不可同时存放其他物品。

5）酸、碱等腐蚀品的堆码。此类货物应单独存放在干燥、阴凉、通风的库房内，避免堆码在露天，货垛不宜码得过高，要特别注意防止腐蚀，切忌水浸，严防爆炸事故。

6）易燃、易爆危险货物的堆码。此类货物因对消防有特殊要求，堆码要留有间隔，垛形不宜码得过高。堆放场所要干燥、阴凉、通风，库内所有电器及照明设施均应采用防爆装置，与货垛保持一定距离，并根据其不同理化特征，在货垛附近配备有效的安全消防设施。

（3）货物的垛高

货物的垛高直接影响库容量，它除了受库房地坪安全负荷决定外，还受货物性质和包装的影响，通常是以不超重货物可堆高层数，决定最高允许堆高，但对轻泡货还要受仓库空间高度的影响。

（4）货物与仓库建筑物之间的距离

货物的堆码要保持通常所说的货垛“五距”，即指墙距、柱距、顶距、灯距和垛距。即货垛不能倚墙靠柱，相互间不能挤得太紧，不能与屋顶照明设备接触，并满足仓库消防规定，必须保留适当距离。

物料堆码合理堆放的要求可用32字诀表述为：不同品种，不同规格，分开堆码，不相混杂；合理垛距，走道宽度，分清次序，先进先出。商品堆码要做到牢固——不偏不斜，确实稳定；定量——过目成数，便于检查；整齐——成行成列，标志在外；节省——节省货位，提高仓容；方便——装卸搬运检查，物流作业方便。

做好物料的堆码也可采用“四定”、“五标准”要求。“四定”，即划区定块、画线定位、货垛定形和仓库定量。“五标准”，即垛型位要符合“牢、齐、清、稳、美”的五字标准。

2. 货物堆码的方式

货物堆码的方式由货物的性能、形状、包装、仓储设备、存放场所和季节、气候等条件决定。从实践来看，为便于货物保管和清点数量，以及仓库容量的有效利用，常用的堆码方式主要有以下几种：

（1）散堆方式

散堆是指将无包装的散货在仓库或露天货场上堆成货堆的存放方式。这种方式适用于不用包装的颗粒状、块状的大宗散货，如煤炭、矿砂、散粮、散化肥、海盐等。这种堆码方式简便，便于采用机械设备装卸、堆垛，节省包装费用及仓容和运费。因此，散堆方式是目前货物堆存的一种趋势。

（2）货架方式

使用通用和专用的货架进行货物堆码的方式。主要适用于存放不宜堆高、需特殊保管存放的小件包装的货物，如小百货、小五金、绸缎、呢绒、医药品等。这种堆码方式能够提高仓库的利用率，减少差错，加快存取，但其适用货物的范围较狭窄。

（3）成组方式

采用成组工具先将货物组成一组，使其堆存单元扩大，可以用装卸机械成组搬运、装卸、堆码。常用的成组工具有托盘、网络、绳扣等。成组堆码一般每垛3～4层。这种堆码方式，可以提高仓库、货场的利用率，实现货物机械化操作，保证货物的安全，也有利于提高货物进出库的劳动效率，加快货物的流转。

（4）堆垛方式

这种堆码方式是指直接利用货物或其包装外形进行堆码，适用于有外包装和不需要包装的长、大件货物，如箱、桶、筐、袋装的货物，以及木材、钢材等。这种堆码方式能够增加货垛高度，提高仓库利用率，能够根据货物的形状和特性的需要和货位的实际情况，把货垛堆码成各种样式，以利于保护货物质量。垛堆的方式是应用最为广泛的、样式也最为繁多的堆码方式。

3. 货垛安排

(1) 货垛“五距”的规范要求

垛距（库房一般为0.5～1m，货场不少于1.5m）、墙距（库房墙距，外墙距0.3～0.5m，内墙距0.1～0.2m；货场，只有外墙距为0.8～3m）、柱距（0.1～0.3m）、顶距（平库房为0.2～0.5m）、灯距（不少于0.5m）

(2) 货垛可堆层数、占地面积的确定

$$占地面积=\frac{总件数}{可堆层数}\times 每件商品底面积(m^2)$$

不用货架，货垛可堆层数的三种算法如下：

1）地坪不超重可堆层数计算方法

① 以一件商品来计算。

$$不超重可堆高层数=\frac{库房地坪每平方米核定载重量}{商品单位面积质量\left(\frac{毛重}{底面积}\right)}$$

② 以整垛商品来计算。

$$不超重可堆高层数=\frac{整垛商品实际占地面积\times 地坪核定载重量}{每层件数\times 每件质量}$$

2）货垛不超高可堆层数

$$不超高可堆层数=\frac{库房可用高度}{每件商品的高度}$$

3）最底层商品承载能力不超重可堆高层数

$$不超重可堆高层数=\frac{底层商品允许承载的最大质量}{单件质量}+1$$

取以上三者最小值，作为最高堆垛层数。

(3) 货垛底层排列

1）货垛底数=货垛总件数/可堆高层数。

2）货垛底形排列。根据货位面积、每件商品的实占面积及货垛形式来综合安排。

(4) 货垛的基本形式

1）重叠式。各层排列方式相同，数量相同，层间无交叉。缺点是稳定性差，易倒塌，因而常采用绳子、绳网等。

2）砖砌式。上下旋转180°，稳定性好，但要求长宽比是2∶3或3∶4。

3）纵横交错式。旋转90°，稳定性好。缺点是只能用于正方形托盘，是机械化作业的主要垛型。

4）中心留空通风式。需通风防潮的商品堆垛时商品之间留有空隙。缺点是空间利用率低。

5）压封式。将垛底的低层排列成正方形或长方形，每件物品都压住下层的两件物品。

（5）“五五化”的堆码方法

“五五化”是以五为基本计量单位，码成各种总数为五的倍数的货垛。它适合于按件计量的物资。由于“五五化”堆码，本身只能解决物资堆码中每层、每垛的计算方法，并不解决垛型问题，因此，各种不同的物资，有不同的五五化垛形。如外形较大的可五五成方，较高的物资可五五成行，较小的物品可五五成包，带眼的物资可五五成串，定型定尺的可五五抽头堆码等。在确定各种五五堆码时，同样必须符合上述堆码的基本要求。这里需注意不要片面地追求形式上的“五五化”，采用五五堆码也应因物因地带制宜。

五五堆码方法能把大小不一、形状各异、无规则的物资摆成较有规则的各种定量包装和货垛，这样就能做到过目成数，美观整齐，提高物资的出库速度，便于盘点和保管。

4. 货物苫垫

货物在堆码时，要根据货物保管的要求和堆放场所的条件、需要，进行垫垛。露天存放的货物在码垛以后，要进行妥善的苫盖，以避免货物受雨、露、霜、雪、潮气的侵蚀和受日光暴晒的损害。

（1）货物铺垫

1）货物铺垫的作用

垫垛的目的是使货物与地面隔离，避免地面潮气自垛底侵入，并使垛底通风；或者减少货物对地坪的压力，并保持货物的清洁；露天货场堆存的货物，垫垛也能避免风、雨、雪对货物的侵蚀。

2）货物铺垫的材料

货物垫垛的材料一般采用专门制作的水泥墩或石墩、枕木、木板及防潮纸、塑料薄膜等。对货垛的铺垫，库房和货场因条件不同而有所区别。一般来说库房内的货垛不会被雨侵淋，因此垫垛的衬垫物比货场上的垫垛要求低一些，对日杂货、纺织品等纸箱包装的货物也多用垫板、木板、木方；露天货场多用水泥块、条石、石墩等，地势较高者，也可以选用枕木，或用废旧钢轨等代替木料。

3）货物铺垫的方式

① 码架、台板式。它是用一个个码架或台板、垫板，根据需要拼成面积大小适宜的货位。码架、台板或垫板是以垫木为脚，码架上面钉木条，台板、垫板上面钉木板构成，其规格大小不一，垫板多按标准制成，国际标准化组织（ISO）规定有 800mm × 1200mm，1200mm × 1600mm；我国标准常用的有 1100mm × 1800mm，1100mm × 2000mm，1200mm × 2000mm 等尺寸。楼上仓间使用的码架、台板、垫板高度在 10cm 左右，平房库可以在 30cm 左右。

② 垫木、垫石式。它是用垫木、垫石按货位大小一行行排列好的，其排列方向应与垛位长度方向垂直，既利于通风，也利于货物直接在上面堆码。垫木、垫石一般都是长方体，长和宽都是 20cm 左右。垫木长 2m 左右，垫石长 30cm 左右。露天货场垛底距地面 30 ~ 50cm 为宜；库房垛底距地面 20cm 左右即可。这种铺垫方式的优点是拆拼方便。

③ 席、油毡、塑料薄膜式。这种形式主要用于地面干燥的库房，货物不要求有较高的通风散潮条件时，用苇席、油毡、塑料薄膜直接铺在地坪的货位上，将货物在上面堆码。若地面湿度大，可在苇席中间夹一层油毡。有些楼上仓间也可以不垫垛。现代化立体仓库、高

层多货格储存商品、配有空调的，则更无垫垛的必要。

4）垫垛的要求

① 货物铺垫后，必须保证货物不受地面水浸，不受潮，必要时要留有一定的间距，以保证垛底通气。

② 露天货场地坪一定要经过平整夯实，提高其负重载荷能力；避免地面因载荷变化而下沉，造成堆垛变形和倒垛的危险。

③ 铺垫物要根据垛形铺平摆正，并且其负荷不得超过铺垫材料本身和地坪的负重限制。必要时可增加垫物铺放密度或增加地坪的接触面积。

④ 为减低消耗，提高仓储的经济效益，除对铺垫材料进行合理选择外，还应妥善保管，注意合理使用，争取多次重复利用。

（2）货物苫盖

露天货场存放的货物，除了垫垛，一般都应苫盖，防止货物直接受风、雨、露、霜、雪及阳光的侵蚀。需要苫盖的货物，在堆垛时应根据货物的特性、堆存期的长短、存放货场的条件，注意选择苫盖材料和堆码的垛型。

1）苫盖的材料

苫盖物应根据货物的不同特性和要求，以及堆垛形状和堆存期来选择，而且要经济耐用，来源充足，并符合防火安全的要求。露天仓储常用的苫盖物有苇席、油毡纸、苫布、油布、塑料布和铁皮等。应注意苇席、油毡纸等易燃的苫盖物，不能用于苫盖危险品和化工材料。苫布的价格较高，只适用短期存放或临时使用。一般仓库对需长期苫盖的货垛，可用两层席子中间夹一层油毡纸，按照适当规格预制成苫瓦，使用时方便，拆垛后还可以再次利用。

2）货物苫盖的方式

① 屋脊式。无论是用苫布或苇席苫盖，均要将货垛起脊，垛肩有一定斜度，以便泻落雨雪。垛位的走向以南北为宜，便于充分采光，保持垛位干燥。

② 鱼鳞式。它是将苫盖物由下部向内卷起，将苫盖物自货垛的底部逐渐向上围盖，每行苫盖物相互压茬缝在一起，从外形看，似鱼鳞状。

③ 隔离式。它是用竹竿、旧苇席在货垛四周和垛顶打好撑架，然后进行苫盖，能起到防潮隔热作用。

3）对货物苫盖的要求

无论使用何种苫盖物或采用何种苫盖方式，为了达到苫盖货物的目的，都必须保证苫盖斜面平整，侧面应不露垫木、垫石，以防止雨水顺接合处渗入垛内；同时苫盖物亦不应拖到地面，影响垛底通风。苫盖物苫盖后，为保证与货垛相对位置固定，要用绳或铁丝捆扎，扣在地坪上打杆拉紧。

六、退货处理

在仓储配送中心，退货一般分成两种情况：客户退货给中心和中心退货给供应商。客户退货可根据退货原因不同在包装箱上做不同的退货标记。

1. 客户退货原因

客户的退货原因主要有以下四种：

（1）供应商在促销期间的代销货物，在促销期结束后未出售的货物可退给供应商。

（2）货物过期或破损无法继续销售。

（3）货物存在质量问题无法销售。

（4）客户订货过量，短期销售不出去。货物退回到仓库，可以继续配给其他客户。

2. 退货处理流程

仓储配送中心对于客户的退货处理流程如下：

（1）退货部根据退货清单清点客户退货数量，当实际数量与退货单上的退货数量出现差异时，以实际数量为准。

（2）在系统中确认所有退货，将客户退货库存转到 WMS 系统中不可用库存。

（3）对客户订货过量，短期销售不出去的退货可由退货库存调整成可用库存继续销售。将未出售的代销品退货重新包装准备退给供应商。

（4）对因质量问题的退货由质量控制主管查看、检验、定性。如属于采购合同中质量问题范畴之列的情况，质量部将定性为质量问题，货物继续放在退货区，质量部通知供应商提取退货。如不属于质量问题，质量部如认为可以继续销售，则退给客户继续销售，反之则视同于无法继续销售的退货。

（5）货物过期或破损无法继续销售的退货按照采购部与供应商签订的退货条款操作。可以退货的货物继续留在退货区等待供应商退货，不可退货的货物则由不可用库存转移到报废状态，并由退货部集中销毁。

（6）退货给供应商。退货部将可以退货的货物按货物种类归类制作出每周退货计划表并交给采购部，由采购部通知供应商退货。在供应商提取退货时，退货部在系统中确认退货后系统冲减应付。

可以说，退货处理是对产品和货物的完整、有效和高效的利用过程的协调。

问题思考

一、填空题

1. 客户订单处理是从________到发运交货、受理客户单据处理等的全过程。

2. 客户订单处理包括接受订单、订单检查、________、按订单供货、订单处理状态跟踪等活动。

3. 办理交接手续是指仓库向________确认收到的物品，并表示已________物品。其目的在于分清运输、送货部门和仓储配送中心的责任。

4. 接受订货有________和________两种。

5. 存货的分配模式可分为________及________两种。

6. 由于配送中心的收货工作非常繁忙，通常会几辆卡车接连到达，为了节约时间，一般采取________的办法。

7. ________是保证物流中心货物准确率的第一关，该项工作准确率的要求为100%。

8. 常见的升降平台有________升降平台、________升降平台和________。

9、盘点时需清查库存商品实际数量，修正________不符，做到________的“三一致”。

10. 商品养护的目的在于________，保护商品的使用价值，避免和减少________。

11. 商品特性原则是以________为基础，根据货物________特征分类分区存放。

12. 按盘点是否到现场，分为________盘点和________盘点。

13. 流通加工是指物品在从________向________流动的过程中，为维护产品质量，改善产品功能，促进销售、提高物流效率而对物品进行的简单加工。

14. 配送中心常用的拣货方式有________拣货和________拣货两种作业方式。

15. 出库必须遵循________的原则，使仓储活动的管理实现良性循环。

二、选择题

1. 仓储作业的要求体现在（　　）。

A. 及时　　B. 准确
C. 严格　　D. 经济
E. 协调

2. 一般的仓储作业流程包含（　　）。

A. 订单处理　　B. 采购作业
C. 入库作业　　D. 盘点作业
E. 拣货作业　　F. 出货作业
G. 送货作业　　H. 仓储规划
I. 储位分配

3. 影响入库作业因素有（　　）。

A. 供应商的送货方式　　B. 商品的种类
C. 人力资源　　D. 存货方式
E. 商品的数量

4. 下列的描述正确的是（　　）。

A. 拣货管理中的拣货基本方式有按订单拣货和批量拣货。
B. 按订单拣货适用于订单订货数量多、品种也多的连锁餐饮业。
C. 与批量拣货相比，按订单拣货作业方法简单。
D. 批量拣货的缺点是商品品种多时，拣货效率低。
E. 按订单拣货可以缩短行走搬运距离。
F. 按订单拣货对订单无法快速反应。

5. 搬运作业的特点是（　　）。

A. 搬运对象复杂　　B. 搬运作业均衡
C. 搬运作业安全性高　　D. 搬运作业量大
E. 搬运作业的移动空间非常大

6. 集装搬运的方法是（　　）。

A. 单件搬运法　　B. 托盘作业法
C. 滑片作业法　　D. 集装箱作业法
E. 重力法　　F. 网袋作业法

7. 下列可以采用单件搬运法的是（　　）。

A. 一袋5kg重的玉米　　B. 搬家货物
C. 长大笨重货物　　D. 不宜集装的危险货物

8. 装卸搬运活性指数是表示货物装卸搬运难易程度的一项指标，活性指数为 2 表示的含义是指货物的状态处于（　　）。

A. 散放在地上的货物

B. 集装在箱中的货物

C. 货物装箱后搁在托盘或其他支垫上的状态

D. 处于运行状态的货物

9. 商品分区分类储存的原则有（　　）。

A. 性能一致　　B. 养护措施一致

C. 作业手段一致　　D. 消防方法一致

10. 下列关于仓库的分区分类与专仓专储的主要区别叙述正确的是（　　）。

A. 仓库的性质不同，采用分区分类的仓库常是专用仓库，专仓专储则不是。

B. 储存商品的性质不同。

C. 前者有时需要专人保管。

D. 储存商品的种类多少不同，但是储存商品的数量多少一样。

11. 分区分类储存商品的作用体现在（　　）。

A. 合理使用仓容，提高仓容利用率。

B. 合理配制和使用机械设施。

C. 有利于仓储商品的安全，减少损耗。

D. 可缩短商品收、发作业的时间，但拣选时间较长。

12. 下列对堆码要求的叙述正确的是（　　）。

A. 库房内堆码场地要坚固但可不平坦，垛底要垫高。

B. 货棚内堆码场地标高高于棚外地面，并有良好的排水设施。

C. 在正式堆码前要达到规格数量查清、编码、包装、集装单元化要求。

D. 堆码操作的要求是安全、合理、方便、整齐、节约。

13. 下列对货垛安排的叙述正确的是（　　）。

A. 货垛有“五距”的规范要求。

B. 货垛可堆层数要依据地坪的技术承载量来计算。

C. 采用货架堆放层数一般高于就地堆码层数。

D. 货垛底数与货垛总件数成正比，与可堆高层数成反比。

E. 货垛的基本形式有重叠式、纵横交错式、压封式和中心留空通风式四种形式。

14. 苫盖的方法有（　　）。

A. 垛型苫盖法

B. 隔离苫盖法

C. 鱼鳞苫盖法

D. 活动棚架苫盖法

E. 码架垫木法

三、简答题

1. 搬运的基本原则体现在哪些方面？

2. 简述仓库盘点的目的和方法。

四、计算题

某企业在京开高速边有一间 $200m^2$ 的平房仓库，租给张某一间 $50m^2$ 的仓库，张某用来存放将某品牌的显示器，产品包装箱显示：限高 5 层，箱容积长 × 宽 × 高尺寸为 800 × 800 × 1000，单位 mm，每箱重 65kg。已知该仓库的单位面积技术定额是 $2t/m^2$，请问：

（1）该仓库的仓容定额是多少？

（2）该产品的堆存定额是多少？

（3）该仓库的仓容是多少？

五、实践题

阅读下列案例，结合相关专业知识，回答下列任务。

A 物流与储运公司提供仓储及其货架的服务。到目前为止，主要储存的是榛子，这是一个调味品的批发商所进口的物品。这位批发商还从其他国家进口蔬菜等。

A 公司在库房方面的主要情况：

（1）仓库面积：$3700m^2$，其中 $1500m^2$ 是 5500 个标准货架的安放位置。这些货架高约 10m。$2500m^2$ 中的 $1000m^2$ 的货场（无控制系统）被分为 3 个仓储空间，用于储存其他货物，如纺织品和家庭用品。$1200m^2$ 用于货物的处理和出货。

现有的货架约 70% 欧洲标准，80% 的货场是被充分利用的。

（2）人员：全部是正式的专业人员。

（3）配备：货架控制系统、远程管理系统、叉车、升降车等。

用于包装织物的设备。

现有的安全标准，如设备、火灾、防盗等。

便利的交通，直接连接高速路，距火车站仅 3km。

一个新的货主 B 公司将有一批戴编织物的干草油存入仓库。其用户是国内外的糖果制造商、药品制造商和香烟制造商。糖果制造商用其制造甜品，药品制造者用其制造相关药剂，香烟制造商用其调节香烟的味道。

B 公司与 A 公司签署入库、储存和出库的仓储合同，共 3 年。每年平均的货物约 1600t。其中 1200t 的干草油块和 400t 粉。每年要多次出入库，也就是说经常会有接货的业务。合同期自 2007 年 10 月 1 日开始。

为了使业务更加合理优化，A 公司开始调查每月的存储量以及建立相关数据库。这样可以确定仓储的最大容量。

货物的供应商一般使用集装箱。集装箱需要提前 14d 预定。第一次的存货是在 2007 年 10 月 20 日。在 4 个月内要进行入库，储存 4 周。

10 月将有 22 个 20ft（1ft = 0.3048m）的集装箱入库共 396000kg。集装箱内的干草油块用纸箱包装，共 720 个纸箱，每个纸箱毛重 25kg，共 18000kg。纸箱是按标准包装。每个货架共 30 个纸箱，共能承受 750kg 毛重。

10 月还有 40ft 的集装箱的干草油粉毛重共 144000kg 入库。干草油粉用袋装，每个集装箱 720 袋，每个集装箱毛重共 18000kg，每个毛重约 25kg，按标准包装。在货架上用弹力物捆绑。

每三个月进行货物的清理。

问题：

1. 描述入库的工作过程。

2. 调查现有的可使用的空闲货架。

3. 了解：20ft 集装箱的干草油块和 40ft 集装箱的干草油粉，需要多少标准的货架。

4. 根据出入库的情况，计算对货架的需求。

5. 尽可能用少量的货架，是否还需要增加其他的货架？

6. 说明：根据货物，特别是纸袋的要求，来使用弹力膜。

7. 说明：在入库过程中，需要使用哪些升降设备、铲车和装载设备。

8. 由于干草油块是不耐高温的，干草油粉吸水性很强，不能受潮，并且是存放在纸袋中的。列举一些 A 公司在仓储方面能够提供的措施和能力，以使货物不受损害。

9. 说明：A 公司为 B 公司提供仓储的位置，需要特别注意的地方。

10. 制作出库单，说明其主要内容和条款。

11. 在仓储期间，有 250kg 的干草油粉从货架上掉落到地上。这些干草油粉不能再使用了。了解经济法和所有的中国储运法规对此的相关规定。

12. 向 B 公司解释坏损情况的相关法律。

13. 其他的存储问题：在一年的时间内，有 2 万个油容器在仓库中储存，这些容器是金属板制成并配以木包装。问题：

（1）调查了解相关材料的危险品等级、危险品标志。

（2）确定所需要的货位、检查是否符合要求。

本章案例

仓储主管的拣货难题

某网络超市只有 3 个月的机会扭亏为盈，否则就要被出售，经过初步的分析，罪魁祸首正是存货。最终以 ABC 存货管理法为解决方案，解决了存货有的过高、有的不足的问题。现在仓库里所有的商品根据不同的销售特性分了类，每类设定了安全库存线，一旦出现缺货就马上通知供应商补货，而长期存放的冷门商品数量也得到了有效控制，并通知销售部经常进行促销处理，仓库的管理有序多了。

在目前的组织架构下，仓库的管理人员又根据功能的不同分成这样几个小组：收货组、存货管理组、发货组。收货组主要负责接收并且检验从不同供应商那里发来的货品是否数量正确，质量合格；存货管理组的主要职责是负责所有在库商品的保质期监督，以及及时把仓库各种货物的消耗情况汇报给仓储主管，以便通知公司的采购部门及时补充必要的存货；而发货组的任务是处理客户的订单，并且组织人力到仓库进行相应的拣货及配货工作，然后送交运输部门进行运送。

为了弄清楚事情的究竟，负责人开会讨论问题的原因以及解决方案。收货组长表示收货方面一切正常，所有订购的货品都按时送到公司的仓库并且收缴入库；存货管理组长则表示在库商品情况良好，过期损坏指数均在控制水平线内，并且库存商品足够应付每天的订单数量，没有缺货现象；发货组长认为发货情况总体正常，只是由于每张订单所订购商品的品种和数量不同，所以有些时候订单处理很快，有些时候则会有一些延迟，工人比较吃紧。仓储主管在仓库的拣货区进一步了解情况。

在拣货区，食品区、饮料区、日用品区、电器区和礼品区的货物都有条不紊的堆放着，每个区有固定的员工负责该区商品的分拣。这种方法就是分区拣货法。此法比起以前的单人拣货法，效率有不少的改进。单人拣货法，就是一张订单上所有商品的分拣都由一名拣货员完成，不管商品的种类数量多少，这个拣货员会依次经过整个拣货区的各个区域进行拣货。仓储主管接手以前，这里用的就是单人拣货法。而分区拣货法，就是把整个拣货区分成几个区，每张订单都从食品区开始，而食品区的拣货员只负责分拣订单上所有的食品项目。当他完成所有食品的分拣后，就把订单交到食品区和饮料区之间的交接点，而饮料区的拣货员则会从交接点这里取得订单，继续进行订单上饮料的拣货。以此类推，订单依次经过日用品区、电器区和礼品区，最后到达装货区的时候，所有的商品的分拣也就完成了。相比较而言，由于分区拣货法中拣货员所负责的范围较小，更容易熟悉自己分区内商品的分布，因此效率会比单人拣货法高。

另外，按照订单的次序进行拣货，送货队通常会根据不同的客户地址有一个先后排序，为了避免重复搬运和移动，送货队对货物在车内存放的位置很有讲究。后送达的货物，因为要后取出，所以会先装车，尽量安排在车的靠里面的位置；而反之，先送达的客户的货物要尽量靠近车门，方便提取，所以要后装车。因此，当送货队有了客户排程之后，拣货部会按照送货的逆序来排列订单，再发放给拣货工人依次分拣。这样就能保证分拣完的货物按照需要的顺序送到装车处，不用再花时间、人力进行调整排序，这也是分区拣货法的优点之一。

在食品区由于假期促销，订单里的食品需求量很大，因人手不够造成很多订单积压。在饮料区，由于饮料组的负责饮料的拣货，如果订单上饮料的需求不多，他们就会暂时比较空闲。

由于每张订单包括的类目不确定，也无法预测下一张订单究竟是哪个组的商品比较多，所以人手很难调配。在其他分区也存在同样的情况。由于每张订单上所包括各类商品的比例不一样，造成不同分区的工作量分配变化很大。很难根据时刻变化的工作量在各个分区之间进行调度。特别是在搞促销期间，订单比平时多了一倍有余，安排拣货人员天天加班已不是个办法，工人们已经开始抱怨了。

但是目前此次促销活动对公司很重要，如果因为不能及时出货而导致公司原本不错的声誉受损，那么在限期内扭亏为盈的目标就不可能实现了。

仓储主管曾想开发一套仓库管理系统，也许用计算机软件控制可能可以提高效率，解决仓库现在的情况，但目前肯定是用不上。加上公司的预算十分紧张，如果财务部发现仓库时不时会有闲置的工人，怎么也不会同意再增加人手的。继续加班加点，顶过这段促销高峰时期，工人们会愿意吗？而且即使愿意也会给公司增加一大笔加班费用，到时候又怎么向财务交代呢？面对这些问题，假如你是仓储主管，你会怎么做呢？

第五章 库存需求预测

知识目标

1. 熟悉常用的定性预测方法类型与内容。
2. 掌握定量预测方法的内容与计算方法。

能力目标

1. 会德尔菲预测方法并进行数据处理。
2. 会进行指数平滑法预测并利用 Excel 进行计算。
3. 会线性回归预测并利用 Excel 进行计算。

第一节 预测概述

一、库存预测的含义和作用

预测就是人们根据过去和现在的已知因素，运用实践经验和科学方法，对未来某一不确定的或未知的事件进行推测与估计。即根据已知推测未知，根据过去和现在推测未来。

库存预测就是企业根据历史统计资料和市场调查获得的市场信息，对库存供求关系等因素进行细致的分析研究，运用科学的方法和技术，对企业库存活动及其影响因素的未来发展状况和变化趋势进行预计和推测，为制订库存计划、采购计划等提供重要依据，实现企业的事前控制管理功能。

库存预测的重要作用主要表现在以下两个方面：

（1）库存预测可以实现企业库存的有效管理。通过库存预测得出的数据，可以成为制订企业库存计划和采购计划的重要依据，从而防止企业超储和缺货现象的发生，以最低的成本，达到库存保证程度最高的目标，实现企业库存的有效管理。

（2）库存预测是提高企业竞争能力的重要手段。通过以满足客户服务需求为前提的库存预测，可以对企业的库存水平进行有效控制管理，尽可能降低了库存水平，提高了物流系统的效率，强化了企业的竞争力。

二、库存预测程序

为保证库存预测工作顺利进行，必须有组织、有计划地安排其工作进程，取得应有的成效。无论哪一种类型的预测，采取什么样的预测方法，其程序基本是相同的。预测的程序主要包括如图 5-1 所示的步骤。

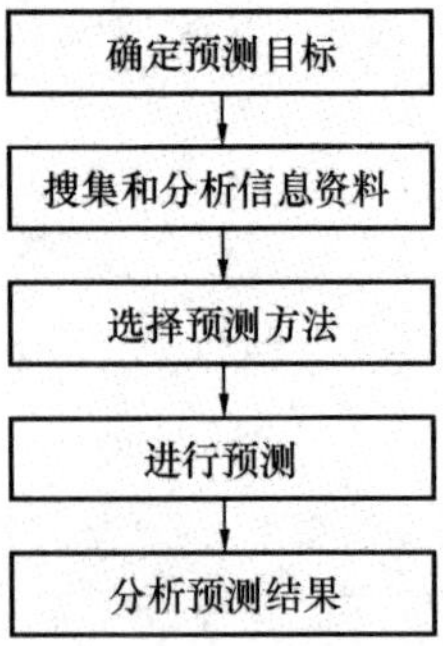

图 5-1　库存预测程序

1. 确定预测目标

确定预测目标就是从决策与管理的需要出发，紧密联系实际需要与可能，确定预测要解决的问题。即规定预测的具体对象、范围和期限等，如预测某地区未来 5 年内的货运总量，就是一个具体的预测目标。确定了这个目标之后，才能为搜集市场资料，选择预测方法、配备技术力量和预算所需费用指明方向。

2. 搜集和分析信息资料

资料是预测的依据，一般来说，收集的市场信息资料越充实，对预测越有帮助。要依据库存的规律性、相关性和空间与时间等特征搜集资料。对于数据资料收集，一般越多越好，如果预测值不要求很精确，则收集“7 点”即可；若预测值要求较精确，则至少收集“12 点”；若研究库存的季节性需求，则至少收集 3 年的数据，且应当注意数据的时间跨度。

对收集的预测分析用的资料，首先要认真审核，辨别真伪。对不完整的资料，尤其是历史统计资料，要做必要的推算、插补或删除，以确保资料的完整性和可靠性。

在完成资料审核之后，就应该对数据资料进行科学分析、分组，编制统计表和制作统计图，用图直观反映企业库存的发展变化规律，为选择预测方法服务。

3. 选择预测方法

预测方法有很多种，有定性预测，有定量预测；有的适用于短期预测，也有的适用于中长期预测；有的需要大量数据为依据，有的依赖个人的经验和判断等。预测方法选择是否适当，对于预测的准确性有很大的影响。因此，应根据预测项目的不同，选择不同的、适用的预测方法。

4. 进行预测

在选择预测方法以后，即可进行预测。若采用定性预测，就要把相关的资料和问题交给预测人员进行分析和预测；若采用定量预测，就要把收集到的数据输入模型，进行运算并求出结果。由于存在随机性，还要对预测结果设置一定的置信区间。

5. 分析预测结果

对于得出的初步预测结果要进行分析和评价。评价中经常采用的方法是将定量预测与定性预测的一般性结论进行对照，检查其合理性和可信度，估计预测值的误差。如果误差较大，还要考虑采用别的预测方法或数学模型。

三、库存预测的分类

按预测时间的长短分类，可以分为长期预测、中期预测和短期预测。

长期预测是指对两年或两年以上的库存供求情况的预测。它是物流企业制定长期发展规划、投资计划的依据。长期预测一般是利用市场调研、技术预测、经济预测等方法，加上综合判断来完成，其结果大多是定性的描述。

中期预测是指对一个季度或两年以下的库存供求情况的预测。它是制订年度计划、季度计划、销售量预测等的依据。中期预测可以通过集体讨论、时间序列法、回归分析法等方法结合判断做出。

短期预测是指以日、周、旬、月为单位，对一个季度以下的库存供求情况的预测。它是日常具体经营活动的依据。短期预测可以利用趋势外推、指数平滑等方法与主观判断的有机结合进行。

按主客观因素所起的作用分类，可以分为定性预测和定量预测。

定性预测法是那些利用判断、直觉、调查或比较分析对未来做出定性估计的方法。影响预测的相关信息通常是非量化的、模糊的、主观的。历史数据或者没有或者与当前的预测相关程度很低。这些方法的不科学性使得它们很难标准化，准确性有待证实。但是，当试图预测新产品成功与否，政府政策是否变化或新技术是否受到影响时，定性法可能是唯一的方法。中期到长期的预测更多选用此方法。

定量预测法是利用历史数据，根据数学模型，对未来的数量进行预测的方法。如果拥有相当数量的历史数据，时间序列的趋势和季节变化稳定、明确，那么将这些数据映射到未来将是有效的短期预测方法。

几种常见的定性和定量预测法如表 5-1 所示。

表 5-1 几种典型预测方法的对比评价和选择

预测方法		预测精度			所需信息	预测成本	所需时间	用 途
		短期	中期	长期				
定性预测法	德尔菲预测法	中～优	优	优	一组来自专家的信息	较高	较长	资料缺乏，数据变动大的宏观、长期预测
	消费者调查法	优	中	差	一组来自消费者的信息	较高	较长	资料缺乏，适合短期预测
	销售人员意见集中法	优	中	差	一组来自销售人员的信息	低	短	资料缺乏，适合短期预测
	部门主管讨论法	优	中	差	一组来自部门主管的信息	低	短	资料缺乏，适合短期预测
定量预测法	移动平均法	良	差	很差	“7 点”以上历史数据	低	很短	数据波动不大的近期或短期预测
	指数平滑法	优	良	很差	“7 点”以上历史数据	低	短	一般是数据水平模式的短期预测
	回归预测法	优	优	中等	需要多年的历史数据	低	由模型的复杂程度决定	广泛用于宏观或微观的中、长期预测

（一）定性预测法

1. 德尔菲预测法

德尔菲预测法是在 20 世纪 40 年代由美国兰德（RAND）公司首创和使用的，是一种专家调查法。它以预先选定的专家作为征询意见的对象，预测小组以匿名的方式给各位专家发放调查问卷，咨询征求专家的意见，然后将收集到的专家意见汇总整理，在参考反馈意见的基础上，预测小组重新设计出新的调查问卷，再对每个专家进行调查，专家可以根据多次反馈的信息做出判断，如此多次反复，专家的意见逐步趋于一致，即得出预测结果。

德尔菲预测法的特点主要有：

①匿名性。由于专家是背对背提出各自的意见，因而可以避免专家之间的相互影响。

②反馈性。预测结果一般是在多次调查、不断反馈、反复综合整理、归纳和修正基础上形成，给专家提供了充分反馈意见的机会。

③统计性。对专家意见和预测结果做出定量化的统计归纳。它对各种不同类型的预测问题，采用相应的不同统计处理方法。专家的意见经过几轮反馈后，有可能趋向集中，统计结果趋于收敛。

德尔菲法通常于采集数据成本太高或不便于进行技术分析时采用，适用于长期趋势和对新产品的预测。主要优点是预测速度较快，预测成本较低；不存在群体压力或出现某些主导性个体对预测结果产生影响；同时在预测过程中，不断反复调查，使专家意见逐渐趋于一致。其缺点是专家的选择没有明确的标准，预测责任分散。库存需求为短期需求时，较少采用该种方法，除非采集数据成本太高或缺乏数据。

德尔菲预测法是将征询表及背景材料提交给每位专家，请专家以书面形式回答。专家寄回第一轮预测表格后，预测组织者以匿名的方式将各种不同意见进行综合、分类和整理，然后再分发给各位专家，再次征询意见。各位专家在第二轮征询中可以坚持自己第一次征询的意见，也可以参考其他专家的不同意见，修改、补充自己的意见，再将意见寄回给预测组织者。如此几经反馈，一般在3～5轮后，各位专家的意见渐趋一致。下面分析一个案例。

【例5-1】 北京某物流公司成立于2003年，建有21340m^{2}的货架式仓储配送中心和14000m^{2}的生鲜加工配送中心，常温商品日配送能力达3.9万箱。公司以“配送健康新生活”为经营理念，以完善投资方商业物流配送体系为目标，着力发展商品仓储配送业务，为客户提供全方位、高效率、一体化的第三方物流服务。

为了扩大公司的仓储配送业务量，假设未来一年公司将推出24h不间断配送服务，并聘请6位专家预测新服务提出后公司常温商品日配送业务量，为公司做出扩大仓储面积、增加工作人员、配备运输车辆等一系列管理决策提供依据。请采用德尔菲预测法对公司未来一年的常温商品日配送业务量进行预测。

解： 专家意见征询经过3轮后，得到如表5-2所示的专家预测信息。

表5-2 专家预测信息 万箱

专家	第一轮			第二轮			第三轮		
	最低值	中间值	最高值	最低值	中间值	最高值	最低值	中间值	最高值
1	5	6	10	7	8	10	7	8	9
2	4	7	12	6	9	12	8	10	12
3	6	10	15	6	10	15	7	12	13
4	5	6	8	5	6	8	6	7	8
5	8	13	17	8	12	16	9	10	12
6	4	8	13	5	8	12	6	8	9
平均数	5.3	8.3	12.5	6.2	8.8	12.2	7.2	9.2	10.5
全距	4	7	9	3	6	8	3	5	5

从预测过程可以看出，第一、第二、第三轮的预测值的全距（极差）越来越小，说明

专家意见逐渐趋近一致。

对预测结果的统计处理有以下几种方法：

(1) 简单平均法

将6位专家第三轮意见平均数作为预测值，则

$$日配送业务量\ \hat{X}_{n+1}=\frac{1}{n}\sum_{i=1}^{n}X_i=\frac{7.2+9.2+10.5}{3}=8.9(万箱)$$

式中，$\hat{X}_{n+1}$ 为预测值；X_i 为专家平均值；n 为平均值个数。

(2) 加权平均法

假如最低、中间、最高三种日配送量的概率分别为0.2、0.6、0.2，则

$$日配送业务量\ \hat{X}_{n+1}=\frac{\sum_{i=1}^{n}X_if_i}{\sum_{i=1}^{n}f_i}=\frac{7.2\times0.2+9.2\times0.6+10.5\times0.2}{0.2+0.6+0.2}=9.06(万箱)$$

式中，$\hat{X}_{n+1}$ 为预测值；f_i 为专家平均值的权重；X_i 为专家平均值。

(3) 中位数法

先将第三轮意见按数值高低排列如下。

最低值：6、6、7、7、8、9。

中间值：7、8、8、10、10、12。

最高值：8、9、9、12、12、13。

数列为偶数项，中位数为位于 $\frac{n}{2}$ 和 $\frac{n+1}{2}$ 项数的平均数。

可以计算出，最低值的中位数为7，中间值的中位数为9，最高值的中位数为10.5。

将最低、中间、最高三个中位数值按0.2、0.6、0.2的权数加权平均，则

$$日配送业务量\ X_i=\frac{\sum_{i=1}^{n}X_if_i}{\sum_{i=1}^{n}f_i}=\frac{7\times0.2+9\times0.6+10.5\times0.2}{0.2+0.6+0.2}=8.9(万箱)$$

2. 消费者调查法

消费者调查法是通过信函、电话或访问的方式对现实的或潜在的顾客消费意图进行调查，得到需求的预测结果。这种方法的优点主要有：预测直接来源于顾客消费意图，较好地反映了市场需求情况；可以获得丰富的信息，如顾客对服务有缺点的看法，这有利企业改善服务，有利于开发新产品或新服务和有针对性地开展促销活动。

这种方法的缺点主要有：在调查中顾客有时不配合调查，影响调查结果的准确性；顾客购买意图容易随着一些新的情况出现而发生变化；调查需耗费较多的人力和时间。

消费者调查法是企业经常使用的一种辅助库存预测方法，此种方法的目的不是为了得到具体的需求预测数据，而是从宏观上探查市场对产品或服务的喜好情况，也就是得到一个关于产品销售预期的期望。对新产品或新服务的需求预测通常都会采用此种方法。

3. 销售人员意见集中法

销售人员集中法是根据每个销售人员对需求预测的情况进行综合得出预测结果。预测

时，先让每个销售人员对自己负责的销售区域的产品销售额和总的市场需求做出估计，然后把各销售区域人员的估计销售额汇总，就可得出企业产品的销售额和市场需求的预测结果。

这种方法的主要优点是企业的市场销售人员直接接触经销商和客户，一般知道消费者的购买计划，在进行产品销售预测时，用此方法往往得出比较符合实际的预测结果。

这种方法的主要缺点是容易受个人偏见的影响。例如，有些销售人员对市场形势比较乐观，他们估计的预测值可能偏高；反之，就可能偏低。另外销售人员为了制订低的、易于实现的销售计划，可能瞒报需求。因此要对结果进行校正，校正方法可以通过计算推定平均值得到较可信的结果。

4. 部门主管讨论法

部门主管讨论法是一些高层管理人员，如营销、生产运作、财务等部门主管人员，聚集在一起进行集体研讨，对产品需求做出分析与预测。这种方法的优点如下：预测简单、经济易行；不要准备和统计历史资料；汇集了各主管的丰富经验与聪明才智；如果市场情况发生变化，可以立即进行修正。此方法不足之处：个别人的观点可能左右其他人的意见；预测的责任分散，易导致管理者发表的意见过于草率。

这种方法应用的前提是参与预测的部门主管具有较高的知识水平、较丰富的经验以及对市场的洞察能力和分析能力。这种方法常用于制定长期规划以及开发新产品预测。

（二）定量预测法

其是基于对历史数据以及其他相关的数据的分析而对将来做出的预测的方法，其可以分为因果关系预测和时间序列预测。因果关系预测方法是回归分析法，时间序列预测方法是平滑法（包括移动平滑法和指数平滑法）、趋势预测和调整季节影响的趋势预测。

1. 时间序列预测法

时间序列是指在一些连续的时间点或时间区间上测量到的一系列的数据。时间序列预测法就是利用这些数据来预测未来的数据值的方法。

（1）时间序列的成分

四个因素：趋势（即需求呈线性趋势）、周期、季节性和不规则性，如图 5-2 所示。

（2）时间序列预测法预测的步骤

1）绘制历史数据曲线图，确定其趋势变动模型。

2）根据历史资料的趋势变动类型以及预测的目的与期限，选定具体的预测方法，并进行模拟、计算。

3）将量的分析与质的分析相结合，确定市场未来发展趋势的预测值。

2. 回归分析预测法

回归分析预测法也称为相关分析法，它是借助数理统计中回归分析的理论和方法，确定预测目标（因变量）与影响因素（自变量）之间的依存关系，进行预测的定量分析方法。回归分析预测法相对于传统的时间序列分析法有更多的优势：一方面，它可以对回归模型的参数进行估计和检验，对总体的拟合程度进行检验；另一方面，利用确定的回归模型和自变量的未来值，估计预测对象的未来值，并分析预测结果的误差范围及精度。回归分析按自变量数量的不同，可以分为一元回归分析和多元回归分析，一元回归分析指只有一个自变量的回归分析。

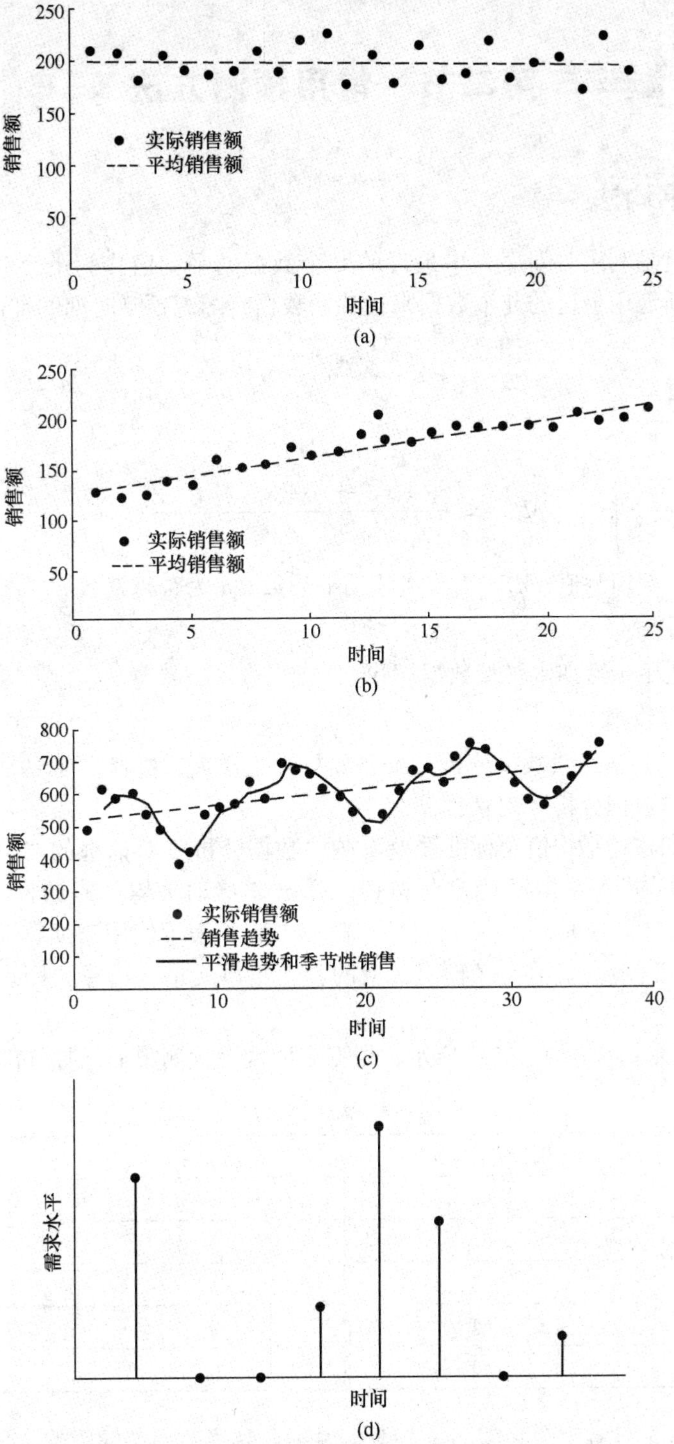

图 5-2 规律及不规律需求

（a）随机性或水平发展的需求，无趋势或季节性因素；（b）随机性需求，呈上升趋势，但无季节性因素；（c）随机性需求，有趋势和季节性因素；（d）不规则性需求

第二节　常用预测方法

一、移动平均法

移动平均法就是利用时间序列中最近的 n 个数据的平均值作为下个时期的数据的预测值。移动就是不断地用最近的几个数据来代替老数据，随着预测时期的推进，预测值也不断变化。

1. 预测模型

$$\hat{X}_{t+1} = M_t^{(1)}$$

$$M_t^{(1)} = \frac{x_1 + x_2 + \cdots + x_{t-1} + t_{t-(n-1)}}{n}$$

式中，$\hat{X}_{t+1}$ 为 $t+1$ 期预测值；$M_t^{(1)}$ 为一次移动平均数；n 为跨越期数。

2. 适用范围

移动平均法适用于短期水平型数据模式。

3. Excel 应用步骤

（1）录入数据。做好“数据分析”准备。打开工作表，选择“工具”菜单的“数据分析”选项，弹出“数据分析”对话框。

（2）计算三期移动平均值及标准误差。在“数据分析”对话框的“分析工具”列表框中，选择“移动平均”，单击“确定”按钮，弹出“移动平均”对话框。在“输入区域”中输入分析数据所在的单元格，在“间隔”输入“3”，表示使用三期移动平均法。在“输出区域”输入相应区域，表示定义输出区域的左上角单元格。选择“图表输出”复选框和“标准误差”复选框。

【例 5-2】 大米销售量如表 5-3 所示，根据表中数据预测第 11 周销售量。

表 5-3　大米销售量

周　期	大米销售量（t）	周　期	大米销售量（t）
1	62	6	48
2	51	7	67
3	72	8	54
4	64	9	63
5	50	10	73

解：首先大米是日常生活必需品，一般来说不会受季节周期的影响，记录数据的时间单位是周，间隔时间短，很少受到趋势的长时期因素的影响，所以可用平滑法进行预测。

取 $n=3$（或其他值，一般 n 越大越平滑），预测 11 周销售量 =63. 33t。

其预测偏差可以利用时间序列的数据来估计。方法是依次求出每次（$n=3$）的预测值和预测偏差及预测偏差的平方值，求预测偏差的平方值的平均值就是其预测偏差，如

表 5-4 所示。

表 5-4　大米预测结果

周数	时间序列值（t）	$n=3$ 时的预测值（t）	预测偏差（t）	预测偏差平方值（t）
1	62			
2	51			
3	72			
4	64	61.67	2.33	5.43
5	50	62.33	-12.33	152.03
6	48	62	-14	196
7	67	54	13	169
8	54	55	-1	1
9	63	56.33	6.67	44.49
10	73	61.33	11.67	136.19
			合计：6.34	合计：704.14

预测偏差平均值之和的平均数 $=704.14/7=100.59$（t），所以第 11 周的预测值 63.33t 的预测偏差为 $\pm\sqrt{100.59}=\pm 10.03$。

n 如何取值：一般 n 应该使预测偏差最小，即精度最高。但是 n 越大，丢失的信息就越多，n 越大，曲线越平滑，很可能掩盖时间序列的某些变动特征，如果仅仅为了消除不规则性，一般取 n 为 3、4、5 合适。

【例 5-3】 北京烟草物流中心坐落于通州区梨园镇，负责全市卷烟仓储配送工作。中心占地面积 $50000m^2$，总建筑面积 $31000m^2$。库房采用现代化高架立体库存储和激光定位堆垛机出库，满足年销量 70 万箱和平均储量 4 万箱的营销需求。假设公司 2009 年仓储量如表 5-5 所示，请预测 2010 年 1 月公司的仓储量。

表 5-5　2009 年北京烟草物流中心仓储量统计表　　万箱

月份	1	2	3	4	5	6	7	8	9	10	11	12	预测
仓储量	3.8	3.5	3.9	4.0	4.2	4.5	3.7	4.0	3.9	3.8	4.1	4.2	—

解： 当移动期数 $n=3$，分别计算

$$M_3^{(1)}=\frac{x_1+x_2+x_3}{3}=\frac{3.8+3.5+3.9}{3}=3.73(\text{万箱})$$

$$M_4^{(1)}=\frac{x_2+x_3+x_4}{3}=\frac{3.5+3.9+4.0}{3}=3.80(\text{万箱})$$

……

$$M_{12}^{(1)}=\frac{x_{10}+x_{11}+x_{12}}{3}=\frac{3.8+4.1+4.2}{3}=4.03(\text{万箱})$$

当移动期数 $n=5$，分别计算

$$M_5^{(1)}=\frac{x_1+x_2+x_3+x_4+x_5}{5}=\frac{3.8+3.5+3.9+4.0+4.2}{5}=3.88(\text{万箱})$$

$$M_6^{(1)}=\frac{x_2+x_3+x_4+x_5+x_6}{5}=\frac{3.5+3.9+4.0+4.2+4.5}{5}=4.02(\text{万箱})$$

……

$$M_{12}^{(1)}=\frac{x_8+x_9+x_{10}+x_{11}+x_{12}}{5}=\frac{4.0+3.9+3.8+4.1+4.2}{5}=4.00(\text{万箱})$$

Excel 应用步骤：

① 录入数据，做好“数据分析”准备。选择“工具”菜单的“数据分析”选项，弹出“数据分析”对话框，如图 5-3 所示。

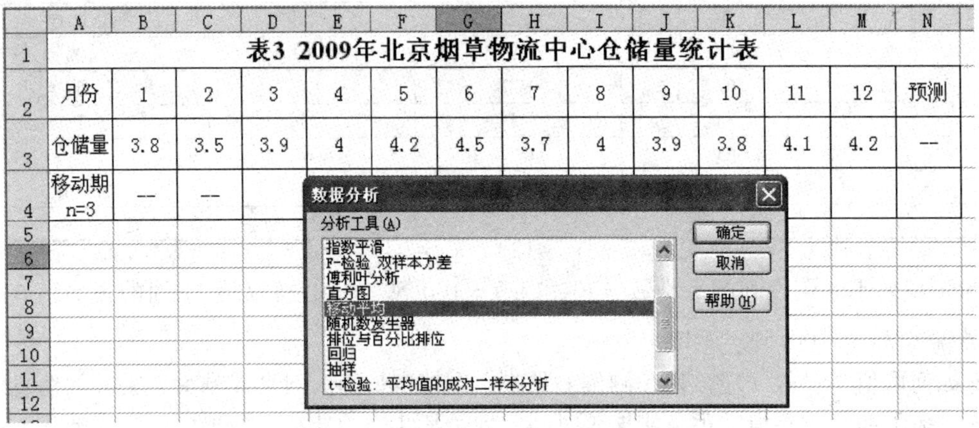

图 5-3 “数据分析”对话框

② 计算三期移动平均值及标准误差。在“数据分析”对话框的“分析工具”列表框中，选择“移动平均”，单击“确定”按钮，弹出“移动平均”对话框。在“输入区域”中输入分析数据所在的单元格“＄B＄3：＄M＄3”，在“间隔”输入“3”，表示使用三期移动平均法。在“输出区域”输入“＄B＄4”，表示将输出区域的左上角单元格定义为 B4。选择“图表输出”复选框和“标准误差”复选框，如图 5-4 所示。

③ 显示计算结果，单击“确定”按钮，如图 5-5 所示。

在如图 5-5 所示的预测结果中，单元格 D4 ~ M4 的数值分别表示 $M_3^{(1)}$ ~ $M_{12}^{(1)}$ 期的一次平

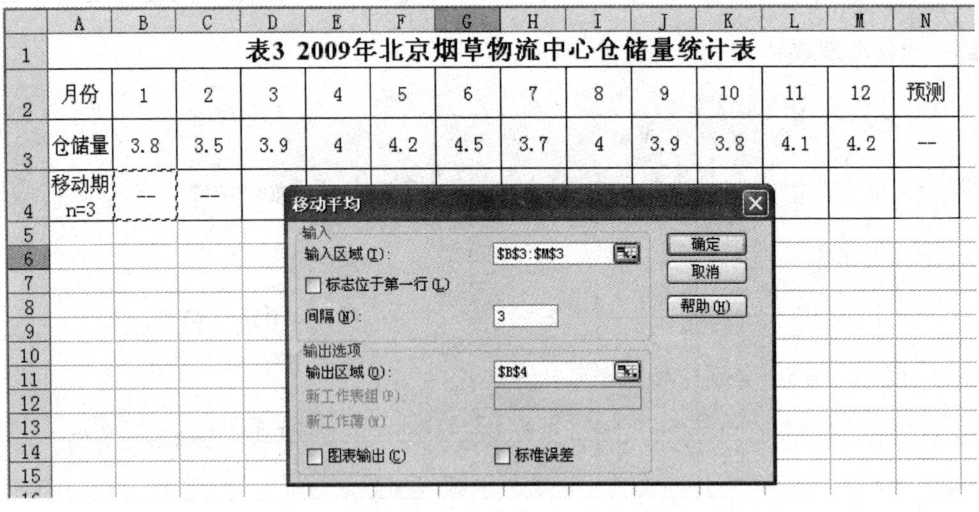

图 5-4 “移动平均”对话框

	A	B	C	D	E	F	G	H	I	J	K	L	M	N
1	表3 2009年北京烟草物流中心仓储量统计表													
2	月份	1	2	3	4	5	6	7	8	9	10	11	12	预测
3	仓储量	3.8	3.5	3.9	4	4.2	4.5	3.7	4	3.9	3.8	4.1	4.2	—
4	移动期 n=3			3.73	3.80	4.03	4.23	4.13	4.07	3.87	3.90	3.93	4.03	
5						0.18	0.22	0.31	0.30	0.25	0.07	0.11	0.15	

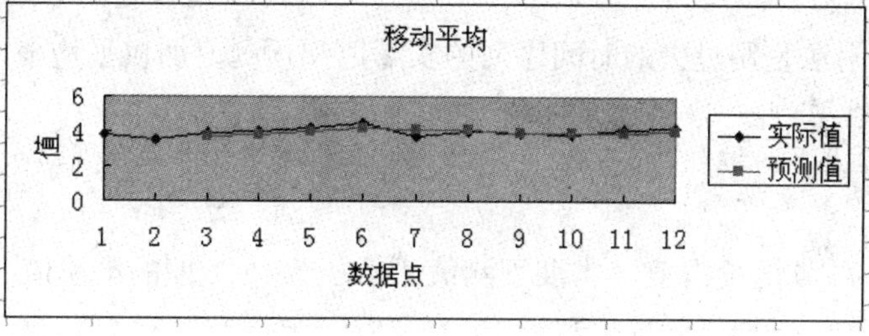

图 5-5 三期移动平均预测结果

均移动值，对应的 F4 ~ M4 分别表示它们相应的标准误差。一般来说，这个标准误差越小，预测的精度就越高。单元格 M4 中的值 4.03 万箱就是 2010 年 1 月仓储量的预测值，M5 的数值 0.15 万件就是相应的标准误差。从插图中还可以看到预测值和实际值的拟合程度。

类似采用五期移动平均法可以得到如图 5-6 所示的结果。图中 2010 年 1 月仓储量的预测值为 4.00 万件，标准误差为 0.17 万件，这个误差比三期移动的大，故采用三期移动平均法对本项目预测效果较好。

	A	B	C	D	E	F	G	H	I	J	K	L	M	N
1	表3 2009年北京烟草物流中心仓储量统计表													
2	月份	1	2	3	4	5	6	7	8	9	10	11	12	预测
3	仓储量	3.8	3.5	3.9	4	4.2	4.5	3.7	4	3.9	3.8	4.1	4.2	—
4	移动期 n=5					3.88	4.02	4.06	4.08	4.06	3.98	3.90	4.00	
5										0.31	0.29	0.22	0.17	

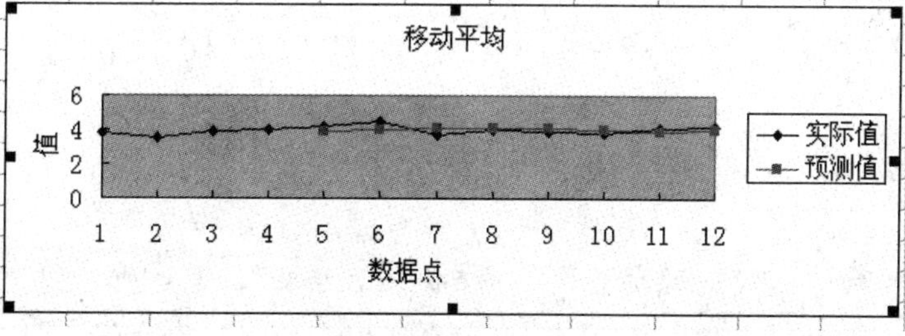

图 5-6 五期移动平均预测结果

二、加权移动平均法

加权移动平均法是以数据的不同位置赋予不同的权数，然后把加了权数的数据之和作为下一时期的预测值。移动平均是加权移动平均的特例。

一般对越近的数据赋予越大的权数，相反赋予较小的权数。合适的权数可以减小预测的误差。

【例 5-4】 如例 5-2 所示，取三个数据的权数比关系为 1∶3∶5，则三个数据的权数分别为 1/9、3/9、5/9。所以第四周大米销售量的预测值 = 1/9 × 62 + 3/9 × 51 + 5/9 × 72 = 63.89（t）

三、指数平滑法

指数平滑法是用过去的时间序列的实际值和预测值加权平均来进行预测。

1. 预测模型

$$S_t^{(1)} = \alpha X_{t-1} + (1-\alpha) S_{t-1}^{(1)}$$

式中，$S_t^{(1)}$ 为 t 期的平滑值（本期预测值）；$S_{t-1}^{(1)}$ 为 $t-1$ 期的平滑值（上期预测值）；α 为平滑系数；X_{t-1} 为 $t-1$ 期实际发生数。

应当指出，在应用指数平滑法预测时，α 的确定非常重要。一般的经验是，对于趋势型时间序列，$0.6 \leqslant \alpha \leqslant 1$；对于水平型时间序列，$0 \leqslant \alpha \leqslant 0.3$；对于水平型和趋势型混合性时间序列，$0.3 \leqslant \alpha \leqslant 0.6$；与 α 对应的 $1-\alpha$ 称为阻尼系数。

2. 适用范围

指数平滑法适用于短期水平型数据模式。

3. Excel 应用步骤

（1）录入数据。做好“数据分析”准备。打开工作表，选择“工具”菜单的“数据分析”选项，弹出“数据分析”对话框。

（2）计算平滑值。在“分析工具”列表框中，选择“指数平滑”后单击“确定”按钮，弹出“指数平滑”对话框。在“输入区域”中输入分析数据所在的单元格，在“阻尼系数”输入相应系数。在“输出区域”输入单元格，表示将输出区域的第一个单元格定义为该单元格位置。选择“图表输出”复选框和“标准误差”复选框。

（3）显示计算结果。

（4）数据分析。

【例 5-5】 定 $\alpha = 0.3$，$S_2^{(1)} = \alpha X_1 + (1-\alpha) S_1^{(1)} = 62.00$，同理 $S_3^{(1)} = \alpha X_2 + (1-\alpha) S_2^{(1)} = 58.70$。

计算出第 11 周预测值为 63.36，预测偏差的平方值为 965.75/9 = 107.30，如表 5-6 所示。

表 5-6 预测结果

周 数	时间序列值	$n=3$ 时的预测值	预测偏差	预测偏差平方值
1	62			
2	51	62	−11	121
3	72	58.7	13.3	176.89
4	64	62.69	1.31	1.72
5	50	63.08	−13.08	172.09

续表

周　数	时间序列值	$n=3$ 时的预测值	预测偏差	预测偏差平方值
6	48	59.16	-11.16	124.55
7	67	55.81	11.19	125.22
8	54	59.17	-5.17	26.73
9	63	57.62	5.38	28.94
10	73	59.23	13.77	189.61
				合计：965.75

【例 5-6】 数据如例 5-3 所示，用指数平滑法计算预测值，如表 5-7 所示。

表 5-7　2009 年北京烟草物流中心仓储量统计表（指数平滑法）　　万箱

月份	仓储量	平滑值 $S_t^{(1)}$（$\alpha=0.1$）	平滑值 $S_t^{(1)}$（$\alpha=0.3$）
1	3.8		
2	3.5	3.80	3.80
3	3.9	3.77	3.71
4	4.0	3.78	3.77
5	4.2	3.80	3.84
6	4.5	3.84	3.95
7	3.7	3.91	4.11
8	4.0	3.89	3.99
9	3.9	3.90	3.99
10	3.8	3.90	3.96
11	4.1	3.89	3.92
12	4.2	3.91	3.97
下月	预测值	3.91	3.97

解： ① 设 $\alpha=0.1$，$S_1=X_1=3.8$，根据 $S_t^{(1)}=\alpha X_{t-1}+(1-\alpha)S_{t-1}^{(1)}$

$$S_2^{(1)}=\alpha X_1+(1-\alpha)S_1^{(1)}=0.1\times3.8+0.9\times3.8=3.80(\text{万箱})$$

$$S_3^{(1)}=\alpha X_2+(1-\alpha)S_2^{(1)}=0.1\times3.5+0.9\times3.8=3.77(\text{万箱})$$

……

$$S_{12}^{(1)}=\alpha X_{11}+(1-\alpha)S_{11}^{(1)}=0.1\times4.1+0.9\times3.89=3.91(\text{万箱})$$

②设 $\alpha=0.3, S_1=X_1=3.8$，根据 $S_t^{(1)}=\alpha X_{t-1}+(1-\alpha)S_{t-1}^{(1)}$

$$S_2^{(1)}=\alpha X_1+(1-\alpha)S_1^{(1)}=0.3\times3.8+0.7\times3.8=3.80(\text{万箱})$$

$$S_3^{(1)}=\alpha X_2+(1-\alpha)S_2^{(1)}=0.3\times3.5+0.7\times3.8=3.71(\text{万箱})$$

……

$$S_{12}^{(1)}=\alpha X_{11}+(1-\alpha)S_{11}^{(1)}=0.3\times4.1+0.7\times3.92=3.97(\text{万箱})$$

Excel 应用步骤：

① 录入数据，做好“数据分析”准备。打开工作表，选择“工具”菜单的“数据分析”选项，弹出“数据分析”对话框，如图 5-7 所示。

图 5-7　“数据分析”对话框（指数平滑法）

② 计算平滑值。在“分析工具”列表框中，选择“指数平滑”后单击“确定”按钮，弹出“指数平滑”对话框。在“输入区域”中输入分析数据所在的单元格“$B$3:$B$14”，在“阻尼系数”输入“0.9”。在“输出区域”输入“$C$3”，表示将输出区域的第一个单元格定义为 C3。选择“图表输出”复选框和“标准误差”复选框，如图 5-8 所示。

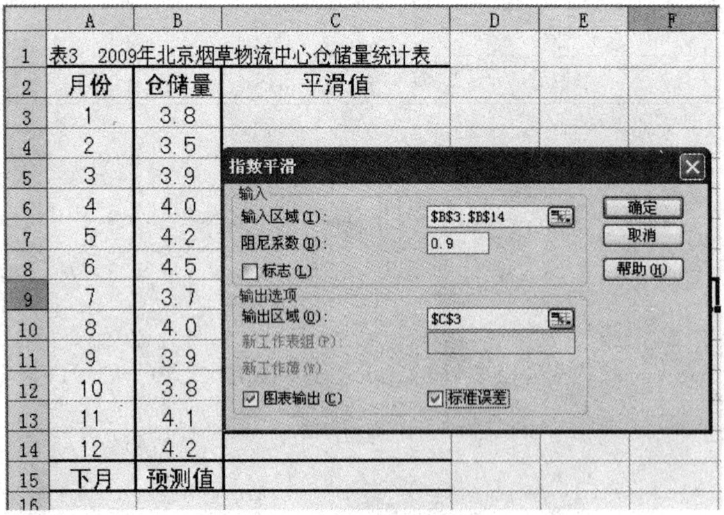

图 5-8　“指数平滑”对话框

③ 显示数据。单击“确定”按钮，得到如图 5-9 所示的预测结果。

	A	B	C	D
1	表3　2009年北京烟草物流中心仓储量统计表			
2	月份	仓储量	平滑值	
3	1	3.8		
4	2	3.5	3.80	
5	3	3.9	3.77	
6	4	4.0	3.78	
7	5	4.2	3.80	0.23
8	6	4.5	3.84	0.27
9	7	3.7	3.91	0.46
10	8	4.0	3.89	0.46
11	9	3.9	3.90	0.40
12	10	3.8	3.90	0.14
13	11	4.1	3.89	0.09
14	12	4.2	3.91	0.13
15	下月	预测值		

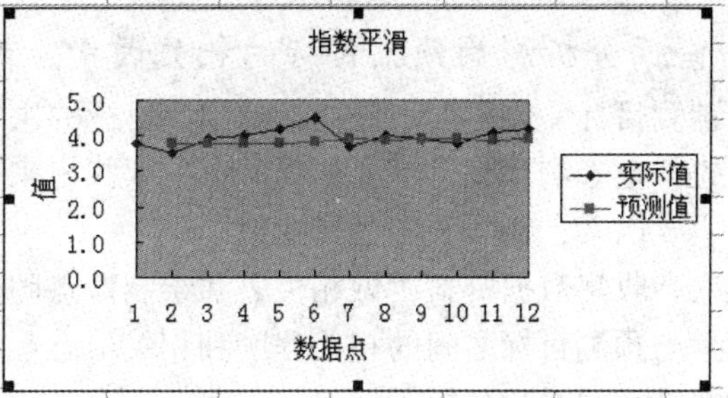

图 5-9　指数平滑法预测结果（$\alpha=0.1$）

图 5-9 中，C4～C14 表示 2～12 月的平滑值，D7～D14 表示相应的标准误差。单元格 C14 的数值 3.91 万箱作为 2010 年 1 月北京烟草物流中心的仓储量的预测值，相应单元格 D14 中的数值 0.13 万箱，表示标准误差的大小。从插图中还可以看到实际值和预测值的拟合程度。

④数据分析。类似可以计算出当 $\alpha=0.3$ 时的平滑值和标准误差，如图 5-10 所示。2010 年 1 月的北京烟草物流中心的仓储量的预测值为 3.97 万箱，标准误差为 0.15 万箱。可见平滑系数为 0.3 时的预测结果优于平滑系数为 0.1 时的预测结果。

	A	B	C	D
1	表3　2009年北京烟草物流中心仓储量统计表			
2	月份	仓储量	平滑值	
3	1	3.8		
4	2	3.5	3.80	
5	3	3.9	3.71	
6	4	4.0	3.77	
7	5	4.2	3.84	0.25
8	6	4.5	3.95	0.27
9	7	3.7	4.11	0.41
10	8	4.0	3.99	0.45
11	9	3.9	3.99	0.40
12	10	3.8	3.96	0.24
13	11	4.1	3.92	0.11
14	12	4.2	3.97	0.15
15	下月	预测值		

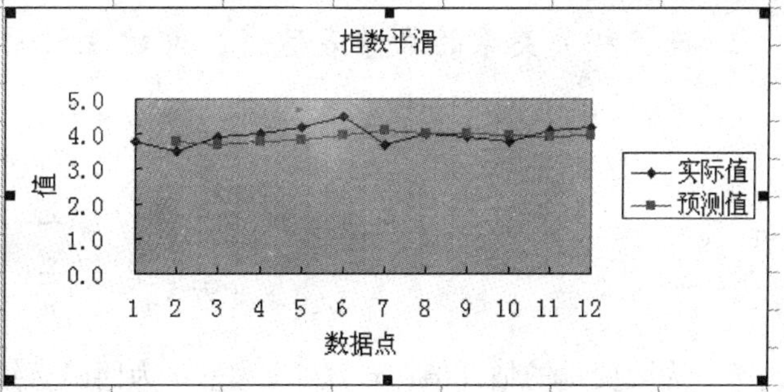

图 5-10　指数平滑法预测结果（$\alpha=0.3$）

$S_t^{(1)}=\alpha X_{t-1}+(1-\alpha)S_{t-1}^{(1)}$ 又可以改为第（$t+1$）时期的预测值等于 t 期的预测值加上一个修正量。一般来说，当时间序列数据随即变化很大时，为了提高预测精度，不希望过快、过多地修正，这时 α 的取值以取小为宜，反之当时间序列时间值变化很小时，为了提高预测精度，要求更快地修改以前的预测值，这时 α 取较大值。

四、线性回归法

（一）一元线性回归预测法

1. 全面分析影响预测目标的相关因素，确定自变量

当预测目标 y 确定后，寻找影响预测目标的主要因素 x，确定自变量就是关键。

首先，把影响预测目标变化的所有因素找出来，并通过定性分析和比较，从中找出影响较大的主要因素，初步判定为自变量。

其次，收集数据资料，做相关表和绘制散点图，通过观察散点图的散点分布，粗略判断影响因素与预测目标之间的相关程度和相关形态。如果散点的分布呈直线趋势，则可进行下一步的线性相关系数分析。

最后，测定相关系数及对相关系数进行显著性检验。

相关系数的计算公式为

$$r = \frac{\Sigma(x_i - \bar{x})(y_i - \bar{y})}{\sqrt{\Sigma(x_i - x)^2 (y_i - y)^2}}$$

或简捷公式为

$$r = \frac{n\Sigma xy - \Sigma x \Sigma y}{\sqrt{n\Sigma x^2 - (\Sigma x)^2}\sqrt{n\Sigma y^2 - (\Sigma y)^2}}$$

相关系数 r 的判断。r 的绝对值在 0 和 1 之间，r 绝对值越大，越靠近 1，说明影响因素与因变量之间的相关关系越强；反之，r 的绝对值越小，越靠近 0，说明 x 与 y 之间的相关关系越弱。当 $|r| = 1$ 时，表明现象之间完全线性相关，是一种函数关系；当 $|r| = 0$ 时，表明现象之间完全没有线性相关关系。r 为正数时，x 与 y 是正相关关系；r 为负数时，x 与 y 则是负相关关系。

2. 确定相关关系的数学表达式，即建立回归预测模型

$$\hat{y} = a + bx$$

$$b = \frac{n\Sigma xy - \Sigma x \Sigma y}{n\Sigma x^2 - (\Sigma x)^2}$$

$$a = \frac{\Sigma y}{n} - \frac{b\Sigma x}{n}$$

式中，$\hat{y}$ 为因变量的估计值；x 为自变量；a 为回归直线在 y 轴上的截距；b 为回归直线的斜率，称回归系数。

3. 预测模型验证与评估

采用统计方法，如计算测定系数和估计标准误差，测定因变量估计值和实际值之间的差异，分析回归方程与实际值的拟合程度，判断因变量估计值的可靠程度，并做出是否采纳回归预测模型的决定。

4. 利用预测模型进行预测

（1）预测模型假设。自变量 x 与因变量 y 之间的相关关系为线性相关，其他影响因素对

因变量变动的作用很小，可忽略不计。

（2）适用范围。适用于宏观或微观的中、长期预测。

（3）Excel 应用步骤。

① 录入数据。

② 做相关图。

③ 选择“工具”菜单的“数据分析”选项，在“分析工具”列表框中，选择“回归”选项，单击“确定”按钮，弹出“回归”对话框。

④“回归”对话框中，分别在“Y 值输入区域”、“X 值输入区域”、“输出区域”、“置信度”中输入相关信息，单击“确定”按钮，输入结果。

⑤ 根据输出表中的 a、b 参数值，建立回归方程，并以测定系数和估计标准误差对回归预测模型进行检验。

（二）季节分析预测

季节变动是指某些市场现象受气候条件、生产条件和生活习惯的影响，在一定时间中随季节的变化呈现出周期性的变化规律。季节变动的特点是，每年重复出现，各年同月（或季）具有相同的变化方向。因此，收集的资料一般以月（或季）为单位，以 3 年或 3 年以上的资料为好。

季节分析预测法是根据历史数据中所包含的季节变动规律，对预测目标的未来状况做出预测的方法。季节分析预测分为两种情况：一是水平型季节变动分析；二是趋势型季节变动分析。

以年为间隔单位的历史数据在总体上是呈水平发展的，不包含趋势变动因素，只包含季节变动因素和不规则因素。水平型季节分析预测法就是通过平均来消除不规则因素，然后计算出季节指数、季节变动差等指标，以反映季节变动的规律，并据此进行预测的方法。水平型季节分析预测法可以分为季节指数预测法和季节变差预测法。

1. 季节指数预测法

季节指数预测法就是计算时间序列中各季（月）的季节指数，并以此进行近期预测的一种预测方法。

（1）预测模型。如果已知预测对象的全年预测值，则该年各季（月）的预测值为

$$\text{某季(月)预测值} = \frac{\text{年度预测值}}{4\text{(或 12)}} \times \text{该季(月)季节指数}$$

其中

$$\text{季节指数} = \frac{\text{同季(月)平均数}}{\text{总平均数}} \times 100\%$$

（2）模型假设。现象不存在长期趋势或长期趋势不明显。

（3）适用范围。适用于短期水平型季节变动数据模式。

2. 季节变差预测值

季节变差预测值法是水平型季节分析预测法的另外一种形式。

（1）预测模型。如果已知预测对象的全年预测值，则该年各季（月）的预测值为

$$某季(月)预测值 = \frac{年度预测值}{4(或12)} + 该季(月)季节变差$$

其中　　某季的季节变差 = 历年同季的季节平均值 - 全时期季度平均值

（2）模型假设。现象不存在长期趋势或长期趋势不明显，是测定季节变化的一种最基本方法。

（3）适用范围。适用于短期水平型季节变动数据模式。

【例 5-7】 北京某商业集团有限公司是国内最早以连锁方式经营超市的现代商业流通企业集团公司。自 1994 年创建北京第一家规范的综合超市以来，现已发展为多种业态经营的连锁商业集团。请根据本地区人均 GDP 与配送量的数据资料，试用回归法预测 2010 年货运量，并对公司 2010 年各个季度的配送量进行估算。假设 2005 ~ 2009 年公司配送业务及某地区人均 GDP 情况如表 5-8 所示。

表 5-8　公司库配送量统计表

年度	一季度（万箱）	二季度（万箱）	三季度（万箱）	四季度（万箱）	年配送量（万箱）	地区人均 GDP（元）
2005	580	780	1100	460	2920	26000
2006	660	860	1200	540	3260	28000
2007	650	940	1350	580	3520	30000
2008	720	1020	1380	660	3780	31000
2009	780	1200	1400	800	4180	36000

（1）回归分析预测法

1）判定相关关系。根据资料中给出的数据，利用 Excel 绘制散点相关图，如图 5-11 所示，相关图显示该地区人均 GDP 与公司配送量之间的相关关系近似一条直线，属于线性正相关关系。

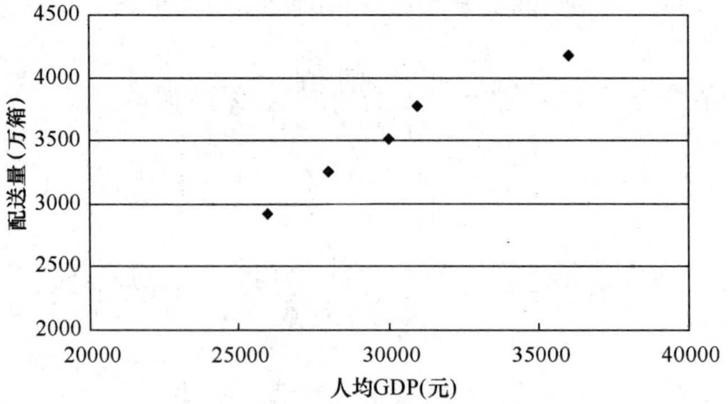

图 5-11　配送量与地区人均 GDP 相关图

2）计算相关系数 r。相关系数 r 的计算情况如表 5-9 所示。

表 5-9　相关系数计算表

年度	地区人均 GDPx（元）	年配送量 y（万箱）	x^2	y^2	xy
2005	26000	2920	676000000	8526400	75920000
2006	28000	3260	784000000	10627600	91280000
2007	30000	3520	900000000	12390400	10560000
2008	31000	3780	961000000	14288400	117180000
2009	36000	4180	1296000000	17472400	150480000
合计	151000	17660	4617000000	63305200	540460000

把表 5-9 中的数据代入简捷公式，计算相关系数

$$r = \frac{n\sum xy - \sum x \sum y}{\sqrt{n\sum x^2 - (\sum x)^2}\sqrt{n\sum y^2 - (\sum y)^2}}$$

$$= \frac{5 \times 540460000 - 151000 \times 17660}{\sqrt{5 \times 4617000000 - 151000^2} \times \sqrt{5 \times 63305200 - 17660^2}}$$

$$= 0.98$$

计算结果表明：该地区人均 GDP 与该公司配送量之间呈现出线性高度相关关系，可以考虑将该地区人均 GDP 作为一元线性回归分析的自变量。

3）计算回归参数 a、b，并建立预测模型。

$$b = \frac{n\sum xy - \sum x \sum y}{n\sum x^2 - (\sum x)^2} = \frac{5 \times 540460000 - 151000 \times 17660}{5 \times 4617000000 - 151000^2} = 0.1255$$

$$a = \frac{\sum y}{n} - \frac{b\sum x}{n} = \frac{17660}{5} - 0.1255 \times \frac{151000}{5} = -258.1$$

将 a、b 的直代入模型，得到一元线性回归预测模型。

$$\hat{y} = a + bx = -258.1 + 0.1255x$$

4）运用模型进行预测。该地区 2010 年人均 GDP 达到 40000 元，则公司配送量预测值为

$$\hat{y} = -258.1 + 0.1255 \times 40000 = 4762(\text{万箱})$$

Excel 应用步骤：

① 录入数据。

② 做相关图，如图 5-11 所示。

③ 选择“工具”菜单的“数据分析”选项，在“分析工具”列表框中，选择“回归”选项，单击“确定”按钮，弹出“回归”对话框，如图 5-12 所示。

④“回归”对话框中，在“Y 值输入区域”输入“$C$2:$C$6”，在“X 值输入

区域”输入“$B$2:$B$6”，“输出区域”选择“$D$2”，“置信度”中输入“95”，单击“确定”按钮，输入结果，如图5-13所示。

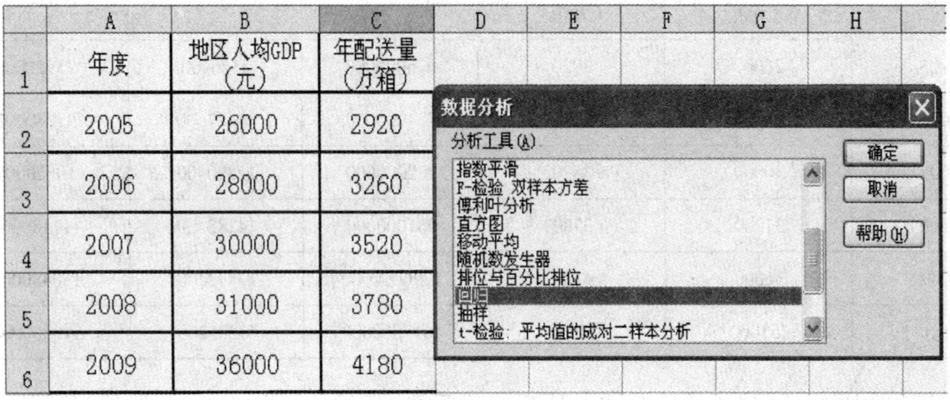

图5-12 “数据分析”对话框（回归分析预测法）

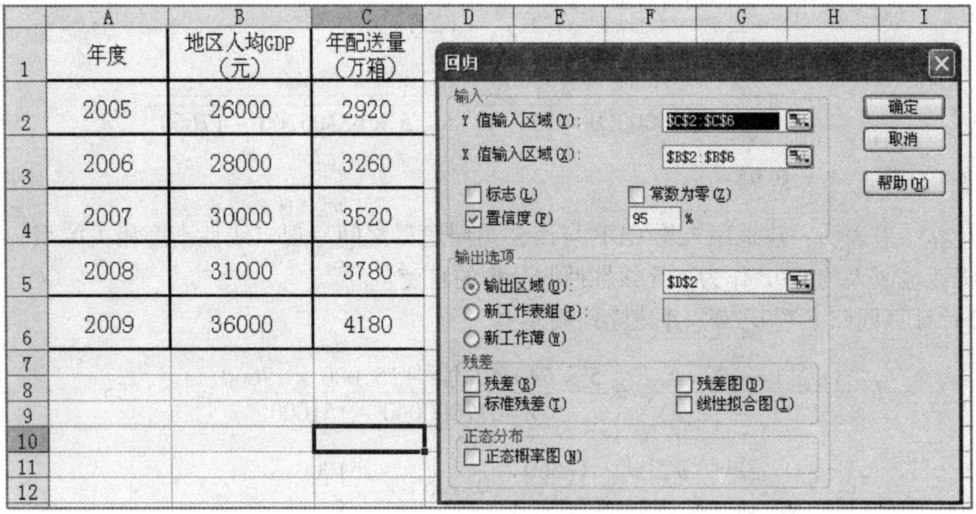

图5-13 “回归”对话框

⑤ 根据输出表中的a、b参数值，如图5-14所示，建立回归方程，并以测定系数和估计标准误差对回归预测模型进行检验。

将a、b的值代入模型，得到一元线性回归预测模型

$$\hat{y} = a + bx = -257.88 + 0.1255x$$

（2）季节指数预测法

1）根据项目情景中给出的资料，计算如表5-10所示的数据。

表5-10　2005～2009年物美的库存季节指数计算表　　t

年度	一季度	二季度	三季度	四季度	年库存量	全年平均
2005	580	780	1100	460	2920	730
2006	660	860	1200	540	3260	815

续表

年度	一季度	二季度	三季度	四季度	年库存量	全年平均
2007	650	940	1350	580	3520	880
2008	720	1020	1380	660	3780	945
2009	780	1200	1400	800	4180	1045
同季平均	678	960	1286	608	3532	883
季节指数（%）	76. 78	108. 72	145. 64	68. 86	400	100
季节变差	-205	77	403	-275	—	—

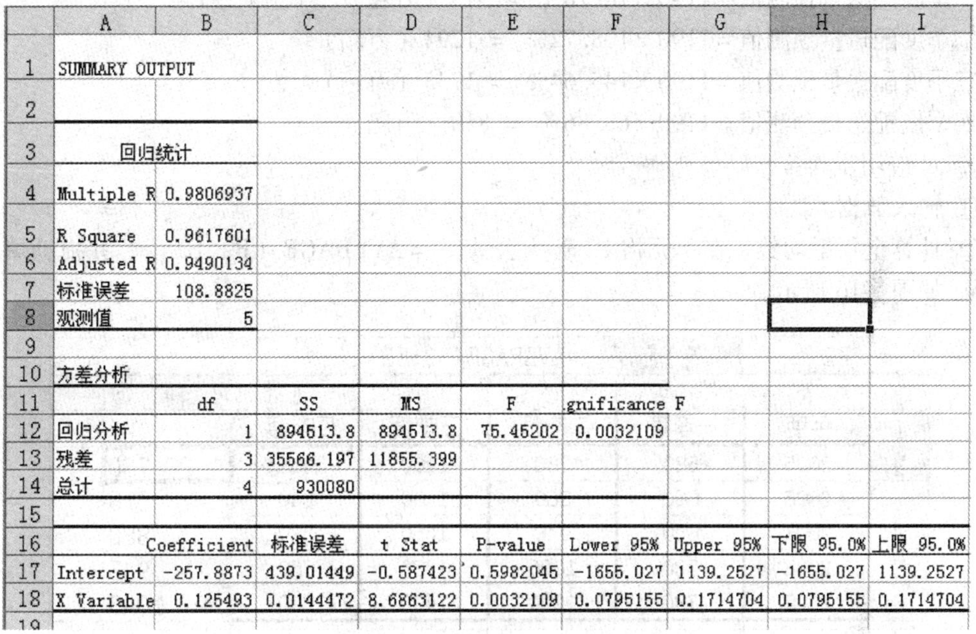

	A	B	C	D	E	F	G	H	I
1	SUMMARY OUTPUT								
2									
3	回归统计								
4	Multiple R	0.9806937							
5	R Square	0.9617601							
6	Adjusted R	0.9490134							
7	标准误差	108.8825							
8	观测值	5							
9									
10	方差分析								
11		df	SS	MS	F	gnificance F			
12	回归分析	1	894513.8	894513.8	75.45202	0.0032109			
13	残差	3	35566.197	11855.399					
14	总计	4	930080						
15									
16		Coefficient	标准误差	t Stat	P-value	Lower 95%	Upper 95%	下限 95.0%	上限 95.0%
17	Intercept	-257.8873	439.01449	-0.587423	0.5982045	-1655.027	1139.2527	-1655.027	1139.2527
18	X Variable	0.125493	0.0144472	8.6863122	0.0032109	0.0795155	0.1714704	0.0795155	0.1714704

图 5-14　参数计算结果

2）判断数据变动类型，选择预测模型。用 Excel 做折线图，如图 5-15 所示。从图上可以看出，该公司历年配送量的变动基本上呈水平季节型变动，因此选择水平型季节分析预测模型进行预测比较合适。

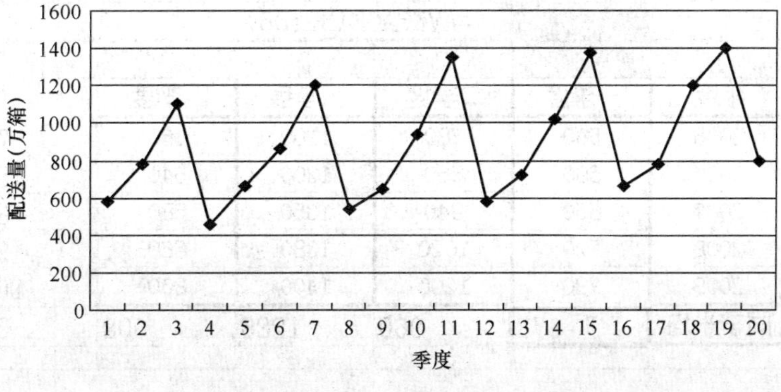

图 5-15　2005～2009 年某公司分季配送量

3）计算历年同季的平均数，填入表内“同季平均数”的一行，如第一季度平均配送量为

$$\frac{580+660+650+720+780}{5}=678(\text{万箱})$$

4）计算各季的季节指数，填入表内“季节指数”的一行，如第一季度的季节指数为

$$\frac{678}{883}\times 100\% = 76.78\%$$

5）预测 2010 年各季度配送量。根据 2010 年全年配送量预测值为 4762 万箱计算，该年平均每季度配送量为 1190 万箱，则有

一季度配送量预测值 = 1190 × 76.78% = 913（万箱）

二季度配送量预测值 = 1190 × 108.72% = 1294（万箱）

三季度配送量预测值 = 1190 × 145.64% = 1733（万箱）

四季度配送量预测值 = 1190 × 68.86% = 819（万箱）

Excel 应用步骤：

① 输入数据。

② 计算全年平均数。在单元格 F2 输入公式“ = AVERAGE（B2: E2）”，并拖动填充柄到 F6，如图 5-16 所示。

F2 =AVERAGE(B2:E2)

	A	B	C	D	E	F
1	年度	一季度	二季度	三季度	四季度	
2	2005	580	780	1100	46	730
3	2006	660	860	1200	540	815
4	2007	650	940	1350	580	880
5	2008	720	1020	1380	660	945
6	2009	780	1200	1400	800	1045
7						

图 5-16　全年平均数计算

③ 计算同季平均数。在单元格 B7 输入公式“ = AVERAGE（B2: B6）”，并拖动填充柄到 F7，如图 5-17 所示。

B7 =AVERAGE(B2:B6)

	A	B	C	D	E	F
1	年度	一季度	二季度	三季度	四季度	
2	2005	580	780	1100	460	730
3	2006	660	860	1200	540	815
4	2007	650	940	1350	580	880
5	2008	720	1020	1380	660	945
6	2009	780	1200	1400	800	1045
7	同季平均	678	960	1286	608	883
8						

图 5-17　同季平均数

④ 计算季节指数。在单元格中 B8 输入公式“ = B7/883 * 100”，并拖动填充柄到 F8，如图 5-18 所示。

B8　　fx =B7/883*100

	A	B	C	D	E	F
1	年度	一季度	二季度	三季度	四季度	
2	2005	580	780	1100	460	730
3	2006	660	860	1200	540	815
4	2007	650	940	1350	580	880
5	2008	720	1020	1380	660	945
6	2009	780	1200	1400	800	1045
7	同季平均	678	960	1286	608	883
8	季节指数(%)	76.78	108.72	145.64	68.86	100.00

图 5-18　季节指数

⑤ 计算预测值。在单元格中 B9 输入公式“ =1190 * B8/100”，并拖动填充柄到 F9，如图 5-19 所示。

B9　　fx =1190*B8/100

	A	B	C	D	E	F
1	年度	一季度	二季度	三季度	四季度	
2	2005	580	780	1100	460	730
3	2006	660	860	1200	540	815
4	2007	650	940	1350	580	880
5	2008	720	1020	1380	660	945
6	2009	780	1200	1400	800	1045
7	同季平均	678	960	1286	608	883
8	季节指数(%)	76.78	108.72	145.64	68.86	100
9	2010预测值	914	1294	1733	819	1190

图 5-19　2010 年各季度预测值

（3）季节变差预测法

1）根据项目情景中给出的资料，计算如表 5-10 所示的数据。

2）判断数据变动类型，选择预测模型。用 Excel 做折线图，如图 5-15 所示。从图上可以看出物美公司历年配送量的变动基本上呈水平季节型变动，因此选择水平型季节分析预测模型进行预测比较合适。

3）计算历年同季的平均数，填入表内“同季平均数”的一行。

4）计算各季的季节变差，填入表内“季节变差”的一行，如第一季度季节变差为

$$678 - 883 = -205 \text{（万箱）}$$

5）预测 2010 年各季度配送量。根据 2010 年全年配送量预测值为 4400 万箱计算，该年

平均每季度配送量为1100万箱，则有

一季度配送量预测值 = 1190 + （ - 205） = 985（万箱）

二季度配送量预测值 = 1190 + 77 = 1267（万箱）

三季度配送量预测值 = 1190 + 403 = 1593（万箱）

四季度配送量预测值 = 1190 + （ - 275） = 915（万箱）

Excel应用步骤：

① 输入数据。

② 计算全年平均数。在单元格F2输入公式“ = AVERAGE（B2: E2）”，并拖动填充柄到F6，如图5-16所示。

③ 计算同季平均数。在单元格B7输入公式“ = AVERAGE（B2: B6）”，并拖动填充柄到F7，如图5-17所示。

④计算季节变差。在单元格中B8输入公式“ = B7 - F7，并拖动填充柄到E8，如图5-20所示。

B8 | =B7-883

	A	B	C	D	E	F
1	年度	一季度	二季度	三季度	四季度	
2	2005	580	780	1100	460	730
3	2006	660	860	1200	540	815
4	2007	650	940	1350	580	880
5	2008	720	1020	1380	660	945
6	2009	780	1200	1400	800	1045
7	同季平均	678	960	1286	608	883
8	季节变差	-205.00	77.00	403.00	-275.00	

图5-20　季节变差

⑤ 计算预测值。在单元格中B9输入公式“ = 1190 + B8”，并拖动填充柄到E9，如图5-21所示。

B9 | =1190+B8

	A	B	C	D	E	F
1	年度	一季度	二季度	三季度	四季度	
2	2005	580	780	1100	460	730
3	2006	660	860	1200	540	815
4	2007	650	940	1350	580	880
5	2008	720	1020	1380	660	945
6	2009	780	1200	1400	800	1045
7	同季平均	678	960	1286	608	883
8	季节变差	-205.00	77.00	403.00	-275.00	
9	2010年预测值	985	1267	1593	915	

图5-21　2010年预测值

问题思考

1. A公司的产品在过去5年里销售数据如表5-11所示，试运用移动平均法（$n=2$，3）以及指数平滑法（$\alpha=0.3$）做明年的销售量预测。

表5-11　各年份销售量

年份	销售量（万箱）	年份	销售量（万箱）
2000	450	2003	560
2001	495	2004	580
2002	518		

2. 已知某拣货人员在一天中完成5个订单的拣选，其时间（min）分别为1.5、3.5、5、3、4。试求其平均拣货时间。如果经过统计，时间出现的几率是1∶2∶3∶4∶2，此时拣货时间是多少?

3. 依据下列数据预测下一年度各季度的销售数据，如表5-12所示。

表5-12　各季度销售数据

年度	一季度	二季度	三季度	四季度
2010	600	750	1100	450
2011	660	860	1200	540
2012	650	940	1350	580
2013	730	1020	1380	660
2014	780	1200	1400	800

本章案例

某药业公司仓储管理现状

长期以来，中国在医药管理体制、技术创新能力等方面都存在着许多的问题，使得我国医药的开发研制成本、产品的生产销售成本过高、价格昂贵。而在国际医药市场上，由于一些国家采用先进的技术设备、领先的科技水平以及一流的管理经验，使医药成本降低，市场价格下降。一直以来中国对国外医药品征收较高的关税，并设置了非关税壁垒，因而，便宜的国际医药市场的价格难以在中国医药市场形成，这种状况不能满足我国人民日益提高的消费水平及人口老龄化的要求。

随着改革开放的不断深入，我国医药工业的发展也驶入快车道，整个制药行业生产年均增长17.7%，高于同期全国工业年均增长速度4.4个百分点，同时也高于世界发达国家中主要制药国。近30年来的平均发展速度年递增13.8%的水平，成为当今世界上发展最快的医药市场之一。我国医药行业规模效益逐渐显现，潜力大，成长性好，处于稳定、健康、快速发展阶段。

一、某药业的总体概况和发展前景

某医药有限公司是一个以市场为核心、现代医药科技为先导、金融支持为框架的新型公司，是西南地区经营药品品种较多、较全的医药专业公司。公司成立以来，效益一直稳居云南同行业前列，属下有一个制药厂，9 个医药经营分公司，30 个医药零售连锁药店。它有着庞大的销售网络，该网络以昆明为中心，辐射整个云南省乃至全国，包括医疗单位网络、商业调拨网络和零售连锁网络。

随着中国的入世及党中央西部大开发的战略的实施，该药业公司面临着巨大的挑战和严重的考验。中国加入 WTO 后，根据该组织的原则精神，国家必须减让关税，取消或减少非关税壁垒，这样，大量的医药产品将会涌入中国市场，给中国的医药品以巨大的冲击。在这过程中，受国家关税的保护的医药品不得不降低价格以适应市场竞争的需要，因此，公司必须在产品的开发、技术的创新以及管理上加大力度，降低成本，从而真正降低产品的价格，融入国际医药品市场。

中国加入 WTO 还将对现有的制药企业的产品结构造成冲击。近年来，由于医药行业缺乏竞争，制药行业中某些药品的经济效益较好，从而引发了重复建设，技术经济水平差，缺乏规模效益。中国入世之后，在公平的环境下，外国企业和产品可以付出很低的代价进入我国市场，从而形成竞争，促进产业结构和产品结构合理化。该药业公司则可以利用云南省的资源优势，大力开发天然药物和生物资源，研制具有云南特色的名牌产品，以增强竞争。

二、该药业企业物流管理中面临的主要问题

目前，该药业公司虽已形成规模化的产品生产和网络化的市场销售，但其流通过程中物流管理严重滞后，造成物流成本居高不下，不能形成价格优势。这严重阻碍了物流服务的开拓与发展，成为公司业务发展的“瓶颈”，主要表现在：

1. 装卸搬运费用过高

装卸搬运活动是衔接物流各环节活动正常进行的关键，它渗透到物流各个领域，控制点在于管理好储存物品、减少装卸搬运过程中商品的损耗率和装卸时间等。而该公司恰好忽视了这一点，由于搬运设备的现代化程度较低，只有几个小型货架和手推车，大多数作业仍处于人工作业为主的原始状态，工作效率低，且易损坏物品。另外，仓库设计的不合理，造成长距离的搬运。并且库内作业流程混乱，形成重复搬运，大约有 70% 的无效搬运，这种过多的搬运次数，损坏了商品，也浪费了时间。

2. 储存费用过高

目前，该公司仓库的平面布置区域安排不合理，只强调充分利用空间，没有考虑前后工序的衔接和商品内的存放，混合堆码的现象严重，造成出入库的复杂性和长期存放，甚至一些已过有效期发生质变和退回的商品没能得到及时处理，占据库存空间，增大了库存成本。

3. 运输费用没有得到有效控制

运输费用占物流费用比重较大，据日本通产省六大类货物物流成本的调查结果表明，运输成本占物流总成本的 40% 左右，是影响物流费用的重要因素。该公司拥有庞大的运输队伍，但由于物流管理缺乏力度，没有独立的运输成本核算方法，只单纯地追求及时送货，因此不可能做到批量配送，形成不必要的迂回，造成人力、物力上不必要的浪费。而且由于部

分员工的工作作风败坏，趁送货之机办自己的私事，影响了工作效率，也增大了运输费用。

4. 物流管理系统不完备

在企业中物流信息的传递依然采用“批条式”或“跑腿式”方式进行，电脑、网络等先进设备与软件基本上处于初级应用或根本不用，使得各环节间严重脱离甚至停滞，形成不必要的损失。

5. 人力资源及时间浪费大

由于公司人员管理松散和用人制度的不合理，一部分员工长期处于空闲状态，拿着工资却不工作。有时为消磨时间，往往是几个员工聚在一起花一个人时间做一个人的工作，工作中娱乐成了很自然的事情，每人注意在每一个环节中所用的时间，诸如寻找、拿取、装卡、拆卸、摆放、运输等，这些环节中都延缓了工作时间，降低了工作效率，造成无法计量的成本损耗。

针对以上问题请谈谈如何改造该公司的物流系统。

第六章　库存控制与管理

知识目标

1. 掌握库存的含义与类型。
2. 掌握库存管理的内容与思想。
3. 掌握库存管理的方式。
4. 掌握安全库存的含义与计算方法。

能力目标

1. 会进行 ABC 分类。
2. 会进行经济订货批量的计算。

第一节　库存概述

一、库存含义

库存是指作为今后按预定的目的使用而处于闲置或非生产状态的物料。

在生产制造企业，库存品一般包括原材料、产成品、备件、低值易耗品以及在制品；在商品流通企业，库存品一般包括用于销售的商品以及用于管理的低值易耗品。

库存是一种闲置资源，不仅不会在生产经营中创造价值，反而还会因占用资金而增加企业的成本。但是，在实际的生产经营过程中，库存又是不可避免的，有时还是十分必要的。库存管理的核心问题就是如何在满足对库存需要的前提下，保持合理的库存水平。在企业的总资产当中，库存资产一般要占到 20% ~40%，库存管理不当会造成大量资金的沉淀，影响到资金的正常周转，同时还会因库存过多增加市场风险，给企业经营带来负面影响。因此，必须对库存进行有效的管理，消除不必要的库存，提高库存周转率。

二、库存类型

1. 按库存的作用分类

（1）周转库存。为满足日常生产经营需要而保有的库存，周转库存的大小与采购批量直接有关。企业为了降低物流成本或生产成本，需要批量采购、批量运输和批量生产，这样便形成了周期性的周转库存，这种库存随着每日的消耗而减少，当降低到一定水平时需要补充库存。

（2）安全库存。为了防止不确定因素的发生（如供货时间延迟、库存消耗速度突然加快等）而设置的库存。安全库存的大小与库存安全系数或者说与库存服务水平有关。从经济性的角度看，安全系数应确定在一个合适的水平上。

（3）调节库存。用于调节需求或供应的不均衡、生产速度与供应的不均衡以及各个生产阶段产出的不均衡而设置的库存。

（4）在途库存。处于运输以及停放在相邻两个工作地之间或相邻两个组织之间的库存，在途库存的大小取决于运输时间以及该期间内的平均需求。

2. 按生产过程分类

（1）原材料库存。指企业已经购买的，但还未投入生产工程的存货。

（2）在制品库存。指经过部分加工，但尚未完成的半成品存货。

（3）产成品库存。指已经制造完成并正等待装运发出的存货。

3. 按用户对库存的需求特性分类

（1）独立需求库存。指用户对某种库存物品的需求与其他种类的库存无关，表现出对这种库存需求的独立性。消耗品、维修用品和最终产品的库存属于独立需求库存。

（2）相关需求库存。指与其他需求有内在相关性的需求，根据这种相关性，企业可以精确地计算出它的需求量和需求时间，是一种确定型需求。例如，用户对企业完成品的需求一旦确定，与该产品有关的零部件、原材料的需求就随之确定，对这些零部件、原材料的需求就是相关需求。

库存需求特性的这种分类构成了库存管理的两大部分：一部分是对相关需求库存的原理。这种需求实际上是对产成品的物料需求，与产成品的需求之间有确定的对应关系。其中的数量关系可用物料清单（BOM）来表示，时间关系可用生产周期、生产提前期、运输时间等通过计算得出。相关需求的库存控制实际上是生产计划与控制系统中的一部分，物料需求计划（MRP）就是用来解决相关需求的采购、库存及供应问题。

对于独立需求库存，由于其需求时间和数量都不是由企业本身所能控制的，所以不能像相关需求那样来处理，只能采用“补充库存”的控制机制，将不确定的外部需求问题转化为对内部库存水平的动态监视与补充的问题。

对于企业来说，独立需求库存主要由企业外部的需求情况决定，因而体现出较大的不确定性，库存也就不易确定。对于相关需求库存，其需求情况则主要由企业内部需求决定，一旦所生产的产品结构和生产计划确定下来，则每种零部件的需求数量、时间、地点、质量等情况就是一个确定的情况。因而，其库存量能够精确确定。

第二节 库存管理

一、库存管理基本概念

1. 最低库存量

随着商品销售，库存量在减少，所以要通过采购来补充库存。如果是在库存量全部用完之后再制订订货计划，购入商品，则不能按计划备齐足够品种，更不能进行合理库存管理。从办理订货到货物运进为止这段时间内预计的销售数量就是最低库存量。因此，应使库存有一定剩余，也就是应预先规定库存最低量。

库存量到了订货点以下时，就要重新进行订货。这个时候主要的问题是考虑订货量和购入时间。计算最低库存量和商品补充日数的公式如下

最低库存量 = 一天的销售量 × 补充商品需要的日数

补充商品需要的日数 = 订货需要的时间 + 对方发货需要的时间 + 运输需要的时间 + 验收时间

2. 最高库存量

周转库存量和安全库存量之和，称为最高库存量。

3. 平均库存量

市场对内品的设计、型号、样式、材质、颜色等不断有新的需求时，库存量一多，则有产生滞销的危险。所以，商品库存量就要采取平均化策略。如果库存量不多，就要进行采购。采购多了，库存量增多，资金就会积压，资金周转状况恶化。但是，各种商品平均库存量通过计算来确定是很困难的。因此，尽可能平时就经常保持平均库存量。其计算公式如下：

（1）平均库存量 =（期初盘存量 + 期末盘存量）/2。

（2）平均库存量 =（期初盘存量 + 期中盘存量 + 期末盘存量）/3。

（3）平均库存量 = 每月盘存量之和（12 月）/12。

（4）平均库存量 = [（期初盘存量 + 期末盘存量）/2 + 期中周末（51 周末）盘存量合计] /52。

一般情况下，(1)、(2) 两式应用较广泛。在一年中，考虑季节变化而计算平均库存量时，应用（3）、（4）式计算。在（4）式里，期中周末的盘存量累计项目，是以周为单位把一年换算成 52 周。

4. 安全库存量

在企业生产过程中，消费市场的变化莫测，以及物料供应过程中的潜在风险都迫使企业为保证生产运营，规避不确定性而保有一定的安全库存。

安全库存量，亦称为保险库存量、缓冲库存量。企业和厂家考虑到物料订购时间和生产使用量上的变动因素很多，为了防止停工待料的现象发生，也为了确保企业形象赢取消费者的信任，企业及厂家会事先准备一些存货，以备不时之需，这部分存货量就是安全库存量。安全库存量经常是备而不用的，是供紧急所需而储备的，因此，一般情况下不会轻易动用。

企业和生产厂家在确定安全库存量时，可以参考安全库存量的计算公式

安全库存量 = 每天的耗用量 × 紧急订货天数

二、库存管理思想

1. 拉动式库存管理法（pull inventory management philosophy）

该管理思想认为每一个存储点（如一个仓库）都独立于渠道中其他所有的仓库。该方法可对每个存储点的库存精确控制。在零售环节超过 60% 的耐用消费品和近 40% 的非耐用消费品都采用该法。

2. 推动式库存管理法（push inventory management philosophy）

如果各地点的库存单独进行决策，那么补货批量和补货时间不一定能够与生产批量、经济采购量或最小订货量很好地协调起来。推动式库存管理法克服了这种缺点，这种方法根据

每个储存点的预测需求、可用的空间或其他一些标准分配补货量。其中，库存水平的设定是根据整个仓库系统的情况统一决定的。一般地，当采购或生产的规模经济收益超过拉动式管理法实现的最低总库存水平带来的收益时，可以采用此法。

三、库存管理目标

如今企业的高层管理者在经营活动中越来越重视供应链的作用，而库存管理无疑是整个供应链中的一个重要方面。有的专家甚至把物流管理定义为对静止或运动库存的管理。一般来说，库存的作用是在采购、生产、销售的不断循环的过程中，将各个相对独立的环节有效地连接起来，同时可以调节各个环节之间由于供求品种及数量的不一致而发生的变化。库存管理的目标是在满足顾客服务要求的前提下，通过对企业的库存水平进行控制，力求尽可能降低库存水平，提高物流系统的效率，以强化企业的竞争力。

为了实现这一目标，选择合适的库存策略或订货策略是至关重要的，主要解决三个问题：

（1）什么时候订货？或者多少时间补充一次库存？即确定订货点。

（2）每一次订多少货？或者每次补充多少库存？即确定订货量。

（3）怎样订货？或者采用什么方式订货？即确定订货方式。

四、库存管理的类型

（1）按库存决策的重复性，可分为一次性订货和重复订货管理。

（2）按供应来源，可为内部供应和外部供应两种。

（3）按需求对象，可分为企业生产需求、市场销售需求及供应链管理需求。

五、库存管理的衡量指标

首先，库存对赢利性的影响是衡量库存管理效果的重要标准。有效的库存管理会通过降低库存成本或增加产品销售来提高获利水平。

降低库存成本的方法主要包括减少延迟订单数、减少供应的不稳定性、加快运输速度和可靠性、清理过时或呆滞的库存，或提高预测的准确性，而仓库之间的转运可通过更好的库存计划或减少或消除。

其次，库存周转率是另一个衡量库存管理水平的重要指标。库存周转率是指一定期间库存周转的次数，其计算公式为

库存周转率 = 年出货量/平均库存量

在其他条件不变的情况下，库存周转率越大，表明库存在企业的流转越快，因而越好。这是因为高的库存周转率，意味着同样的资金可以获得更高的利润率；可以减少资金占用，提高资金的利用效率。

存货周转速度可以用库存周转率表示，也可以用存货周转一次平均所用时间，即存货周转天数表示，两者的关系为

库存周转天数 = 全年天数/库存周转率

提高库存周转率可以通过重点控制年耗用金额高的物品、及时处理过剩物料、合理确定订货批量和消减滞销库存等措施来实现。但是，也应该注意到，库存周转率并不是越高越

好。因为过高的库存周转率往往会降低库存水平，使发生缺货的机会增加，进而降低供应能力，影响客户服务。因此，必须综合考虑各种影响因素，保持一个适当的库存周转率。

第三节　库存管理方式

一、ABC 重点管理法

（一）原理

ABC 控制法的基本原理是：把物资按品种和占用资金的大小分类，再按各类重要程度不同分别控制，抓住重点，抓住主次，进行重点控制。由于现实世界中常常是 20% 的因素产生 80% 的结果，故也经常称为“ 20-80”原则。

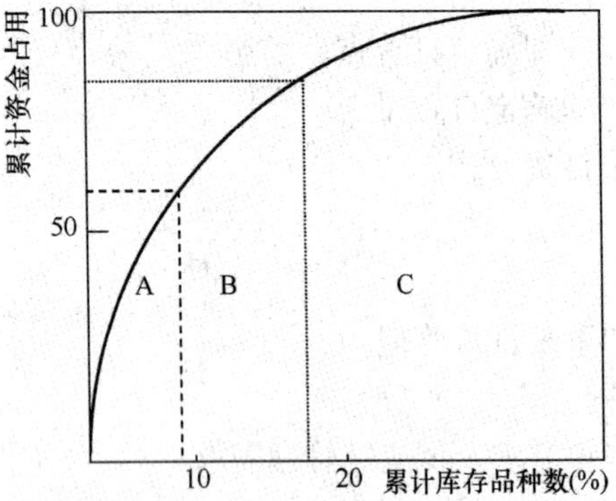

图 6-1　ABC 分类图

在库存控制上，库存与资金占用之间也存在这种规律：少数库存价值昂贵，占用大部分的库存资金；相反，大多数库存价格便宜，仅占用很小部分的库存资金。因此，可将库存分为 ABC 三类，如图 6-1 所示。

A 类：库存品种数占总数的 10% ~20%，价值占 70% ~85%，应投入最多的精力和资源进行重点控制，努力降低库存水平，进行重点、严格的控制。

B 类：库存品种数占总数的 20% ~30%，价值占 10% ~20%，进行适当控制。

C 类：库存品种数占总数的 50% ~70%，价值仅占 5% ~10%，只需进行简单控制，如每年 1 ~2 次的盘存和检查、简单的库存记录、不精确的控制。

（二）ABC 分类步骤

（1）将物品按年耗金额从大到小排序。

（2）计算各种物品占用资金额占全部库存占用资金额的百分比并进行累计（或品种百分比累计）。

3. 按照分类标准，选择断点进行分类，确定 ABC 物品。

（三）ABC 分类运用

【例 6-1】 表 6-1 为某仓库中各种物品的年耗用金额数据，根据年耗用金额进行 ABC 分类。

表 6-1　某仓库中物品的年耗用金额数据

物品编号	年耗用金额（万元）
22	95000
68	75000
27	25000

续表

物品编号	年耗用金额（万元）
03	15000
82	13000
54	7500
36	1500
19	800
23	425
41	225
总计	233450

解：（1）将物品按年耗用金额从大到小进行排序。

（2）计算各种物品年耗用金额占总额的百分比并进行累计（或品种百分比累计），如表6-2所示。

表 6-2　年耗用金额占总额的百分比

物品编号	年耗用金额（万元）	占全部金额的比重（%）	累积比重（%）	分类结果
22	95000	40. 8	40. 8	A
68	75000	32. 1	72. 9	A
27	25000	10. 7	83. 6	B
03	15000	6. 4	90. 0	B
82	13000	5. 6	95. 6	C
54	7500	3. 2	98. 8	C
36	1500	0. 6	99. 4	C
19	800	0. 3	99. 7	C
23	425	0. 2	99. 9	C
41	225	0. 1	100	C
总计	233450	100		

（3）按照分类标准，即选择断点进行分类，确定ABC三类物品。

A类物品种类占20%，价值占70%～85%；B类物品种类占30%，价值占10%～20%；C类物品种类占50%，价值仅占5%～10%。分类结果如表6-3所示。

表 6-3　分类结果

类别	物品编号	年耗用金额（万元）	占全部金额的比重（%）
A	22，68	170000	72. 9
B	27，03	40000	17. 1
C	54，36，19，23，41，82	23450	4. 4
总计		233450	100

【例 6-2】 某公司要用 12 种物料，其中各种物料的有关资料如表 6-4 所示，请对这些物料进行 ABC 分类。

表 6-4　物料资料

编号	年用量	单价（元）	年耗用金额（元）
4837	6580	1. 2	8220. 00
9261	371	8. 6	3190. 60
4395	1292	13. 18	17028. 56
3521	62	91. 80	5691. 60
5223	12667	6. 40	81132. 80
5294	9625	10. 18	97982. 50
61	7010	1. 27	8902. 70
4321	5100	0. 88	4488. 00
86	258	62. 25	16060. 50
9555	862	18. 10	15602. 20
2926	1940	0. 38	737. 20
1293	967	2. 20	2127. 40
合计			261163. 46

解：（1）将物品按年耗用金额从大到小排，如表 6-5 所示。

表 6-5　年耗用金额计算表

编号	年耗用金额（元）	占用金额比重（%）	累计百分比（%）	分类结果
5294	97982. 50	37. 52	37. 52	A
5223	81132. 80	31. 07	68. 59	A
4395	17028. 56	6. 52	75. 11	B
86	16060. 50	6. 15	81. 26	B
9555	15602. 20	5. 97	87. 23	B
61	8902. 70	3. 41	90. 64	B
4837	8220. 00	3. 15	93. 79	C
3521	5691. 60	2. 18	95. 97	C
4321	4488. 00	1. 72	97. 69	C
9261	3190. 60	1. 22	98. 91	C
1293	2127. 40	0. 81	99. 72	C
2926	737. 20	0. 28	100. 00	C
合计	261163	100. 00		

（2）计算各种物品年耗用金额占总金额的百分比并进行累计，如表 6-5 所示。

（3）按照分类标准，确定 ABC 三类物品。从表 6-5 中可看到，前两项累计百分比为 68. 59%，前六项的累计百分比为 90. 64%。后六项的累计百分比不到 10%，所以取前两项为 A 类，后六项为 C 类，中间四项为 B 类。

【例 6-3】 通过历史数据统计，某仓库一段时期各种物品的价值如表 6-6 所示，用 ABC 分类法对这些物品进行分类。

表 6-6　某仓库各种物品的价值表

物品编号	001	002	003	004	005	006	007	008	009	010
价值	25	7	170	20	3	15	150	4	4	2

解： 计算结果如表 6-7 所示。一般选择断点的原则是某一物品与下一物品之间的需求有很大的不同而有明显的分离，这时就可以确定断点的所在。

表 6-7　计算结果表

物品编号	价值	累计价值	累计价值占全部价值的百分比（%）	物　品种类数	累计物品数占全部物品种类数的百分比（%）	分类结果
003	170	170	42.50	1	10.00	A
007	150	320	80.00	2	20.00	A
001	25	345	86.25	3	30.00	B
004	20	365	91.25	4	40.00	B
006	15	380	95.00	5	50.00	B
002	7	387	96.75	6	60.00	C
008	4	391	97.75	7	70.00	C
009	4	395	98.75	8	80.00	C
005	3	398	99.50	9	90.00	C
010	2	400	100.00	10	100.00	C

二、经济订货批量

（一）库存成本分析

库存控制的目标之一就是对库存成本进行控制，因此，库存成本是决策的主要考虑因素。

（1）库存保管费用。指为保管存储物资而发生的费用，包括存储设施的成本、搬运费、保险费、盗窃损失、过时损失、折旧费、税金以及资金的机会成本。每次订货量越大，库存量也越大，保管费用也就越多。显然，这些费用随库存量的增加而增加。

（2）订货成本。指每进行一次订货时所发生的费用，主要包括差旅费、通信费、运输费以及有关跟踪订单系统的成本。订货成本与每次订货量的多少无关，在需求量一定的情况下，订货次数越多，则每次订货量越少，而全年订货成本越大，分摊每次订货费也越大。

（3）缺货成本。指由于缺货，不能为顾客服务所发生的费用；或由于紧急订货等而支付的特别费用；或由于失去了对顾客的销售而没有得到预定的利益以及由于一些难以把握的因素，而造成信誉丢失所产生的不良后果等。增大库存量，可减少缺货，但储存保管费用会大大增加。

确定向供应商订货的数量或要求生产部门生产的批量时，应该尽量使由以上三种成本综合引起的总成本达到最小。

（二）经济订货批量模型

经济订货批量（ economic order quantity，EOQ）是指库存总成本最小时的订货量。研究经济订货量的方法，用年库存管理的总费用和订货量的公式来表示，根据该公式的解确定最佳订货量。

（1）模型假设。只涉及一种产品，年需求量可知，每次订货的订货量相同，订货提前期固定，需求率固定不变，存货价格不变，不存在相关的折扣问题。生产提前期不变。各批量单独运送接收。

（2）最佳订货批量的确定。如图 6-2 所示，通过使某项库存物资的年费用达到最小来确定相应的订货批量。

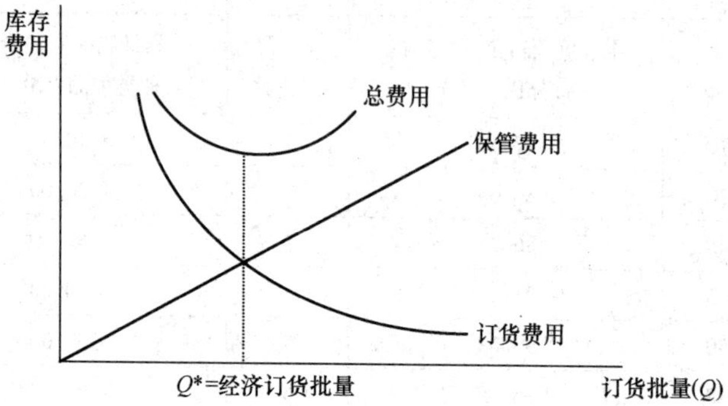

图 6-2　二律背反曲线

由图 6-2 可见，保管费用随订购量增大而增大，订货费随订货量增大而减少，当两者费用相等或总费用曲线最低点时为 EOQ。

1. 理想的经济订货批量

理想的经济订货批量指不考虑缺货，也不考虑数量折扣以及其他问题的经济订货批量。在不允许缺货，也没有数量折扣等因素影响的情况下，库存物品的年度总费用 = 购入成本 + 订货成本 + 库存保管费用，此时，年订货次数等于 D/Q，平均库存量为 $Q/2$，年订货成本等于 $D/Q^{*}C$，年存储成本等于 $PFQ/2$，购入成本为 DP，即

$$TC = DP + \frac{DC}{Q} + \frac{QPF}{2}$$

式中，D 为某库存物品的年需求量，件/年；P 为物品的订购单价，元/件；C 为单位订货成本，元/次；Q 为每次订货批量，件；F 为单件库存保管费与单件库存采购成本之比（年保管费率）。

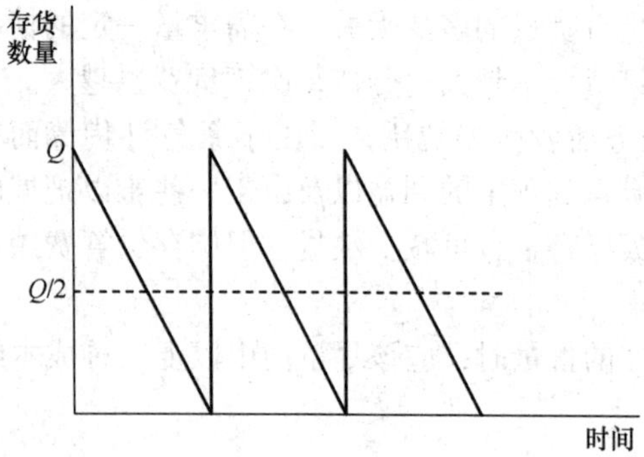

图 6-3　库存模型图

这种库存模型如图 6-3 所示。

若使 TC 总成本最小，将上式求导后令其等于 0，得到经济订购批量 EOQ 的计算公式为

$$EOQ = \sqrt{\frac{2CD}{PF}}$$

两次订货的最佳时间间隔 = EOQ/D，每年的订货次数 = D/EOQ。

【例 6-4】 设某物资企业年需某物资 1200 单位，单价为 10 元/单位，年保管费率为 20%，每次订货成本为 300 元。求经济订购批

量 EOQ。

解：代入公式，得

$$EOQ = \sqrt{\frac{2 \times 1200 \times 300}{10 \times 20\%}} = 600(\text{单位})$$

$$\text{库存总费用} = 1200 \times 10 + \frac{600 \times 10 \times 20\%}{2} + \frac{1200 \times 300}{600} = 13200(\text{元})$$

即在每次订购数量为 600 单位时，库存总费用最小为 13200 元。

每年的订货次数 $= D/EOQ = 1200/600 = 2$ 次

两次订货的最佳时间间隔 $= EOQ/D = 600/1200 = 0.5$（年）

2. 经济订货批量的敏感性

【例 6-5】 某建筑批发商需要定期从一个供应商那里购进水泥。水泥在一年之中的需求是非常稳定的。去年，公司一共出售了 2000t 水泥。估计每次的订购成本在 25 美元左右，年存储成本率为水泥价格的 20%。公司购进水泥的价格为 60 美元/t。公司每次的订货量应该是多少？

解：由 EOQ 公式计算得到等于 91.287t。你如果是公司经理，能否将订货量确定为 100t 呢？理由是什么？

当订货量为 91.287t 时，库存总成本等于（不考虑 DP 时）1095.545 美元，但订货量为 100t 时，库存总成本等于（不考虑 DP 时）1100 美元，可见经比较总成本差别不大。

这表明，订货数量在 EOQ 附近轻微左右变化时，总成本不会有太大的增加。

3. 保存地点的变化对 EOQ 的影响

【例 6-6】 某公司物品的年需求量为 3000 单位，订购成本为每次 20 元，单位成本为 12 元，库存持有成本率为 25%，当该物品的保存地点为 1 个和 2 个仓库时，其经济订货批量和库存成本各是多少？

解：当保存地点在 1 个仓库时

$EOQ = 200$ 单位

平均库存 $= 100$ 单位

订货次数 $= 3000/200 = 15$（次）

$$\text{库存成本} = \frac{DC}{Q} + \frac{QPF}{2} = 15 \times 20 + 12 \times 100 \times 25\% = 600\ (\text{元})$$

当存储到 2 个仓库时，每个仓库的 $D = 1500$。

$EOQ = 141$，平均库存 $= 141/2 \approx 70$（单位），总的平均库存 $= 2 \times 70 = 140$，比原来多 40 个单位。

每个仓库的订货频率 $= 1500/141 = 10.6$（原来为 15 次）

每个地点的订货成本 $= 10.6 \times 20 = 212$（元）

每个地点的存储成本 $= 70 \times 12 \times 25\% = 210$（元）

每个地点的库存总成本 $= 212 + 210 = 422$（元）

两个地点的库存总成本 $= 422 \times 2 = 844$（元）

表 6-8　计算结果

库存地点	EOQ	订货次数	库存总成本（元）
1	200	15	600
2	141	10.6	844

由此可知，在年需求总量不变的情况下，随着存货地点的增加，库存总成本也在增加，这也是大多数企业会采用集中库存的原因。

4. 允许缺货的经济订货批量

在实际生产活动中，订货到达时间或每日耗用量不可能稳定不变，因此有时不免要出现缺货。允许缺货经济批量是指订货费、保管费和缺货费最小时总费用最小的批量，计算公式如下

$$EOQ = \sqrt{\frac{2C_3D}{C_1}} \times \sqrt{\frac{C_1 + C_2}{C_2}}$$

式中，C_1 为保管费用；C_2 为缺货费；C_3 为订货费；D 为需求量。

【例 6-7】　在例 6-4 中，允许缺货，且年缺货损失费 0.3 元。若它条件不变，允许缺货的经济批量为多少？

解：根据上述公式可知

$$EOQ = \sqrt{\frac{2 \times 300 \times 1200}{10 \times 20\%}} \times \sqrt{\frac{10 \times 20\% + 0.3}{0.3}} = 1661(\text{单位})$$

5. 有数量折扣的经济订货批量

在实际应用 EOQ 公式时，除了考虑缺货费用以外，一般还必须考虑其他一些因素对总成本的影响，最常见的是，由于批量不同而带来的在采购价格和运输价格上的差异。

（1）考虑采购数量折扣的经济批量

为鼓励大批量购买，供应商往往在订购数量超过一定量时提供优惠的价格。在这种情况下，买方就要进行计算，以确定是否需要增加订货量去获得折扣。若接受折扣所产生的总成本小于订购 EOQ 所产生的总成本，则应接受折扣；反之，则按不考虑数量折扣计算的 EOQ 进行订购。

【例 6-8】　例 6-4 中，供应商给出的数量折扣条件是：当物资订货量小于 650 单位时，每单位为 10 元；当订货量大于或等于 650 单位时，每单位为 9 元。若其他条件不变，最佳采购批量为多少？

解：根据供应商给出的上述条件，具体分析如下：

①按享受折扣价格时的批量（650 单位）采购时的总成本为

$$\begin{aligned} TC &= DP + \frac{DC}{Q} + \frac{QK}{2} \\ &= 1200 \times 9 + \frac{1200 \times 300}{650} + \frac{650 \times 9 \times 20\%}{2} \\ &= 11938(\text{元}) \end{aligned}$$

②按折扣单价计算的 EOQ。

$$Q_9 = \sqrt{\frac{2 \times 1200 \times 300}{9 \times 20\%}} = 632(\text{单位})$$

③分析判断。由于按折扣单价（9元/单位）计算的经济批量小于可以享受批量折扣的650单位，说明此经济批量计算无效。也就是说，632单位的批量不可能享受9元的优惠单价。又由于按650单位采购的总成本要低于按每单位10元采购时的经济批量600单位的总成本（13200元），因此，应该以650单位作为最佳批量采购。

若按折扣单价计算的经济批量大于可以享受批量折扣的650单位，则应按经济批量采购。例如，折扣单价为8元时，经济批量为670单位，大于可以享受批量折扣的650单位，故应按670单位的批量采购。

（2）考虑运输数量折扣的经济批量

在运输费用由卖方支付的情况下，一般不考虑运输费用对库存总成本的影响。但如果由买方支付，则会对库存总成本产生较大影响。当增大批量可以得到运价上的折扣时，就要考虑是否要加大购买批量。简单的方法是将有无运价折扣的两种情况进行总成本的对比，选择总成本低的方案。

【例6-9】 在例6-4中，当订购批量小于800单位时，运输费率为1元/单位；当订购批量大于或等于800单位时，运输费率为0.75元/单位。若其他条件不变，最佳订购批量为多少？

解：根据以上条件，分析如下：

① *EOQ* 计算的库存总成本。

$$
\begin{aligned}
\text{库存总成本} &= \text{存储成本} + \text{订货成本} + \text{运输成本} \\
&= \frac{600 \times 10 \times 20\%}{2} + \frac{1200}{600} \times 300 + 1 \times 1200 \\
&= 2400(\text{元})
\end{aligned}
$$

② 按折扣运价批量计算的库存总成本。

$$
\begin{aligned}
\text{库存总成本} &= \text{存储成本} + \text{订货成本} + \text{运输成本} \\
&= \frac{800 \times 10 \times 20\%}{2} + \frac{1200}{800} \times 300 + 0.75 \times 1200 \\
&= 2150(\text{元})
\end{aligned}
$$

③ 分析判断。由计算结果可知，按照800单位批量采购可以节省库存费用250元，因此，应该将采购批量扩大到800单位。

三、订货方式

（一）定量订货法

1. 定量订货法原理

定量订货法是指当库存量下降到预定的最低库存量（订货点 R）时，按规定数量（一般以经济批量 *EOQ* 为标准）进行订货的一种库存控制方法。它主要靠控制订货点和订货批量两个参数来控制订货，达到既最大限度地满足库存需求，又能使总费用最低的目的。库存量的变化如图6-4所示。

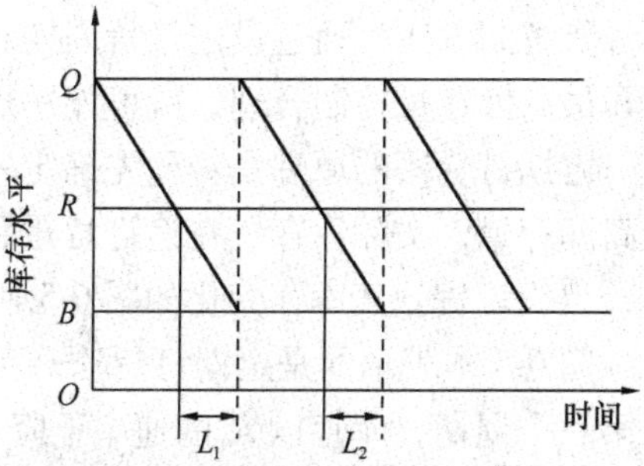

图6-4　定量订货法库存变化示意图

L—提前期；R—订货点；

Q—订货批量；B—安全库存量

2. 定量订货法控制参数的确定

实施定量订货法需要确定两个控制参数：一个是订货点，即订货点库存量；另一个是订货数量，即经济批量 EOQ。订货数量的确定，可以按上面的方法确定。以下介绍订货点的确定。

影响订货点的因素有三个：订货提前期、平均需求量和安全库存。根据这三个因素可以简单地确定订货点，计算公式为

$$订货点 = 平均每天的需要量 \times 提前期 + 安全库存$$

$$安全库存 = （预计每天最大耗用量 - 每天正常耗用量） \times 提前期$$

3. 定量订货法的优缺点

（1）优点

1）控制参数一经确定，则实际操作就变得非常简单了。实际中经常采用“双堆法”来处理。双堆法就是将某商品库存分为两堆，一堆为经常库存，另一堆为订货点库存，当消耗完时开始订货，平时用经常库存，不断重复操作。这样可减少经常盘点库存的次数，方便可靠。

2）充分发挥了经济批量的作用，可降低库存成本，节约费用，提高经济效益。

（2）缺点

1）要随时掌握库存动态，严格控制安全库存和订货点库存，占用了一定的人力和物力。

2）订货模式过于机械，不够灵活。

3）订货时间不能预先确定，对于人员、资金、工作业务的计划安排不利。

（3）适用范围

这种方法适合以下类别货物的订购：单价便宜，且不便于少量订购的物品，如螺栓、螺母；需求预测比较困难的维修物料；品种数量繁多、库存管理事务量大的物品；计算清点复杂的物品；需求总量比较平稳的物品。

（二）定期订货法

1. 定期订货法的原理

定期订货法是按预先确定的订货时间间隔进行订货补充的库存管理方法。它是基于时间的订货控制方法，通过设定订货周期和最高库存量，达到控制库存量的目的。只要订货间隔期和最高库存量控制合理，就可能实现既保障需求、合理存货，又节省库存费用的目标。

定期订货法的原理是：预先确定一个订货周期和最高库存量，周期性地检查库存，根据最高库存量、实际库存、在途订货量和待出库商品数量，计算出每次订货批量，发出订货指令，组织订货。其库存变化如图 6-5 所示。

图 6-5 中表示的是定期订货法一般情况下的库存量变化：$R_1 \neq R_2 \neq R_3$，$T_{k1} \neq T_{k2} \neq T_{k3}$，在第一个周期，库存以 R_1 的速率下降，因预先确定了订货周期 T，也就是规定了订货时间，到了订货时间，不论库存还有多少，都要发出订货，所以当到了第一次订货时间，即库存下降到 A 时，检查库存，查出实际库存量 Q_{k1}，求出下一期消费量，结合在途货物、待出货物和安全库存，发出一个订货批量 Q_1，然后进入第二周期，经过 T 时间又检查库存得到此时的库存量 Q_{k2}，并发出一个订货批量 Q_2。因此，定期订货法的实施需要解决三个问题：①

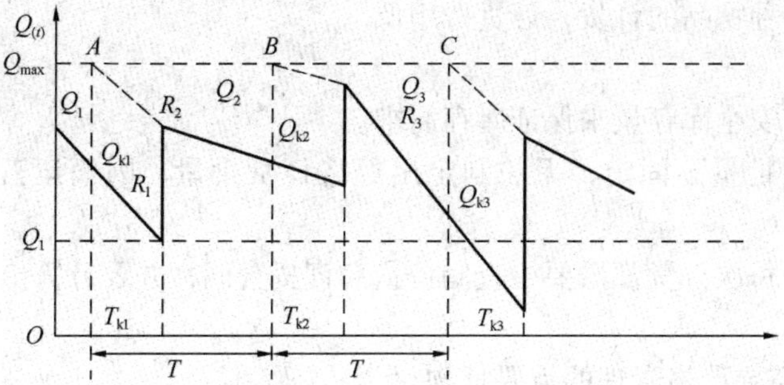

图 6-5　定期订货法原理

订货周期如何确定？② 最高库存量如何确定？③ 每次订货的批量如何确定？

定期库存控制法的原则与定量订货控制原则相同，即订货费用和采购费用总量最低。用定期订货法订货，关键是需要确定订货间隔期和每次订货量。

2. 定期订货法的控制参数

（1）订货周期 T^* 的确定

订货周期实际上就是定期订货的订货点，其间隔时间总是相等的。订货间隔期的长短直接决定最高库存量的大小，即库存水平的高低，进而也决定了库存成本的多少。所以，订货周期不能太长，否则会使库存成本上升；也不能太短，太短会增加订货次数，使得订货费用增加，进而增加库存总成本。从费用角度出发，如果要使总费用达到最低，可以采用经济订货周期的方法来确定订货周期 T^*，其公式为

$$T^* = SQRT[2S/(C_i R)]$$

式中，T^* 为经济订货周期；S 为单次订货成本；C_i 为单位商品年储存成本；R 为单位时间内库存商品需求量（销售量）。

在实际操作中，经常结合供应商的生产周期来调整经济订货期，从而确定一个合理可行的订货周期。也可以结合人们习惯的时间单位，如周、旬、月、季、年等来确定经济订货周期，从而与企业的生产计划、工作计划相吻合。

（2）订货量的确定

定期订货法的订货数量是不固定的，订货批量的多少都是由当时的实际库存量的大小决定的，考虑到订货点的在途到货量和已发出出货指令尚未出货的待出货数量（称为订货余额），每次的订货量的计算公式为

订货量 = 平均每天的需要量 ×（提前期 + 订购间隔）+ 安全库存 − 实际库存量 − 订货余额

安全库存 =（预计每天最大耗用量 − 每天正常耗用量）× 提前期

在实际操作中，经常结合供应商的生产周期或者供应周期来调整经济订货期，从而确定一个合理的可行的订货周期。当然也可以结合人们比较习惯的时间单位，如周、旬、月、季等来确定经济订货周期，从而与企业的生产计划、工作计划相吻合。

3. 定期订货法的优缺点

（1）优点

1）避免了定量订货法每天盘存的做法，减少了工作量，提高了工作效率。

2）库存管理的计划性强，有利于工作计划的安排，实行计划管理。

3）一次办理多种物品的订货，订货费用低。

（2）缺点

1）需要较大的安全库存量来保证库存需求。

2）每次订货的批量不固定，无法制定出经济订货批量，因而运营成本较高，经济性较差。

3）手续麻烦，每次订货都需要检查储备量和订货合同，并要计算出订货量。

（3）适用范围

一般适用企业需要严格管理的重要货物。

【例 6-10】 某库存商品年需求量为 5000 件，该商品每件年储存成本为 10 元。每次订货成本为 300 元，若采用定期订货法，试计算订货周期。某期间预计平均销售量为 14 件/d，现有库存为 180 件，其中安全库存为 30 件，订货提前期出库量为 70 件，试计算该期的订货量。

解： $T^* = SQRT[2S/(C_iR)] = SQRT(2\times300/10/5000) = 0.1095(\text{年}) = 39.42(\text{d})$

$$\text{订货周期} = 39\ (\text{d})$$

$$\text{该期的订货量} = [14\times39-(180-30-70)] = 466(\text{年})$$

本期订货为 466 年。

4. 与定量订货法的区别

（1）提出订购请求时点的标准不同

定量订购库存控制法提出订购请求的时点标准是，当库存量下降到预定的订货点时，即提出订购请求；而定期订购库存控制法提出订购请求的时点标准则是，按预先规定的订货间隔周期，到了该订货的时点即提出请求订购。

（2）请求订购的商品批量不同

定量订购库存控制法每次请购商品的批量相同，都是事先确定的经济批量；而定期订购库存控制法每到规定的请求订购期，订购的商品批量都不相同，可根据库存的实际情况计算后确定。

（3）库存商品管理控制的程度不同

定期订购库存控制法要求仓库作业人员对库存商品进行严格的控制精心地管理，经常检查、详细记录、认真盘点；而用定量订购库存控制法时，对库存商品只要求进行一般的管理、简单的记录，不需要经常检查和盘点。

（4）适用的商品范围不同

定量订购库存控制法适用于品种数量少、平均占用资金大的、需重点管理的 A 类商品；而定期订购库存控制法适用于品种数量大、平均占用资金少的、只需一般管理的 B 类、C 类商品。

四、安全库存

1. 安全库存的必要性

安全库存，又称保险库存，是为防止由于不确定因素（订货期间需求率增长、到货期延误等）引起的缺货而设置的一定数量的库存。

安全库存量是最低库存量，在一般情况下不动用，若一经动用，则应在下批订货到达后立即补齐。安全库存的数量除了受需求和供应的不确定性影响外，还与企业希望达到的顾客服务水平有关，这些是制定安全库存决策时的主要考虑因素。

安全库存确定的根据是建立在数理统计理论基础之上的。首先，假设库存的变动是围绕着平均消费速度发生变动，大于平均需求量和小于平均量的可能性各占一半。如果实际需求量大于平均需求量则会出现缺货。也就是说，按照平均消费速度确定的库存量，发生缺货的概率是50%，这在经营中是不允许的。为了避免出现缺货或降低缺货率，需要在库存降低到订货点之前，提前发出订单。高于订货点的部分就相当于安全库存。

安全库存越大，出现缺货的可能性就会越小。避免出现缺货是人们所期望的。但是，作为库存的一部分，安全库存与库存量的大小有直接关系。安全库存过高，会导致剩余库存的出现，而且从经济性的角度看，保持100%的库存服务率付出的成本代价也越大。

表6-9是美国贝尔电话研究所的一份调查，反映了缺货率与安全库存之间的关系。

表6-9　缺货率与安全库存之间的关系

发生缺货的允许概率	安全库存量
1年1次	$ 76000
2年1次	$ 100000
5年1次	$ 134000
10年1次	$ 167000
不发生缺货	$ 276000

由表6-9可以看出，保证绝对不发生缺货付出的代价是非常高昂的。从经济性的角度考虑，应根据不同物品的用途以及客户的要求，将缺货率保持在适当的水平上，允许一定程度缺货现象的存在。

2. 安全库存的计算

对于安全库存量的计算，可以根据顾客需求量发生变化、提前期固定，提前期发生变化、顾客需求量固定以及两者同时发生变化三种情况，分别求安全库存量。

(1) 需求量变化，提前期固定

假设需求的变化情况服从正态分布，由于提前期是固定的数值，因而可以根据正态分布图，直接求出在提前期内的需求分布的均值和标准差，或通过直接的期望预测，以过去提前期内的需求情况为依据，确定需求的期望均值和标准差。在这种情况下，安全库存量的计算公式为

$$S = z\sigma_{d}\sqrt{L}$$

式中，σ_d为提前期内的需求量的标准差；L为提前期的长短；z为一定顾客服务水平下需求量变化的安全系数，它可根据预定的服务水平，由正态分布表查出。

表6-10是顾客服务水平与安全系数对应关系的常用数据。

表6-10　顾客服务水平与安全系数对应关系数据

服务水准	0.9998	0.99	0.98	0.95	0.90	0.80	0.70
安全系数	3.5	2.33	2.05	1.65	1.29	0.84	0.53

【例 6-11】 某超市的某种食用油平均日需求量为 1000 瓶，并且食用油的需求情况服从标准差为 20 瓶/d 的正态分布，如果提前期是固定常数 5d，要求顾客服务水平不低于 95%，试确定安全库存量的大小。

解：根据题意可知：$\sigma_d=20$ 瓶/d，$L=5$d，且由 $F(z)=95\%$，查表得 $z=1.65$，代入公式得

$$S=1.65\times 20\times\sqrt{5}=74\text{（瓶）}$$

即在满足 95% 的顾客满意度的情况下，安全库存量为 74 瓶。

（2）需求量固定，提前期发生变化

当提前期内的顾客需求情况固定不变，提前期的长短随机变化时，安全库存量的计算类似于需求量变化、提前期固定的情况，不同的是提前期内的需求量是通过不变需求量乘以提前期的频数（提前期的标准差）求出的。此时，安全库存量计算公式为

$$S=zd\sigma_L$$

式中，z 为一定顾客服务水平下的安全系数；σ_L 为提前期的标准差；d 为提前期内的日需求量。

【例 6-12】 在例 6-11 中，如果食用油的日需求量为固定常数 1000 瓶，提前期是随机变化的，而且服从均值为 5d，标准差为 1d 的正态分布，求 95% 的顾客满意度下的安全库存量。

解：根据题意：$\sigma_L=1$d，$d=1000$ 瓶/d，$F(z)=95\%$，$z=1.65$，代入公式得

$$S=1.65\times 1000\times 1=1650\text{（瓶）}$$

即在满足 95% 的顾客满意度的情况下，安全库存量为 1650 瓶。

（3）需求量和提前期都随机变化

在现实中，多数情况下提前期和需求都是随机变化的，此时，问题就比较复杂了，要通过建立联合概率分布来求出需求量水准和提前期延时的不同组合的概率（联合概率分布值域为从以最小需求量和最短提前期的乘积表示的水准，到以最大需求量和最长提前期的乘积表示的水准），然后把联合概率分布同上面导出的两个公式结合起来运用。因此，在这种情况下，如果假设顾客的需求和提前期是相互独立的，那么安全库存量的计算公式为

$$S=z\sqrt{\sigma_d^2\overline{L}+\overline{d}^2\sigma_L^2}$$

式中，z 为一定顾客服务水平下的安全系数；$\overline{d}$ 为提前期内平均日需求量；$\overline{L}$ 为平均提前期长度。

【例 6-13】 在上面的例子中，假设日需求量和提前期是相互独立的，而且它们的变化均严格服从正态分布，日需求量满足均值为 1000 瓶，标准差为 20 瓶/d 的正态分布，提前期满足均值为 5d，标准差 1d 的正态分布，求 95% 的顾客满意度下的安全库存量。

解：根据题意：$\sigma_d=20$ 瓶/d，$\sigma_L=1$d，$d=1000$ 瓶/d，$F(z)=95\%$，$z=1.65$，代入公式得

$$S=1.65\times\sqrt{20^2\times 5+1000^2\times 1^2}=1652\text{（瓶）}$$

即在满足 95% 的供货服务率的情况下，安全库存量是 1652 瓶。

问题思考

一、单选题

1. （ ）是一种将库存按年度货币占用量分为三类，通过分析，找出主次，分类排队，并根据其不同情况分别加以管理的方法。

A. CVA 库存管理法　　B. 关键因素分析法

C. ABC 库存管理法　　D. 帕累托库存管理法

2. CVA 库存管理法中 A 类重点客户的存货具有（ ）。

A. 较低优先级　　B. 中等优先级

C. 较高优先级　　D. 最高优先级

3. 下列叙述正确的是（ ）。

A. 定量订货法一般适用企业需要严格管理的重要货物。

B. 用定期订货法订货，关键是需要确定订货间隔期和每次订货量。

C. 随着存货地点的增加，库存总成本也在增加。

D. 订货成本是指每年订货时所发生的费用。

4. 货车按（ ）分级。

A. 车辆长度　　B. 发动机排量

C. 最大总质量　　D. 载客人数

二、多选题

1. 为了消除和防止无效作业，可以采取的搬运装卸作业合理化措施包括（ ）。

A. 尽量减少装卸次数

B. 缩短搬运作业的距离

C. 提高库存物的装卸搬运活性指数

D. 实现装卸作业的省力化

2. 仓库装卸搬运作业的组织过程包括掌握作业信息和（ ）。

A. 编制作业计划　　B. 制定作业方案

C. 分配作业班组　　D. 检查统计分析

3. 库存损耗的形式分为（ ）。

A. 人为损耗　　B. 自然损耗

C. 异常损耗　　D. 物理损耗

4. 配货的方式根据配货商品的（ ）的 EIQ 分析等方法进行判断，采取摘取式或播种式方式进行配货。

A. 订货数据　　B. 订单件数

C. 商品种类数　　D. 定货量

5. 托盘货物的堆码方式有（ ）。

A. 重叠式

B. 纵横交错式

C. 正反交错式

D. 旋转交错式

三、判断题

1. ABC仓库库存管理法是“关键是少数，次要是多数”的帕累托原理在仓储管理中的应用，它通常按年度货币占用量将库存分为ABCD几类，找出主次，分别管理。(　　)

2. CVA库存管理法又称为关键因素分析法，比ABC库存管理法有更强的目的性。(　　)

3. 对于有大批量需求的物品应实行配送，而对于小批量的物品应实行直送。(　　)

4. 货物的本期期末库存量等于本期需求量减去上期期末库存量。(　　)

5. 车辆配载的目标是最小化总运输成本，并满足客户的要求。(　　)

6. 公路运输设备使用于远程运输。(　　)

7. 铁路运输时要把货物卸净，不残留货底，进行清扫。(　　)

8. 公路运输是国际贸易运输的主要工具。(　　)

四、计算题

某公司以单价10元每年购入8000单位的某种物品，订购成本为每次20元，每单位每年储存成本为2元，求经济订货批量、年总成本、年订购次数各为多少？如果提前期为1.5d，每天消耗20单位的产品，求出再订货点。如果允许缺货，且年缺货损失费0.2元，求允许缺货的经济批量为多少？

五、实践题

1. 搜集至少25个库存数据，对其进行ABC分类。

2. “采购与库存”的沙盘模拟游戏。

沙盘模拟游戏可以直接地、直观地体验与理解企业经济中错综复杂的关系。沙盘模拟游戏“仓库（库存）管理”涉及的是一个企业经济有价证券游戏，如表6-11~表6-14所示。在这个沙盘模拟游戏中会用到下列内容：

（1）经济发展局势与经济循环。

（2）最佳订货量。

（3）仓库费用、订货费用。

（4）固定成本与可变成本。

（5）违约罚款。

游戏主持人（或者老师）可以干涉（改变）游戏中的两个变量：

（1）订货费用。

（2）仓库费用。

以下变量是由偶然事件控制的：

（1）订单量：在每期开始之初通过掷骰子来确定。

（2）经济形势：每隔4期抽取一张“经济发展趋势卡片”来确定经济形势。

参加游戏的人员要决策：CD-刻录机的订货量。

信息页“沙盘模拟游戏运行流程”描绘了这个游戏的基本运行流程，它以游戏准备为始，并以游戏事件评价为终。

第一步：游戏准备。

首先游戏主持人（或者老师）建立若干个游戏小组，并给每个小组发游戏说明书、经济发展趋势卡片、游戏表。如果各小组读完游戏说明书以后还是不太清楚游戏流程，游戏主持人（或者老师）还应该回答他们的相关问题。另外，游戏主持人（或者老师）还应该在游戏准备阶段对一些概念进行解释，例如利息成本与库存费用、经济局势、经济衰退等。对此也可以给各游戏小组下发相应的信息页。

第二步：游戏实施。

游戏开始时销售情况处于正常状态，也就是说呈一种正常的经济发展趋势。起始库存状况是：每个仓库有 24 台 CD 刻录机。

在每个游戏（比赛）回合中首先要决定订单数，对此可以由游戏主持人（或者老师）掷骰子来确定一个数字。如果赶上经济高度繁荣期，订单数等于掷骰子得到的数字的两倍；如果赶上经济衰退期，那么订单数等于掷骰子得到的数字的一半，如果这个数字除以 2 以后出现小数位，请把它四舍五入。请把计算后的订单数填写到“游戏表”的第 5 列中。如果仓库存有足够的 CD 刻录机，那么请把这个数字也填到第 6 列中；但是如果库存不够，那么请在第 6 列中将可以交付的数量填进去。

在每个游戏（比赛）回合中，可以向中央仓库提交一次订货要求。同时将这次订购 CD 刻录机的数量填写在其后四个游戏周期的第 4 列中，因为送货时间为 4 个周期。如果没有订货，那么请在后面相应位置划一横杠。预订一次的费用为 500RMB。请把这一数字填写在第九列，并一次性填 4 个周期的。

新的库存状态请在第 7 列中填写，而库存费用（等于终止库存量 ×10RMB）在第 8 列中填写。当订单量多于库存量而导致所有订单不能被执行时，每缺一台 CD 刻录机（缺少的台数 = 第 5 列与第 6 列之差）就会被扣 250RMB，被扣除的收益记录在第 10 列。

如果所有的订单数、订货量与相应的状态、费用都记录完毕，那么第一个游戏周期就结束了。这个游戏周期的终结库存量将作为下个游戏周期的起始库存量，记录下个游戏周期的第 3 列。接着继续用掷骰子的方法开启一个新周期。

在 5、9 与 17 这三个周期开始之初都必须重新确定经济局势。其方法是抽取“经济发展趋势卡”。卡片上写的经济局势是随后 4 个周期共同局势，所以应该填在这四个周期的第一列。

第三步：游戏评价与反思。

除了评价游戏的内容，还应该反思下列几个方面：

（1）像经济局势与订货情况这些不确定因素。

（2）讨论游戏（比赛）战略。

（3）游戏（比赛）小组内部的决策过程。

（4）各游戏（比赛）小组之间的竞争。

第四步：可能性游戏（比赛）变量变体。

（1）可以提高或降低每台刻录机的库存费用与每次订货的费用。例如可以将每台刻录机的库存费用提高到 15RMB，而每次订货费用减少到 300RMB。

（2）在上述游戏中，哪个小组交付的 CD 刻录机的单件成本最低，那么这个小组就是胜利队。但是还有一种游戏变体可以不必这样操作。其方式为：游戏主持人（或者老师）在游戏开始之前给出单件成本应该达到或低于数额。凡是能实现这一目标的小组都算胜利队。

表 6-11 “仓库（库存）管理”的游戏说明

在这个沙盘模拟游戏中，你们小组要管理好百脑汇股份有限公司（Computerfix Ltd.）某一区域的仓库。

1. 游戏材料

请检查一下你们小组是否已经拿到下面材料：

- 游戏说明
- 游戏表
- 游戏卡片
- 骰子

2. 游戏的目标

谁能最有效地管理其仓库？谁能取得最低的单件成本？请努力维持你们的仓库存货，以便它只消耗最低的仓库费用。但是你们也必须保持仓库的供货能力，因为你们要是没能履行订单，就会损失盈利！

3. 游戏的数据

- 一开始仓库存有 24 台 CD 刻录机。
- 每个游戏周期都会通过掷骰子与“经济发展趋势卡”来决定订单数。
- 订货量由各小组自行决定。从在中央工厂订货到这些货物进入到仓库，这段送货时间合计为 4 个游戏周期。
- 每台 CD 刻录机的利息成本与库存成本合计为 10RMB/期。
- 预订费用与订购 CD 刻录机的数量没有关系，而是按预订次数收费的，每次预订 500RMB。
- 因供货能力引起的费用：如果因为缺货没能向客户提供 CD 刻录机，那么也会导致利润的损失，即每台损失 250RMB。

表 6-12 “仓库（库存）管理”沙盘模拟游戏的运行流程

准备阶段

实施阶段

期	决策：	事件：
1	订货量	订单
2	订货量	订单
3	订货量	订单
4	订货量	订单
5	订货量	订单
⋮	订货量	⋮
n	⋮	

表 6-13 工作页

经济发展趋势卡

请复印这个游戏卡片，裁剪开后贴在纸盒/纸箱上。

经济局势正常	经济局势正常
经济衰退	经济衰退
经济高度繁荣	经济高度繁荣

表 6-14 工作页“游戏表”

姓名：________ 班级：________ 日期：________

经济形势	周期	起始库存量	新增库存量	分配的订单数	交付量	终止库存量	库存费用	订货费用	利润损失
正常	1								
正常	2								
正常	3								
正常	4								
	5								
	6								
	7								
	8								
	9								
	10								
	11								
	12								
	13								
	14								
	15								
	16								
	17								
	18								
	19								
	20								
					合计 ____		合计 ____	合计 ____	合计 ____

总费用： ____ RMB

（除以）

交付量： ____台 CD 刻录机

= 单件成本 ____ RMB / CD 刻录机

本章案例

别拿别人的库存不当钱

人们看到：很多从事“流通”的经销或零售企业并没有在“库存”上动太大的“脑筋”。是这个问题不重要吗？不是，有人认为库存管理是零售企业的三大核心能力之一（另外两个是商品管理和顾客行为分析）。那为什么分销企业对此“漠然”呢？原因也很简单：他们不知道同样做到了800万元的销售额，但A企业是用600万元库存做到的，而B企业是用1000万元库存做到的。B企业可能到资金链断裂而倒闭的那一天都不知道：是库存出了问题。

具体如何实现降低库存，不同类型的企业有着不同的库存政策，像上述库存问题就可以利用好的商品管理方法来改善。但这样做得再好也只是“各家自扫门前雪”。更重要的是：当你为转移了自己的库存风险而得意时，你的上下游正通过其他“卑鄙”的手法把库存损失再转回来，供应链上没有“一枝独秀”的美事。因此，我们提倡的是：分销企业应该鼓励或联合供应商一起来降低库存，提高周转率——“别拿别人的库存不当钱”。

让我们看看上海某汽车公司是如何解决这个问题的。该汽车品牌三种车型的零部件总量有5400多种，这相当于一个中型超市的单品数。这些零部件来自180家供应商，这也和一个大型卖场的供应商数量相近。那么它是怎么提高供应链效率，帮助整个供应链降低库存的呢？

该公司的部分零件是本地供应商所生产的，这些供应商会根据它的生产要求，在指定的时间直接送到生产线上。这样，因为不进入原材料库，所以保持了很低或接近于“零”的库存，省去大量的资金占用。但供应商并不愿意送那些用量很少的零部件。于是，以前的传统汽车制造商要么有自己的运输队，要么找运输公司把零件送到公司。这种方式的缺点是：

（1）有的零件由于体积或数量的不同，并不一定正好能装满一卡车。但为了节省物流成本，供应商经常装满一卡车才给制造商，如果装不满，就要等待。这样不仅造成了库存高，占地面积大，而且也影响了对客户的服务速度。

（2）不同供应商的送货环节缺乏统一的标准化管理，在信息交流、运输安全等方面，都会带来各种各样的问题，如果想管好它，必须花费很多的时间和很大的人力资源。

所以该公司就改变了这种做法，使用了叫做“循环取货”的小技巧。他们聘请一家第三方物流供应商，由他们来设计配送路线，然后每天早晨依次到不同的供应商处取货，直到装上所有的材料，再直接送到工厂。这样，通过循环取货，该公司的零部件运输成本可以下降30%以上。这种做法省去了所有供应商空车返回的浪费，充分节约运输成本，而且体现了这样的基本理念：把所有增值空间不大的业务外包给第三方，他们会比制造商更懂得怎样节省费用。

给分销业的启示

如果一个大卖场有300个供应商，他们是否有必要每一家都包一辆车，把货物送到收货处呢？你认为供应商会白白地替你送货吗？而且你用考核指标要求他们不能断货，要及时送到，那么这就是在逼迫供应商在当地为你保有一定的库存量。这部分库存成本，供应商会白白为你付出吗？如果没有厂家愿意出，他们都是把费用放到了商品价格中。

因此建议，区域性的零售大户如果没有建立配送中心的实力，应该考虑请一家物流公司来用“牛奶取货”法供货，然后可以和供应商一同协商支付物流费用。这是“痴心妄想”吗？不是。在日本某连锁便利店集团刚开始快速发展的时候，是让众多供应商非常头疼的一个客户，为什么？因为当时该连锁集团的确发展很快，已经达到100家以上了，供应商不肯放弃或得罪这样一个有潜力的零售客户。但问题是，它在要求厂家直供门店时，供应商们发现：该连锁集团都是便利店，由于定位针对年轻顾客，即食商品多，因此要求门店存货少。

这样，供应商送货时要面对频繁的送货次数，复杂的送货路线，小批量的定单，大量的上下搬运作业——没有几个供应商愿意承担这样的成本。但如果采取大批量小频率送货，该连锁集团就要承担大量库存的风险。于是，它建议自己的供应商联合起来送货，最初响应的人很少，但最终人们发现这样的确可以降低大量的成本。

但问题出来了，为了保证该连锁集团的低库存，为了能在它要货时备足各种品类，就要求供应商准备很多库存，怎么办？实际上上海这家汽车公司也遇到了这种情况。该公司采取的是“柔性化生产”，即一条生产流水线可以生产不同平台多个型号的产品。这种生产方式对供应商的要求极高，即供应商必须时常处于“时刻供货”的状态，这样就会给供应商带来很高的存货成本。但是，供应商一般不愿意独自承担这些成本，就会把部分成本放入供货的价格中。同时，他们还会把另一部分成本“赶”到了其上游的供应商那里，于是上游就准备了更大的库存。

为了克服这个问题，该公司与供应商时刻保持着信息沟通。“我们有一年的生产预测，也有半年的生产预测，我们的生产计划是滚动式的，基本上每个星期都有一次滚动，在滚动生产方式的前提下，我们的产量在做不断的调整。这个运行机制的核心是要让供应商也看到我们的计划，让其能根据我们的生产计划安排自己的存货和生产计划，减少对存货资金的占用。”这家汽车公司的人如是说。

实际上零售商一样可以做到这一点。问题就是，零售商是否还守着以往的旧观念，而不愿意把销售数据和促销计划提前通知供应商呢？

链接：你为什么拿不到零售商的 POS（时点销售）数据？供应商至少在以下三个降低库存的方面非常需要零售商的 POS 数据：① 销售预测：这决定了供应商的日常库存。② 补货运作：终端数据决定了供应商的存货量和补货速度。③ 促销计划：这决定了供应商的促销库存，以及清理以往快过季的库存。

但糟糕的是，人们所见的大多数中国零售商还没有“贡献”出他们的 POS 数据。当然供应商可以采取贿赂采购/运营人员和偷窃的方法，但这不能保证数据的及时和持续供应。IBM 商业价值学会的奥尼尔提醒人们，让零售商交出 POS 数据至少还要迈过三道“坎”：

（1）信任。传统上，消费品制造商和零售商之间存在着一种不信任的关系，贸易伙伴经常为进场费、进货价、结算、补货以及压货等问题争执。在双方的敌对情绪中，零售商进而会怀疑“供应商是否会拿着我的数据给我的竞争对手？”

（2）数据所有权。这直接涉及某一方想获得数据时，应该付出的“代价”。协作要求公开共享的操作客户数据，然而，大多数公司将 POS 数据视为竞争时有用的东西。供应商如果想得到，就必须拿什么东西来交换。也许部分供应商能拿出很多让零售商“心仪”的东西（例如帮助零售商做区域零售市场局势调查），但那些既没有金钱，又没有“技巧”的供应商怎么办呢？

（3）数据分析。这是一个非常关键的问题。供应商和零售商都想当然地以为对方有大量的数据分析报告，但事实的真相却可以让人大跌眼镜。国内某大型连锁超市信息总监说：“中国零售商不缺 POS 机，但就是缺对 POS 数据的分析和应用。”不要以为精细的数据分析是个企业就能做到的，这可是一项非常繁重的任务。华东区某大型超市尽管建立了商品数据分析部门，但他们承认：自己 80% 的时间和精力都被耗在了信息收集和整理上，只有不到 20% 是分析。实际正像 IBM 的奥尼尔所说：“信息的来源各种各样……事实上，许多零售商现在仍使用过时的数据分析技术。”如果零售商都没有从他们拥有的数据中受益，供应商还想得到什么？另外，尽管国内一些超市正在成立专门的组织处理 POS 数据，但一位采购经理批评道：“懂得怎样要数据也是非常重要的。很多供应商希望像宝洁一样，跟我们进行促销计划的协作，但是他们根本就没有具体的计划——你至少应该明确地列出你需要什么数据才行啊！”

第七章　现代仓储管理技术

知识目标

1. 掌握条形码类型与构成。
2. 掌握一维条码的构成。
3. 掌握 RFID 的含义与组成。
4. 掌握 JIT 的内容和思想。

能力目标

1. 会分析商品一维条码含义。
2. 能解释生活中常用的条码含义和特点。

第一节　条形码技术

一、条形码概述

条形码（bar code，简称条码）技术是集条码理论、光电技术、计算机技术、通信技术、条码印制技术于一体的一种自动识别技术。它是由宽度不同、反射率不同的条（黑色）和空（白色），按照一定的编码规则编制而成的，并用对应的一组数字或字母符号表示货品信息的符号。

条形码技术具有速度快、准确率高、可靠、寿命长、成本低廉等特点，经过几十年的发展，现已广泛地应用于物流领域。条形码技术在仓储业自动化管理中发挥着重要作用，条形码方案可对仓库中的每一种货物，每一货位做出记录，大大加快出入库速度，可定期对库区进行周期性盘存。在最大限度地减少手工录入的基础上，确保将差错率降至零，并高速采集大量数据输入计算机内，即可对货物及相关信息进行科学管理。

二、条形码的种类

目前使用频率最高的几种码制是 EAN、UPC、39 码、交叉 25 码和 EAN-128 码。其中 UPC 条码主要用于北美地区，EAN 条码是国际通用符号体系，它们是一种定长、无含义的条码，主要用于商品标识。EAN-128 条码是由国际物品编码协会（EAN international）和美国统一代码委员会（UCC）联合开发、共同采用的一种特定的条码符号。它是一种连续型、非定长有含义的高密度代码，用以表示生产日期、批号、数量、规格、保质期、收货地等更多的商品信息。

另有一些码制主要是适应特殊需要的应用方面，如库德巴码用于血库、图书馆、包裹等的跟踪管理；25 码用于包装、运输和国际航空系统为机票进行顺序编号；还有类似 39 码的 93 码，它密度更高些，可代替 39 码。

按照条码的使用范围，条码可分为商品条码和储运条码。

商品条码是商品身份的统一编码，国际上，商品条码主要有两种条码：EAN 码和 UPC（同一产品代码）。商品条码是印在零售包装上，作为商品由制造、批发到销售等一连串作业过程的自动化管理的符号。

储运条码又称为物流条码，物流条形码是以物流过程为对象，以集合包装商品为单位使用的条形码。物流条码作为物流过程中用以标识具体实物的一种特殊代码，利用识读设备可以对其实现自动识别、自动数据采集。在商品从生产厂家到运输、交换的整个物流过程中都可以通过物流条码来实现数据共享，使信息的传递更加方便、快捷、准确，提高整个物流系统的经济效益。

还有一种新的条码编码形式——二维条码。从结构上讲，二维条码分为两类，其中一类是由矩阵代码和点代码组成，其数据是以二维空间的形态编码的，另一类是包含重叠的或多行条码符号，其数据以成串的数据行显示。主要的重叠的条形码符号是 PDF417。

PDF 是便携式数据文件（portable data flie）的缩写，417 则与多宽度代码有关，用来对字符编码。PDF417 是由 Symbol Technologies Inc 设计和推出的。重叠代码中包含了行与行尾标识符以及扫描软件，就可以从标签的不同部分获得数据，只要所有的行都被扫到就可以组合成一个完整的数据输入，所以这种码的数据可靠性很好，对 PDF417 而言，标签上污损或毁掉的部分高达 50% 时，仍可以读取全部数据内容。

三、条形码系统的构成

（一）条形码的构成

对于每一种物品的编码是唯一的。对于普通的一维条码来说，还要通过数据库建立条码与商品信息的对应关系。当条码的数据传到计算机上时，由计算机上的应用程序对数据进行操作和处理。因此，普通的一维条码在使用过程中仅作为识别信息，它的意义是通过在计算机系统的数据库中提取相应的信息而实现的。

如前所述，条码是由一组规则排列的条、空以及对应的字符组成的标记。“条”指对光线反射率较低的部分，“空”指对光线反射率较高的部分。这些条和空组成的数据表达一定的信息，并能够用特定的设备识读，以转换成与计算机兼容的二进制和十进制信息。

任何一种条形码都是按照预先规定的条形码编码规则和有关技术标准，由条和空组合而成的。一个完整的条形码符号是由两侧空白区（静区）、起始字符、数据字符、校验字符（可选）和终止字符组成的。条形码符号都是由表示数据信息的图像模块构成的。不同类别的条形码采用的图像模块可能不同，如长方形、正方形、圆形和正多边形等。相同类型的条形码采用的图像看似相同，但图像模块的尺寸却可能不同。

1. 通用商品条码

EAN 码是国际物品编码协会制定的一种商品用条码，通用于全世界。它有 13 位标准条码（EAN-13 条码）和 8 位缩短条码（EAN-8 条码）两个版本，如图 7-1 所示。

（1）EAN-13 条码

一个完整的 EAN-13 条码的符号组成次序依次为：左侧空白区、起始符、左侧数据符、中间分隔符、右侧数据符、校验符、终止符、右侧空白区及供人识别字符。从起始符到终止符结束共有 13 位数字，这 13 位数字分别代表不同的意义，如表 7-1 所示，其中的前缀码包含在厂商识别条码中。

图 7-1　EAN-13 条码和 EAN-8 条码

表 7-1　标准版商品条码结构

结构种类	厂商识别条码	商品项目条码	校验码
结构 1	X13 X12 X11 X10 X9 X8 X7	X6 X5 X4 X3 X2	X1
结构 2	X13 X12 X11 X10 X9 X8 X7 X6	X5 X4 X3 X2	X1
结构 3	X13 X12 X11 X10 X9 X8 X7 X6 X5	X4 X3 X2	X1

1）前缀码。前缀码由 2～3 位数字组成，是 ENA 总部分配给国家（或地区）编码组织的条码，由 ENA 总部统一分配和管理。中国（大陆）分配前缀码为 690～695。

2）厂商识别代码。厂商识别代码用来在全世界范围内唯一标识厂商，其中包括前缀码。在我国大陆，厂商识别条码由 7～9 位数字组成，由中国物品编码中心负责注册分配和管理。

3）商品项目条码。商品项目条码由 3～5 位数字组成，由获得厂商识别条码的厂商自己编写。

4）校验码。校验码为 1 位数字，用来校验编码 X1～X12 的正确性。

（2）ENA-8 条码

ENA-8 是缩短版的条码。

1）ENA-8 条码的使用条件。根据 GB 12904—2008《商品条码　零售商品编码与条码表示》和《商品条码管理办法》中的规定，“商品条码印刷面积超过商品包装表面面积或者标签可印刷面积 1/4 的，系统成员可以申请使用缩短版商品条码”。申请 ENA-8 条码时，企业应先办理注册 ENA-13 厂商识别条码或同时办理。

2）ENA-8 条码的构成。ENA-8 条码是 ENA-13 条码的一种补充，用于标识小型商品。它由 8 位数字组成，其结构如表 7-2 所示。

表 7-2　ENA/UCC-8 条码结构

商品项目识别条码	校验码
X8 X7 X6 X5 X4 X3 X2	X1

从表 7-2 中可以看出，ENA-8 条码的结构没有厂商识别条码。

ENA-8 条码的商品项目识别条码由 7 位数字组成。前缀码与校验码的含义与 ENA-13 条码相同。

2. 储运单元条码

储运单元是指为了便于搬运、仓储、订货和运输等由消费单元组成的商品包装单元，分为定量储运单元和变量储运单元。

定量储运单元是指由定量消费单元组成的储运单元，如成箱的牙膏、瓶装酒、药品、服装、烟等。变量储运单元是指由变量消费单元组成的储运单元，如布匹、农产品、鲜肉类等。

（1）定量储运单元条码

定量储运单元一般采用13位或14位数字编码，具体可分为下列几种情况。

1）与定量消费单元同为一体的定量储运单元的编码。当定量储运单元同时又是定量消费单元时，应按定量消费单元进行编码。如电冰箱、彩电等，其定量消费单元的编码需按GB 12904—2008的编码方法赋予一个13位的代码。

2）由不同种类的定量消费单元组成的定量储运单元编码。当定量储运单元内含有不同种类定量消费单元时，储运单元的编码方法是按定量消费单元的编码规则为定量储运单元分配一个区别于它所包含的消费单元代码的13位数字代码。

3）由相同种类的定量消费单元组成的定量储运单元编码。当由相同种类的定量消费单元组成定量储运单元时，定量储运单元可用14位数字代码进行编码标识，其编码的代码结构如表7-3所示。

表7-3　含相同种类的定量消费单元组成的定量储运单元代码结构

定量储运单元包装指示符	定量消费单元代码（不含校验字符）	校验字符
V	X1 X2 X3 X4 X5 X6 X7 X8 X9 X10 X11 X12	C

表7-3中，V为定量储运单元包装指示符，用于指示定量储运单元的包装级别，取值范围为1～8。

定量消费单元代码是指包含在定量储运单元内的定量消费单元的代码（去掉校验字符后的12位数字代码）。

物流条码的代码组合表达了有关物流的信息。例如：条码字符“26902952880041”表示该包装容器内装有我国贵州茅台酒厂生产的酒精度为53%、净含量为500mL的白酒24瓶。其中，“2”表示1个集合包装含单个商品数，即每箱24瓶酒；“690”代表我国；“2952”代表贵州茅台酒厂；“88004”代表酒精度为53%、净含量为500mL的白酒；“1”代表核对数。

4）定量储运单元的条码标识。

① 定量储运单元14位数字代码的条码标识。定量储运单元14位数字代码的条码标识可用14位交叉25条码（ITF-14）标识定量储运单元，也可用EAN-128条码标识定量储运单元的14位数字代码。

② 定量储运单元13位数字代码的条码标识。当定量储运单元同时又是定量消费单元时，应使用商品条码（EAN-13条码）表示。

当定量储运单元是由不同种类的定量消费单元组成时，其代码的编码可用商品条码（EAN-13码）或14位交叉25条码（IFT-14条码）标识。采用14位交叉25条码（IFT-14条码）标识的方法是：在13位数字代码前加一位“0”变成14位数字代码，然后用IFT-14条码的编码规则编码标识。

（2）变量储运单元条码

变量储运单元编码由14位数字的主代码和6位数字的附加代码组成，代码结构如表7-4所示。

表7-4　变量储运单元代码结构

主代码			附加代码	
变量储运单元包装指示字符	厂商识别代码与商品项目代码	校验字符	商品数量	校验字符
L1		C1	Q1 Q2 Q3 Q4 Q5	C2

变量储运单元包装指示字符（L1）指示在主代码后面有附加代码，取值为9。附加代码（Q1~Q5）是指包含在变量储运单元内，按确定的基本计量单位（如kg）计量取得的商品数量。

变量储运单元的主代码用ITF-14（14位交叉25条码）条码标识，附加代码用ITF-6（6位交叉25条码）标识。变量储运单元的主代码和附加代码也可以用EAN-128条码标识。

3. ISBN码

国际标准书号（international standard book number，ISBN），是应图书出版、管理的需要，并便于国际间出版物的交流与统计所发展出的一套国际统一的编号制度。它由一组冠有“ISBN”代号（978）的十位数码所组成，用以识别出版物所属国别、地区或语言、出版机构、书名、版本及装订方式。这组号码也可以说是图书的代表号码。世界各地的出版机构、书商及图书馆都可以利用国际标准书号迅速而有效地识别某一本书及其版本、装订形式。不论原书是以何种文字书写，都可用电报或电话、传真订购，并以计算机作业处理。ISBN码被三条短横线分为四段，每一段都有不同的含义，如图7-2所示。

第一段号码是地区号，又称为组号（group identifier），最短的是一位数字，最长的达五位数字，大体上兼顾文种、国别和地区。把全世界自愿申请参加国际标准书号体系的国家和地区划分成若干地区，各有固定的编码。0、1代表英语，使用这两个代码的国家有澳大利亚、加拿大、爱尔兰、新西兰、波多黎各、南非、英国、美国、津巴布韦等；2代表法语，法国、卢森堡、比利时、加拿大和瑞士的法语区使用该代码；3代表德语，德国、奥地利和瑞士德语区使用该代码；4是日本出版物的代码；5是俄罗斯出版物的代码；7是中国出版物使用的代码。

图7-2　ISBN码

第二段号码是出版社代码（publisher identifier），由其隶属的国家或地区ISBN中心分配，允许取值范围为2~5位数字。出版社的规模越大，出书越多，其号码就越短。

第三段号码是书序号（title identifier），由出版社自己给出，而且每个出版社的书序号是定长的。最短的1位，最长的6位。出版社的规模越大，出书越多，序号越长。

第10位是计算机的校验码（check digit）。固定为一位，起止号为0~10，10由X代替。

4. ISSN码

ISSN又称为39码，它是1974年发展出来的条码系统，是一种可供使用者双向扫描的分散式条码，也就是说相邻两资料码之间，必须包含一个不具任何意义的空白（或细白，其逻辑值为0)，目前主要用于学术期刊、工业产品、商业资料及医院用的保健资料。它的最大优点是码数没有强制的限定，可用大写英文字母码，且检查码可忽略不计。标准的39码由起始安全空间、起始码、资料码、可忽略不计的检查码、终止安全空间及终止码所构成，如图7-3所示。

ISSN 1712-9842

9 771712 984001

图7-3　ISSN码

（二）条形码系统的构成

条形码自动识别系统的构成如表7-5所示。

表7-5　条形码自动识别系统的构成

组成	具体内容
条形码自动识别设备	扫描器、译码器、计算机、打印机和显示器
系统软件、应用软件	扫描器输出信号的测量、条形码码制及扫描方向的识别、逻辑值的判断，以及阅读器与计算机之间的数据通信

四、二维条码

由于受信息容量的限制，一维条码仅仅是对“物品”的标识，而不是对“物品”的描述。故一维条码的使用，不得不依赖数据库的存在。另外，要用一维条码表示汉字的场合，显得十分不方便，且效率很低。为了提高一定面积上的条码信息密度和信息量又发展了一种新的条码编码形式——二维条码。二维条码是用某种特定的几何图形按一定规律在平面（二维方向上）分布的黑白相间的图形记录数据符号信息的。在代码编制上巧妙地利用构成计算机内部逻辑基础的“0”、“1”的概念，使用若干个与二进制相对应的几何形体来表示文字数值信息，通过图像输入设备或光电扫描设备自动识读以实现信息自动处理。它不仅具有条码技术的一些共性，同时还具有高密度、高可靠性等特点，所以可以用它表示数据文件（包括汉字文件）、图像等。目前，二维条码被广泛应用于单据（如订购单、报关单等）、证件（如护照、身份证、会员证等）、仓储盘点、物品追踪（如会议资料、客户服务、维修记录等）、资料保密（如商业机密、政治情报、私人信函等）。

1. 二维条码的基本概念

（1）二维条码（two-dimensional bar code）。在二维方向上表示信息的条码符号。

（2）码字（codeword）。二维条码字符的值。由条码逻辑式向字符集转换的中间值。

（3）纠错字符（error correction character）。二维条码中，错误检测和错误纠正的字符。

（4）纠错码字（error correction codeword）。二维条码中，纠错字符的值。

2. 二维条码的分类

目前，根据二维条码实现原理、结构形状的差异，可分为矩阵式二维条码（dot matrix-bar code）和堆叠式二维条码（stacked bar code）两大类型。

（1）矩阵式二维条码

矩阵式二维条码的形式组成。在矩阵相应元素位置上，用点（方点、圆点或其他形状）的出现表示二进制“1”，点的不出现表示二进制的“0”，点的排列组合确定了矩阵码所代表的意义。矩阵码是建立在计算机图像处理技术、组合编码原理等基础上的一种新型图形符号自动识读处理码制。具有代表性的矩阵码如 CODEONE、DATA MATRIX、CP 码等。图 7-4 是常见的矩阵码。

(a)　(b)

图 7-4　常见的矩阵码

(a) CODEONE；(b) DATAMATRIX

（2）堆叠式二维条码

堆叠式二维条码的编码原理建立在一维条码基础之上，按需要堆积成两行或多行。它在编码设计、校验原理、识读方式等方面继承了一维条码的特点，识读、设备和条码印刷与一维条码技术兼容。但由于行数的增加，行的鉴定、译码算法和软件与一维条码不完全相同。有代表性的堆叠式二维条码有 CODE49、PDF417、CODE16K 等。其中 PDF417 是目前应用最广泛的一种堆叠式二维条码。

同早期一维条码相比，二维条码具有很多一维条码所不具备的优点，因而有着更加广泛的应用。

1）信息容量大。以 PDF417 条码为例，除可以表示字母、数字、各种符号外，还能表示二进制数。在扩展的字母数字压缩模式下可容纳 1850 个字符；在字节压缩模式下可容纳 1108 个字节，约 500 个汉字；在数字压缩模式下可容纳 2710 个数字。当窄条为 0.17mm 时，包含空白区最大占用面积为 76mm×25mm。表示相同信息时，二维条码比一维条码大大节省空间，如 17 个字母数字符号串，Code39 码需要长度大约为 80mm，Code128 码需要长度为 60mm，而 PDF417 条码只占用 25mm×25mm。

2）编码范围广。它可以将照片、声音、文字等可数字化的信息进行编码，而且可通过密码、软件加密方法将条码所包含的信息用于防伪。

3）纠错能力强。PDF417 条码采用目前最先进的错误修正技术——RS 码，不仅可以有效地防止译码错误，提高译码的速度及可靠性，使误码率不超过千万分之一，而且在最高纠错等级时可以将因破损、玷污等原因导致条码丢失信息达到 50% 的条码正确读出，译码可靠性极高。

4）可引入加密机制。加密机制的引入是二维条码的又一优点。例如用二维条码表示照片时，可以先用一定的加密算法将图像信息加密，然后再用二维条码表示。在识别二维条码时，再以一定的解密算法，就可以恢复所表示的照片。这样便可以防止各种证件、卡片等的伪造。

5）易打印，寿命长，成本低。PDF417 条码可以印制在纸、卡片等各种常用条码载体上，可以使用激光、热敏或热转印、喷墨等打印技术，读条码时不需要直接接触，所以不受读卡次数限制，使用寿命长。PDF417 条码的寿命一般为 9～10 年，是磁卡和 IC 卡寿命的 3.5 倍，而单价只有 IC 卡的 1/4，批量生产价格更低。

6）识读方便。PDF417 条码可用带光栅的激光阅读器、线性及面扫描的图像式阅读器阅读，而且其尺寸可以根据不同的打印空间在一定范围内进行调整。

（3）火车票中的二维条码信息构成

该设计应用 PDF417 码，每一个 PDF417 码由 3～90 横列堆叠而成。为了扫描方便，其四周皆有静空区，静空区分为水平静空区与垂直静空区，至少应为 0.020in（1in＝0.0254m）。其中每一层都包括下列五个部分：起始码、左标区、资料区、右标区、结束码。

售票人员根据乘客的购票类型，将相应信息（如车次、价格、售出地等信息）利用二维条码制码软件加密后出成二维条码并将其打在客票的票面上。

火车票上二维条码数据应有以下含义：

第一组：前面是车站和窗口代码，后面是发售日期代码（识别假票的好办法）。其中第一段前6位是车站代码（应该是始发站代码），7~10位是窗口代码（应该是出票窗口代码），11~14位是售票日期。

第二组：票号（即15~21位）是车票号码，应该和左上角的红色数码一样。

第三组：前面是防伪代码（通票改签时机器只能识别这个），最后四位是里程（识别假票的最好办法），如表7-6所示。

表7-6　火车票条码定义表

条码 车票	第一组			第二组	第三组	
	1~6位	7~10位	11~14位	15~21位	22~33位	34~37位
	始发站代码	出票窗口代码	售票日期	车票号码	防伪代码	里程数
上海到杭州	301716	8155	0101	D016685	8212986 9189458 2714365 8376813 54522	0201
西安到上海	394732	0074	0301	E322439	0724427 0043380 7610809 27852	1509
四平到武昌	540801	0003	0209	D035553	6824976 1289030 0660079 2904524 565069	1509

如33284000070407 J061900 4151652582663984106571677800141470276，3328400007代表始发站和售出票的窗口号，0407代表售出车票的日期，J061900代表车票号，415165258266398410657167780014147是铁路内部的防伪加密码，0276代表从发站至到站的公里数。按例制成的条码如图7-5所示。

图7-5　火车票的二维条码

第二节　无线射频识别技术 RFID

一、RFID 概述

1. RFID 的概念

RFID 是指利用射频信号及其空间耦合（交变磁场或电磁场）和传输特性进行非接触式双向通信，实现对静止或移动物体的自动识别，并进行数据交换的一项自动识别技术。简单地说，RFID 技术就是利用无线电波读写并交换数据信息的一种自动识别技术。

2. RFID 系统的组成及工作原理

RFID 是 radio frequency identification 的缩写，即射频识别。它是一种非接触式的自动识别技术，通过射频信号自动识别目标对象并获取相关数据，无需人工干预，可工作于各种恶劣环境。RFID 标签具有体积小、容量大、寿命长、可重复使用等特点，支持快速读写、非可视识别、移动识别、多目标识别、定位及长期跟踪管理。RFID 技术与互联网、通信等技术相结合，可实现全球范围内物品的跟踪与信息共享。

RFID 系统因应用领域不同，其组成也会有所不同，但基本都是由电子标签、阅读器和天线 3 个部分组成，如图 7-6 所示。

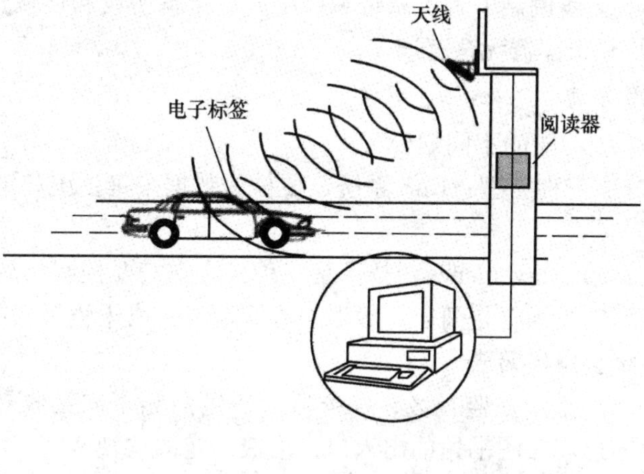

图 7-6　RFID 系统的组成

(1) 电子标签

电子标签一般是带有线圈、天线、存储器与控制系统的低电集成电路。电子标签相当于条码技术中的条码符号，用来存储需要识别、传输的信息。与条码不同的是，电子标签能够自动或在外力的作用下，将存储的信息发射出去。

(2) 阅读器

RFID 阅读器又称解读器或识读器，是读取（有时还可写入）标签信息的设备。阅读器的基本任务就是启动数据载体（应答器），与这个数据载体建立通信并在应用软件和一个非接触的数据载体之间传送数据。有些阅读器还具备其他功能，例如在 ETC（电子不停车收费系统）的应用中，阅读器还可以采集车辆检测器、驱动道闸、交通灯等其他设备的数字输入/输出信息。

（3）天线

天线是在电子标签与阅读器之间传输数据的发射和接收装置。任何一个 RFID 系统都至少应包含一根天线（不管是内置还是外置）以发射和接收射频信号，所用天线的形式和数量视具体应用情况而定。有些 RFID 系统由一根天线完成发射和接收任务，有些 RFID 系统则将用于发射和接收的天线分开装置。

3. RFID 系统的相关标准

RFID 系统的相关标准主要集中在 RFID 标签的数据内容和编码标准这一领域。目前全球有 5 大 RFID 技术标准化组织，即 ISO/IEC、EPC global、Ubiquitous ID Center、AIM global 和 IP-X。这 5 大 RFID 技术标准化组织纷纷制定 RFID 技术相关标准，并在全球积极推广。这些标准分别代表了不同团体的利益。EPC global 主要以美国为首；AIM global、ISO/IEC、Ubiquitous ID Center 则代表了欧洲国家和日本；IP-X 的成员主要以非洲、大洋洲等国家为主。

各国际标准化组织在 RFID 的空中接口方面形成了多个标准。现有的 RFID 技术工作在多个无线频率范围内，常见的工作频率有 125～134kHz（LF-低频）、13.56MHz（HF-高频）、433MHz（UHF-超高频）、860～960MHz、2.45GHz。在相同的频率下也有多种 RFID 技术标准共存，例如在 13.56MHz 就有 ISO14443TypeA、TypeB 和 ISO 15693、ISO 18000-3 等标准存在。不同的标准采用的无线调制方式、基带编码格式、传输协议和传输距离各有差异，不同标准的 RFID 电子标签和识读器无法互通。

4. RFID 系统的分类

（1）根据 RFID 系统功能的不同划分

可把 RFID 系统分成三种类型：EAS 系统、便携式数据采集系统和定位系统。

1）EAS 系统

EAS（electronic article surveillance）技术是一种设置在需要控制物品出入的门口的 RFID 技术。这种技术的典型应用场合是商店、数据中心等地方，当未被授权的人从这些地方非法取走物品时，EAS 系统会发出警告。

EAS 系统的工作原理是：在监视区，发射器以一定的频率向接收器发射信号。发射器与接收器一般安装在零售店、图书馆的出入口，形成一定的监视空间。当具有特殊特征的标签进入该区域时，会对发射器发出的信号产生干扰，这种干扰信号也会被接收器接收，再经过微处理器的分析、判断，控制警报器的鸣响。根据发射器所发出信号的不同以及标签对信号干扰原理的不同，EAS 可以分成许多种类型。

2）便携式数据采集系统

便携式数据采集系统是使用带有 RFID 阅读器的手持式数据采集器采集 RFID 标签上的数据。适用于不宜安装固定式 RFID 系统的应用环境。手持式阅读器（数据输入终端）可以在读取数据的同时，通过无线电波数据传输方式（RFDC）适时地向主计算机系统传输数据，也可以暂时将数据存储在阅读器中，再一批批地向主计算机系统传输数据。

固定布置的 RFID 阅读器分散布置在给定的区域，并且阅读器直接与物流管理信息系统相连，信号发射机是移动的，一般安装在移动的物体和人的上面。当物体、人流经过阅读器时，阅读器会自动扫描标签上的信息并把数据信息输入数据管理信息系统，由其进行信息的存储、分析、处理，达到控制物流的目的。

3）定位系统

定位系统用于自动化加工系统中的定位以及对车辆、轮船等进行运行定位支持。阅读器放置在移动的车辆、轮船上或者自动化流水线中移动的物料、半成品、成品上，信号发射机嵌入到操作环境的地表下面。信号发射机上存储有位置识别信息，阅读器一般通过无线的方式或者有线的方式连接到主信息管理系统。

（2）根据系统的工作频率划分

根据读写器发送无线信号所工作的频率可划分为：低频（30～300kHz）、高频（3～30MHz）、超高频（300MHz～3GHz）与微波频段（2.45～5.8GHz）。低频系统一般工作在100～500kHz，常见的工作频率有125kHz、134.2kHz；高频系统工作在10～15MHz，常见的高频工作频率为13.56MHz；超高频工作频率为850～960MHz，常见的工作频率为915MHz；微波工作在2.4～5GHz的微波频段。低频系统用于短距离、低成本的应用，如多数的门禁控制、动物监管、货物跟踪；高频系统用于门禁控制和需传送大量数据的应用；超高频系统应用于需要较长的读写距离和较高的读写速度的场合，如火车监控、高速公路收费系统等。

（3）根据标签工作方式划分

根据RFID标签能源来源，分为被动标签（passive tag）、半主动标签（semi-passive tag）和主动标签（active tag），不同标签对应不同的RFID系统。

主动式的射频系统用自身的射频能量主动发送数据给读写器（读头），调制方式可为调幅、调频或调相。被动式的射频系统，使用调制散射方式发射数据，它必须利用读写器的载波来调制自己的信号。主动式标签内部自带电池进行供电，它的电能充足，工作可靠性高，信号传送的距离远。另外，主动式标签可以通过设计电池的不同寿命，对标签的使用时间或使用次数进行限制，可以用在需要限制数据传输量或者数据使用有限制的地方。被动式标签内部不带电池，要靠外界提供能量才能正常工作。被动式标签产生电能的典型装置是天线与线圈。当标签进入系统的工作区域时，天线接收到特定的电磁波，线圈中就会产生感应电流，在经过整流电路时，激活电路上的微型开关给标签供电。被动式标签具有永久的使用期，常常用在标签信息需要每天读写或频繁读写的地方。半主动标签系统也称为电池支持式反向散射调制系统。半主动标签本身也带有电池，但是只起到对标签内部数字电路供电的作用，标签并不通过自身能量主动发送数据，只有被阅读器的能量场“激活”时，才通过反向调制方式传送自身的数据。

（4）根据标签的可读性划分

根据标签的读写性可分为只读、一次写入多次读与多次读写标签。只读标签内部只有只读存储器（ROM）和随机存储器（RAM）。ROM用于存储发射器操作系统程序和安全性要求较高的数据，它与内部的处理器或逻辑处理单元完成内部的操作控制功能，如响应延迟时间控制、数据流控制、电源开关控制等。RAM用于存储标签反应和数据传输过程中临时产生的数据。只读标签中除了ROM和RAM外，一般还有缓冲存储器，用于临时存储调制后等待天线发送的信息。可多次读写标签内部的存储器除了ROM、RAM和缓冲存储器之外，还有非活动可编程记忆存储器。非活动可编程记忆存储器有许多种，其中EEPROM（电可擦除可编程只读存储器）是比较常见的一种，这种存储器在加电的情况下，可以实现原有数据的擦除以及重新写入。

（5）根据耦合原理划分

RFID 阅读器和标签在通信前必须先完成耦合。耦合的方式一般分为电感耦合、电容耦合、磁耦合、后向散射耦合。耦合的方式将决定 RFID 系统的频率与通信距离范围。

电容耦合一般用于非常近的距离（小于 1cm）。标签与阅读器中均有大导通平面，当两者靠得很近时，便形成了一个电容，交流信号就可以通过此电容从阅读器传送到标签或从标签传送到阅读器。该耦合方式能够传递的能量很大，因此能够驱动标签中较复杂的电路。

电感耦合利用标签与阅读器中的线圈构成一个暂时的变压器，阅读器产生的电流对其线圈充电，同时产生磁场。该磁场使标签的线圈中产生电流，对标签的电路供电且传递信息。电感耦合工作距离比电容耦合远，为 10cm 左右。磁耦合与电感耦合很相似，主要区别在于其工作距离与电容电容耦合一样，在 1cm 以内，因此多用于插入式读取。后向散射耦合方式是目前 RFID 系统中采用得较多的一种。阅读器发送 RF 信号到标签，标签通过接收到的 RF 信号提供自身供电及解调信号，然后反射回阅读器，其工作距离可达 10m 以上。

二、RFID 的应用

1. RFID 在生产环节的应用

RFID 技术在生产环节主要用于生产线的自动化运作。在自动化生产过程中应用 RFID 技术，可以快速、准确地从种类繁多的库存中找出适当工位所需的适当的原材料和零部件，并借助运输系统及相应的传输设备实现物料的转移，从而实现对原材料、零部件、半成品和成品的整个生产过程的识别与跟踪，降低人工识别成本和出错率，提高生产效率。此外，应用 RFID 技术还能使生产过程实现自动监控，及时根据生产进度发出补货信息，从而协助生产管理人员实现对流水线的协调控制，确保稳步生产，同时也可以加强对产品质量的控制与跟踪。

2. RFID 在仓储环节的应用

RFID 在仓储环节主要用于存取货物和库存盘点。在存取货物时应用 RFID 技术，需要将标签贴在每件货物的包装或托盘上，在标签中写入货物的相关信息，同时在仓库内设置阅读器，就可实现对货物的存取控制。此外，利用标签中提供的有关货物库存情况的准确信息，仓管人员可以快速识别并统计现有库存状况，从而实现快速盘点。利用 RFID 技术进行盘点时，无需进行人工检查或条码扫描的过程，降低了库存盘点对人力的要求。

3. RFID 在运输环节的应用

RFID 技术在运输环节主要用于货物的跟踪、管理和监控。在货物运输过程中，可以在货物和货运车辆上贴上电子标签，同时在运输线路的一些检查点以及仓库、码头、车站、机场等关键地点安装上 RFID 阅读器。当阅读器接收到电子标签发出的信息（如货物所在的地理位置和当前的状况等）后，便会将信息传送给运输调度中心。

通过应用 RFID 技术，企业可以随时了解货物的运输情况，方便对在途货物进行管理。

因此，RFID 技术为货物的跟踪、管理和监控提供了快捷、准确、自动化的手段。在运输领域，以 RFID 技术为核心的集装箱自动识别系统，已成为全球范围最大的货物跟踪管理应用系统。

4. RFID 在配送环节的应用

RFID 技术在配送环节主要用于提高配送的速度和效率。当贴有 RFID 标签的货物进入配送中心时，配送中心的阅读器可以读取所有货物标签中所包含的信息，配送系统将这些信息与发货记录进行核对，以检测可能出现的错误，然后将电子标签中的信息更新到最新状态，并且根据要求对货物进行下一步处理，以确保对货物的精确控制。因此，RFID 技术的应用能够大大加快配送的速度，提高分拣过程的效率与准确率。

5. RFID 在零售环节的应用

RFID 技术应用于零售环节，能够降低零售商的库存管理水平，实现实时补货，降低出错率；同时，RFID 系统能够对某些特殊商品进行监控，如监控时效性商品的有效期限。此外，零售商还能利用 RFID 系统在收银台实现商品的自动扫描和计费，以此取代人工收费方式。因此，RFID 技术应用于零售环节，能够提高商品管理的效率，提高服务质量。

第三节　仓库管理系统 WMS

一、WMS 构成

仓库管理系统（warehouse management system，WMS）是一种信息支持手段，也是一套应用型的操作软件，对物品在流通过程中的支持和保证起到十分重要的作用。其所包含的方法和技术为流通中心的仓库完成流通功能提供了强大的支持和保证。

仓库管理系统由许多功能软件子系统组合构成。该系统的构成如表 7-7 所示。

表 7-7　WMS 的构成

WMS	入库管理子系统	1. 入库单处理（录入或转化） 2. 条码管理 3. 货物托盘化和标准化（录入） 4. 货位分配及入库指令的发出 5. 货位调整 6. 入库确认 7. 入库单据管理
	出库管理子系统	1. 出库单管理（录入） 2. 拣货单生成及出库指令的发出 3. 容错处理 4. 出库确认 5. 出库单据管理

续表

WMS	数据管理子系统	1. 库存管理	（1）货位管理 （2）货物编码查询 （3）入库时间查询 （4）盘点管理
		2. 数据管理	（1）货物编码管理 （2）安全库存量管理 （3）供应商数据管理 （4）使用部门管理 （5）未被确认操作的查询和处理 （6）数据库与实际不符记录的查询和处理
	系统管理子系统	1. 系统管理设置 2. 数据库备份 3. 系统通信管理 4. 系统使用管理	

1. 入库管理子系统

（1）入库单处理（录入或转化）

入库单可包含多份入库分单，每份入库分单可包含多个标准盘数据，托盘数据是保证每个托盘上放一种货物，因为这样会使仓储的效率更高、流程更清晰。

（2）条码管理

条码打印及管理的目的仅是为了避免条码的重复，以使仓库内的每一个托盘货物的条码都是唯一的标识。

（3）货物托盘化和标准化

批量到货后，首先要分别装盘，然后进行托盘数据的登录注记。所谓托盘数据是指对每个托盘货物分别给予一个条码标识，登录注记时将每个托盘上装载的货物种类、数量、入库单号、供应商、使用部门等信息与该唯一的条码标识联系起来。注记完成后，条码标识即成为一个在库管理的关键，可以通过扫描该条码得到该盘货物的相关库存信息及动作状态信息。

（4）货位分配及入库指令的发出

托盘资料注记完成后，该托盘即进入待入库状态，系统将自动根据存储规则（如货架使用区域的区分）为每一个托盘分配一个适合的空货位，并向手持终端发出入库操作的要求。

（5）货位调整

当所分配的货位实际已有货时，系统会指出新的可用货位，通过手持终端指挥操作完成。

（6）入库确认

从注记完成至手持终端返回入库成功的确认信息前，该托盘的货物始终处于入库状态。直至收到确认信息，系统才会把该盘货物状态改为正常库存，并相应更改数据库的相关记录。

(7) 入库单据管理

打印实际收货入库单。

2. 出库管理子系统

(1) 出库单管理

每份出库单可包括多种、多数量货物，出库单分为出库单和出库分单，可由手工输入生成或由其他的系统导入数据后进行自动转化生成。

(2) 拣货单生成及出库指令的发出

系统可根据出库内容以一定规律（如先入先出、就近等），具体到托盘及货位，生成出库内容，并发出出库指令。

(3) 容错处理

当操作者通过取货位置扫描图确认货物时，如果发现货物错误或实际上无货，只要将信息反馈给系统，系统就会自动生成下一个取货位置，指挥完成操作。

(4) 出库确认

手持终端确认货物无误后，发出确认信息，该托盘货物即进入出库运行中的状态。在出库区现场终端确认出库成功完成后，即可取数据库中的托盘条码，并修改相应数据库的记录。

(5) 出库单据管理

打印与托盘相对应的出库单据。

3. 数据管理子系统

(1) 库存管理

1) 货位管理。查询货位使用情况（空位、占用、存在故障等）。

2) 货物编码查询。以货物编码的方式查询某种货物的库存情况。

3) 入库时间查询。以入库时间为基准条件查询的在库库存。

4) 盘点管理。进入盘点状态，实现盘点。

(2) 数据管理

1) 货物编码管理。提供与货物编码相关信息的输入界面，包括编码、名称、所属部门、单位等的输入。

2) 安全库存量管理。提供具体到某种货物的最大库存、最小库存参数设置，从而实现库存量的监控预警。

3) 供应商数据管理。录入供应商的编号、名称、联系方法，供填入库单时使用。

4) 使用部门管理。录入使用部门、编号、名称等，供出入库单使用。

5) 未被确认操作的查询和处理。提供未被确认操作的查询和逐条核对处理功能。

6) 数据库与实际不符记录的查询和处理。逐条提供选择，决定是否更改为实际刚记录或手工输入记录。

4. 系统管理子系统

(1) 系统管理设置。设置使用者名称、代码、密码，选择可使用的程序模块。

(2) 数据库备份。提供存储过程每日定时备份数据库或日志。

（3）系统通信管理。提供对通信的开始和关闭的操作功能。

（4）系统使用管理。提供系统登录和退出界面的相关信息。

二、WMS 功能特点

仓库管理系统有计划、执行和查询、管理等功能。计划功能包括订货管理、运送计划、员工管理和仓库面积管理等。执行功能包括进货接收、分拣配货、发货运送等。

1. WMS 的计划功能

订货管理是顾客订货和顾客询问的登录点。通过使用 WMS 技术可以登录和维护顾客订货。订货管理还能提供有关存货可行性的信息和交付日期，以获悉和确认顾客的期望。

通过 WMS 系统，可以在入库、出库及库存管理的时候，进行各种计划，如入库前的库位计划、出库前的拣选计划；在规划仓库库容管理方面和制订搬运、装卸的组织计划等方面，都有十分重要的指导意义。

2. WMS 的执行功能

在批量作业环境下，通过 WMS 技术开出一份指示清单或任务清单，来指导仓库内的每一位物料搬运人员。在实时作业的环境下，诸如条形码、无线电射频通信以及自动搬运设备等信息导向技术交互作业，以减少决策和行动之间的时间。

在客户订货信息的基础上，在进货物资上贴附条形码，物资进入中心时用扫描仪读取条形码检验物资，或在企业发货信息的基础上，在检验发货物资的同时加贴条形码，这样企业的仓库保管以及发货业务都在条形码管理的基础上进行。

备货作业按照不同的配送用户在物资上贴附条形码，分拣作业时只要用扫描装置读取条形码，便能自动按不同的配送场所进行分拣。

3. WMS 查询、管理功能

通过 WMS 可以对仓库的货物进行查询，如储存位置的查询、数量的查询、库位使用情况的查询等；同时，通过 WMS 可以对货物进行管理和分析，如管理货物的储存时间，从而指导作业等。

三、WMS 的应用

仓储管理系统（WMS）是仓储管理信息化的具体形式，其在我国的应用还处于起步阶段。目前在我国市场上呈现出二元结构：以跨国公司或国内少数先进企业为代表的高端市场，其应用 WMS 的比例较高，系统也比较集中在国外基本成熟的主流品牌；以国内企业为代表的中低端市场，主要应用国内开发的 WMS 产品。下面主要结合我国物流与采购联合会征集的物流信息化优秀案例，从应用角度对国内企业的 WMS 概况做一个分析。其应用分为以下三类。

1. 配送中心业务系统

配送中心业务系统是基于典型的配送中心业务的应用系统，在销售物流中如连锁超市的配送中心，在供应物流中如生产企业的零配件配送中心，都能见到这样的案例。

北京某医药公司的现代物流中心就是这样的一个典型。该系统的目标，一是落实国家有关医药物流的管理和控制标准 GSP 等；二是优化流程，提高效率。系统功能包括进货管理、库存管理、订单管理、拣选、复核、配送、RF 终端管理、商品与货位基本信息管理等功能模块；通过网络化和数字化方式，提高库内作业控制水平和任务编排。该系统把配送时间缩短了 50%，订单处理能力提高了一倍以上，还取得了显著的社会效益，成为医药物流的一个样板。此类系统多用于制造业或分销业的供应链管理中，也是 WMS 中最常见的一类。

2. 仓储作业与信息系统整合

此类系统是以仓储作业技术的整合为主要目标的系统，解决各种自动化设备的信息系统之间整合与优化的问题。

武汉某热轧厂的生产物流信息系统即属于此类。该系统主要解决原材料库（钢坯）、半成品库（粗轧中厚板）与成品库（精轧薄板）之间的协调运行问题，否则将不能保持连续作业，不仅放空生产力，还会浪费能源。该系统的难点在于物流系统与轧钢流水线的各自动化设备系统要无缝连接，使库存成为流水线的一个流动环节，也使流水线成为库存操作的一个组成部分。各种专用设备均有自己的信息系统，WMS 不仅要整合设备系统，也要整合工艺流程系统，还要融入更大范围的企业整体信息化系统中。此类系统涉及的流程相对规范、专业化，多出现在大型 ERP 系统之中，成为一个重要组成部分。

3. 仓储经营决策应用系统

此类系统是以仓储业的经营决策为重点的应用系统，其鲜明的特点是具有非常灵活的计费系统、准确及时的核算系统和功能完善的客户管理系统，为仓储业经营提供决策支持信息。

某物流有限公司的仓库管理系统就是这样的一个案例。此类系统多用于一些提供公共仓储服务的企业中，其流程管理、仓储作业的技术共性多、特性少，所以要求不高，适合对多数客户提供通用的服务。该公司采用了一套适合自身特点的 WMS 以后，减少了人工成本，提高了仓库利用率，明显提高了经济效益。

第四节　准时制 JIT

一、JIT 概述

JIT（just in time）中文的意思是准时制，是一种管理的模式。这种管理模式在精确测定生产各工艺环节作业效率的前提下，按照订单确定的时间对生产实行控制，以消除一切无效的作业与浪费为目标。

JIT 指的是将必要的零件以必要的数量在必要的时间送到生产线，并且只将所需要的零件，只以所需要的数量，只在正好需要的时间送到。

1. JIT 生产方式的产生

日本丰田汽车公司是 JIT 管理模式的发源地，“彻底杜绝浪费”是其基本的思想，“只在需要时候，按需要的量，生产所需要的产品”是 JIT 基本的含义。追求一种无库存的生产系统，或库存达到最小的生产系统，是这种生产模式的核心。其中，包括“看板”在内的一系列方法被开发出来，并逐渐形成了一套独具特色的生产经营系统。

丰田汽车公司的创始人丰田喜一郎最早在汽车生产当中提倡“非常准时”的管理方法。大野耐一具体建立了这种体系。他毕业于名古屋工业大学，曾担任过丰田汽车公司的副总经理。经过了长期探索实践以后，逐渐形成了一套完整的体系——“丰田生产模式”，也就是后来人们所推崇的JIT。

丰田汽车的零组件管理方式被称为及时化（JIT），又称为“看板”方式。制造一部汽车所需的2万个零组件被它浓缩为最小极限，也就是把当前所需装配的必要量看成是一个单位，进而在盛装这个单位的容器上面挂上看板，看板上记载着何时生产、生产多少以及运往何地等作业指令，当将零组件用尽时，装配工厂将空容器送往零组件厂，根据看板上的指令，零组件厂生产和装入给定的品种和数量的零件，在要求的时间之内送到指定的地点。采用这种方式，丰田汽车公司成功地将库存水平下降到通常的1/5。

“看板”方式是一种逆管理。丰田汽车公司的装配工作，不是一种预测的生产，而是由销售公司订了多少货，就生产多少。以这个为前提，每一个工序都按照“看板”的指示：每一个工序向先行工序依次的索取组件，然后再送达给后续的工序。

丰田汽车公司一步步地扩大其生产的规模，在确立了规模生产体系的过程中，JIT生产方式诞生和发展起来。从开始的技术、设备引进阶段，日本汽车工业就没有彻底地套用美国汽车工业的生产方式。除了当时日本国内的市场环境不太好、劳动力状况及日本战后资金短缺等原因之外，很重要的一个原因就是JIT的生产方式的创始人从一开始就意识到：第一，美国汽车工业的生产方式虽然很先进，但是仍有改善的余地；第二，需要考虑采取一种灵活的适应市场的需要，尽快地提高产品的竞争力的生产方式。

以福特为代表的美国工业的大量生产方式，主要以单一品种的规模生产来降低成本，这是其最大特点，适应了当时美国的经济环境。在当时的美国，生产多少就能销售多少，生产规模越大，成本也越低。20世纪后半期，世界经济进入了一个市场需求多样化的新阶段，对产品质量的要求日益提高，若不组织多品种、小批量的生产，一旦生产过剩，所引起的设备、人员、库存费用等浪费就会使企业生存受到严重的影响。

JIT生产模式与时代的要求相适应，是一种多品种、小批量混合生产条件下高质量、低消耗的生产模式。20世纪70年代以后，市场环境变化很大，大量生产方式的弱点日益明显，JIT生产方式使得丰田公司的经营绩效与其他的汽车制造企业拉开了距离，其质量和交货期也领先于世界。JIT生产方式及其优越性开始受到瞩目并逐渐赢得国际上广泛的赞誉。20世纪80年代以后，JIT生产方式开始被西方经济发达国家所重视，据资料显示，1987年美国有25%的企业在应用JIT，目前绝大多数美国企业都已应用了JIT生产方式。

2. JIT生产方式的原理

“任何工序都只是在需要的时候，按需要的量生产所需的产品或者提供所需的服务”是JIT生产方式的基本逻辑。在理论上来讲，卖出一件产品，市场就从系统的终端拉动一个产品，于是对生产线的订货便由此形成。生产线工人为了补充被取走的产品，从物流的上游工序拉动一个新的产品，这个上游工序又从其上游拉动产品，如此拉动直到原材料投入工序。为使这种拉动过程能够平稳地进行，JIT生产方式要求全过程都具有高水平的生产质量。JIT生产方式也就意味着在需要的时候生产需要的产品，过量的生产是不需要的。超过所需要的最小数量的任何东西都被认为是浪费，在现在不需要的事物上投入了精力和原材料就是一种浪费。与传统的依靠额外的投放来防止或者弥补工作失误或者判别不准确的做法相比，两者的差异是巨大的。

3. JIT 生产系统的主要方法

JIT 发明了大量的极具特色的管理方法，其中看板管理方法在众多的准时化生产当中，影响最为深刻，作用也最大。

（1）看板管理

1）看板管理的概念

按照市场的需求来安排生产，生产的产品能马上销售掉，强调准时，达到即产即销，这就是看板管理的概念。反之，如果需求是不确定的，生产就不要进行。通常的做法是，不管后工序需要与否，前工序都按照计划生产。看板管理是把后工序看成了用户，只有需求被后工序提出，前工序才能够被允许生产，看板充当了传递指令的角色。看板管理能够控制准时化生产的生产进度，能够实现随时对作业计划做出微调。

2）看板的形式

看板是记载着生产信息的一种卡片。主要有两种看板：取货看板和生产看板。它们分别具有不同的用途：取货看板有取货指令的作用，一旦接到取货看板，应根据看板上的数量立即发货；生产看板有生产指令的作用，前工序应该生产的数量被标记在上面，后工序会向前工序发来生产看板，前工序就应按照指令立即生产看板上规定的数量的零件。

3）看板的使用

在实际生产过程中，不同的看板发送方式会被采用在不同场合，有单板方式和双板方式两种。它们的流程也不尽相同。若一条生产线上通常需要生产各种产品，不同的看板就要被设计给不同的产品。在生产时，某种产品的看板根据需求发出。具体方式可以是多种多样的，但实行的原则必须相一致：

①不见看板不发料，按照看板规定的数量发料，看板发料要以零件为标准。

②按照看板规定数量生产，当生产的品种多样化时，必须按照看板送来的次序生产。

③工序不准接收不合格的产品。

④看板使用的张数要随着时间的推移逐步减少。

（2）平准化生产

这个新名词是丰田公司创造的。它的含义是指同一条生产线上制造各种产品但必须均匀混合。因为按照准时化生产的要求，市场需要什么产品，什么产品就被生产出来。市场不可能今天只需要 A 产品，而不需要其他的产品，明天只需要 B 产品，而不需要 A 产品，后天又仅仅需要 C 产品。市场每天对产品的需求肯定不是单一的，所以，生产也不可能是单一的。一般来说，实现准时生产的必要条件就是平准化生产，它也是减少库存量的一项重要举措。

准时生产要采用对象专业化的生产组织方式，使用高效专用的设备。为了对混合生产实行平准化，设备应具有通用性。

实现平准化生产必须要由生产计划予以保证。一般可采用两阶段的月生产计划：第一步，要制订初步的产品品种和数量计划，这要提前两个月就进行；详细地修订生产计划，这要提前一个月进行。这两份计划资料要及时地传送给各制作厂。第二步，进入开始执行计划的阶段，根据月计划制订日生产计划（如 A 型车的月计划是 5000 辆，而月工作日是 20d，那么，A 型车的日生产计划是 250 辆，其他的车型也是如此的平均分配）。投产顺序排程必须在投产前2个工作日制订，并且立即按投产顺序下达给主要部件厂商和总装配线。执行平准化的计划应采用看板方式。

（3）零库存管理

库存在生产中的作用是十分重要的，为了保证过程能够连续下去，通常有许多在制品库存被设立起来。前文已在库存控制和进度控制中讨论过库存问题。对库存的理解与管理，准时生产方式可能是最精辟的。在财务报表上，库存作为企业财产的一部分被列示。换个角度来看，它占用了流动资金，也可被认为是企业债务的一部分。如果认为它是财产，库存多些并非是件坏事；而如果从债务的角度来看，就应当减少库存。库存被准时生产看成是债务，所以，必须尽可能降低库存。

准时生产认为许多管理不善的问题都被库存所掩盖了，通过减少库存去发现问题，解决问题，管理水平就能够提高。

库存量大了以后管理中存在的大量问题也就被库存所掩盖住了，如因质量管理的不善，过量的废品就使生产进度受到影响，以增加库存的办法可以使其得到应对，质量管理上的问题也就被掩盖了；因为设备故障影响生产，也用增加库存的办法来进行应对，设备管理上的问题也被库存掩盖了等。总之，传统的生产管理强调设备必须不停运转，生产必须不能中断，对付种种影响生产的因素只靠增加库存一条措施来解决问题，所以，系统效率显得低下。准时生产主张减少库存，最好实现零库存。当然，零库存的理想状态是不可能达到的，但零库存管理的目的是通过降低库存，发现管理中存在的一些问题，妥善地解决这些问题，使生产系统得到改善；再使库存进一步减少，再发现新的问题，再解决。这样生产的系统就得到进一步的改善。改进的过程是一种循环的过程，在这一过程中，生产系统会不断改善。零库存管理体现出了准时生产管理思想是追求尽善尽美的。

（4）少人化管理

降低成本的重要手段之一便是少人化。在丰田公司看来，如果一项改进仅仅是提高工作效率，人员不减少，那么是很不可取的。他们认为，应该提高生产率，也必须要达到减少人员的目的。少人化管理主要有两个含义：一是生产工人的数量随生产而变动。严格按照需求生产是准时化的原则所要求的，不提前，不过量。只要需求发生了波动，产量就会有高低，生产人数应该做相应的调整。产量大，应该多配备一些员工；相反，员工的数量就应被减少。二是通过作业来改进使作业人数不断得到减少，达到提高效率、降低成本的目的。为达到这个目的，下面两条重要措施通常被采用。

1）培养多面手

培养多面手就能够达到便于随时地调整生产线上的作业，可以灵活自如地安排工人任务的目的。工人掌握技能的多少与生产线作业的灵活性成同方向的变化。

2）小组工作

企业生产以小组为单位进行组织。小组功能被强化，小组内的工人除了承担生产任务外，也参与管理。小组要承担参与物耗控制、对质量负责、设备调整的任务，负责设备保养以及简单修理，还要对现场的工作进行改进完善。小组工作是劳动组织上的一项改变和革新，它也是实现精益生产的核心思想——杜绝一切浪费的组织保证。

小组工作强调协作和团队精神，坚持以人为本，本组内的事情大家关心，共同解决。每个成员都要掌握多种技能，能够胜任本组内每个岗位的操作，在需要时可以相互支援帮助。

小组工作具有十分深远的意义。它对人力资源的开发是十分有利的，在小组内每位工人都被提供了表现自己的舞台，也都得到了发挥才智的机会；小组工作把部分权力下放，使权力和责任在小组中结合，管理层次得到减少，工作程序得到简化，使小组可以创造性地独立自主地完成任务；小组工作有利于拉近员工间的距离，小组成员之间相互尊重、上下信任、团结协作，从而使企业的凝聚力随之得到增加。

小组工作是一场革命，变革了建立在分工基础上的传统的组织方式。在实施过程中统一认识是非常重要的。由于对工作的考核不再是原来的，对个人考核被转向对小组的考核，个别人的原因就可能会导致没完成任务，需要全小组的加班劳动，所以，团队精神的培养是搞好小组工作的基础。实行小组工作的目的是为了更好地开展工作，所以，定期制订改进目标就成为小组的一种需要，同时，也必须做到定期检查完成的情况。一项目标完成以后，下一期目标就应当被制订，改进目标永无止境。工作小组通常是由生产过程中共同承担某一部分作业的人组成的，是比较稳定的。也有的工作小组是为了解决某个特定的任务临时组成的，任务完成以后小组解散。

（5）缩短生产周期

生产周期主要是指从零件投料到成品产出所需要的时间。一件产品所有的加工作业同步进行就是生产同步化。它要求装配线和机械加工几乎平行作业。很明显，这样可以缩短生产的周期。但达到同步是非常困难的，完全的同步化是不可能做到的。看板管理在这里将要装配的计划被从总装配线通过看板传递到各条零件生产线，从而使得零件生产线保证在总装线生产需要的时刻得到需要的零部件。

1）一物一流生产

库存不在工序之间设立，前工序加工完毕，立即就进入下一工序。这就是所说的一物一流。事实上，这是指工序间采用平行传送的方式，生产周期可以达到最短。

2）小批生产

铸造、锻造和压制等都必须成批的生产。为了使生产周期缩短，应当使生产批量减少。而要减少批量，就应采取措施使设备调整时间减少，随着设备调整时间的缩短，批量也成比例地减少。如假定调整时间为2h，制品的单位加工时间是2min，批量是1800件，则总生产的时间为：调整时间 + 总加工时间 = 2 + （2 × 1800 ÷ 60） = 62h。如果把调整时间缩短到6min，是原来的1/20，那么，生产批量也可以减少到原来的1/20，即90件，生产效率不变。因为反复生产20次，生产1800件仍然是62h，但由于批量减少到原来的1/20，生产周期就可以大大地减少。

3）快速更换工装

工装就是生产过程中使用的各种工具的总称，如夹具、刀具、模具、量具等。当转换产品时，往往同时工装也需要更换，更换工装所消耗的时间不能产生任何价值，如果时间很长，则是一种极大的浪费。所以，多换工装的办法一般是不被企业所采取的，宁可加大批量。但出于准时化生产的目的，必须要减少批量，频频转换产品，要解决这种矛盾只有通过快换工装的办法。事实证明，快换工装是可以做到的。

二、JIT的核心思想

在JIT生产方式倡导以前，世界汽车生产企业包括丰田公司均采取福特式的“总动员生产方式”，即一半时间人员和设备、流水线等待零件，另一半时间等零件一运到，全体人员总动员，紧急生产产品。这种方式造成了生产过程中的物流不合理现象，尤以库存积压和短缺为特征，生产线或者不开机，或者开机后就大量生产，导致了严重的资源浪费。丰田公司的 JIT 采取的是多品种少批量、短周期的生产方式，达到了消除库存，优化生产物流，减少浪费的目的。

JIT 生产方式的基本思想可概括为“在需要的时候，按需要的量生产所需的产品”，也就是通过生产的计划和控制及库存的管理，追求一种无库存，或库存达到最小的生产系统。JIT 的基本原则是在正确的时间，生产正确数量的零件或产品，即时生产。它将传统生产过程中前道工序向后道工序送货，改为后道工序根据“看板”向前道工序取货，看板系统是 JIT 生产现场控制技术的核心。

三、JIT 管理的哲学

1. JIT 生产的五大管理思想

JIT 生产从环境要求到管理目标，都运用了全新的管理思想，它并非简单地应用了一两种新的管理手段，而是一套与企业环境、文化以及管理方法高度融合的管理体系。

（1）强调系统优化

JIT 生产方式的优化目标是整个生产系统，它以产品的生产工序为线索，建立密切相关的供应链，一方面降低企业在协作中的交易成本，另一方面保证稳定需求与及时供应。

（2）强调“库存是万恶之源”

JIT 管理思想认为生产中的一切库存都是浪费，并且这些库存掩盖了生产系统中的缺陷与问题。JIT 在强调供应对生产的保证的同时，强调对零库存的要求。通过强调零库存，可以不断暴露生产中的基本环节的矛盾，从而针对这些矛盾加以改进，不断降低库存以消灭库存产生的浪费。基于此，JIT 生产提出了“消灭一切浪费”的口号和追求零浪费的目标。

（3）强调协作

JIT 生产方式源于日本，深受东方文化影响，在专业分工中强调相互协作及业务流程的精简（包括不必要的核实工作），消灭业务中的“浪费”。

（4）追求“零不良”

JIT 生产方式追求产品的“零不良”。JIT 观点认为，在 JIT 生产方式下，可以让生产者自身保证产品质量的绝对可靠，且这种保证要以不牺牲生产的连续性为前提条件。其核心思想是，“消除一切次品所带来的浪费”可以通过消除产生质量问题的生产环节来实现。

（5）强调发挥基层的主观能动性

在 JIT 生产方式下，对员工个人的评价基于其长期的表现。它强调员工个人对整个生产过程的作用及员工间的协调性，强调个人应尽力发挥主观能动性。这种观点更多地将员工视为企业团体的成员，而不仅仅是劳动的机器。

2. JIT 管理的两个基本原则

JIT 管理的五个基本思想集中体现了两个基本原则：一是简洁；二是以人为本。

（1）简洁

简洁就是指准确实现生产目标，避免出现偏差。简洁可以通过管理体系流程化、管理方法可视化等方法实现。

其中，管理方法可视化指的就是目视管理，就是用眼睛来看。最典型的目视管理是汽车的仪表，人们不需要读它的数字，当看到表针超过红线或者停留在黄线区域，就表示出现问题了。目视管理要用眼睛，而人是有视角范围的，特别是操作设备时，要保证操作设备的员工站在设备的正面就可以看到所有的仪表。汽车里所有的仪表都在前面，人们一边开车一边用余光看仪表，操作设备也是同样的道理。

（2）以人为本

人是有思想的，所以一切都应该以尊重人为前提。有些企业的生产车间的环境特别恶劣，特别热，而且噪声很大。这些企业需要改善它们的生产车间的环境，给员工提供尽量舒适一点的工作环境。

广东有企业聘请了专做“降温”工程的公司，车间每降1℃该企业就要付给降温公司一定数目的钱。那么降温公司是用什么方法来降温的呢？它用兜风的方法，想办法把外面的风兜进来，这样就可以降低车间的温度，不会使员工感觉厂房闷热。所以，以人为本，很多时候是体现在一些非常细微的地方的。

对于员工的使用，不应该仅仅使用他们的劳力，而应该更多地去使用他们的脑力、智力，要鼓励员工多动脑，多在工作中运用智慧，提高工作效率，以达到更好的生产效果。这样不仅会为企业带来更多的利润，而且员工觉得自己实现了更大的价值。

另外，要鼓励员工自主管理，从“要他干”变为“他要干”，这样员工的积极性会大大增加，管理也会变得更加容易。

问题思考

一、选择题

1. 下列属于自动标示与数据采集技术的是（　　）。

A. 语音识别系统　　B. 触摸屏

C. 条形码　　D. PDF-417 码

E. 储蓄卡磁条　　F. 视网膜扫描

2. 对于 RFID 系统而言，用于访问者控制、物品跟踪和动物标识的频率范围是（　　）。

A. 10～20kHz　　B. 30～500kHz

C. 850～950MHz　　D. 2. 4～2. 5GHz

3. 下列可以成为自动数据采集、标示和分析系统的工具是（　　）。

A. 线性条形码技术　　B. 二维条形码技术

C. RFID 技术　　D. 磁卡技术

4. 下列对 RFID 的叙述正确的是（　　）。

A. RFID 一般包括三个构件：天线、无线收发器（带解码器）和 RF 标签。

B. RFID 标签有主动式和被动式两类，前者不需要单独的外部电源。

C. RFID 标签最重要的优点是非接触作业阅读速度快，大多数情况下不到 100ms。

D. RFID 系统主要的问题是不兼容的标准。

5. 下列关于条码的描述正确的是（　　）。

A. 条码是一种光电扫描设备自动识读，并实现信息自动输入计算机的图形标记符号，是由不同粗细平行线按特定格式安排间距的条码符号和字符组成的一种标记。

B. 条码按其识别目的、码制等不同，条码有通用商品条码和物流条码两种。

C. 通用商品条码是最终消费单元的唯一标识，它常常是单个商品的条码。消费单元是指通过零售渠道，直接销售给最终用户的商品包装单元。

D. 物流条码是货运单元唯一标识。

6. 下列对商品条码和物流条码的异同点叙述正确的是（　　）。

A. 二者都是由 13 位数字组成。

B. 二者的最前面三位数字表示国家或地区代码。

C. 物流条码除第一位数字，其余的和商品条码代表意思相同。

D. 最后一位都为校验码。

7. 下列是常用条形码的有（　　）。

A. UPC/EAN128 码　　B. CODE39 码

C. CODE93 码　　D. 交叉 25 码

E. AIDC 码

8. 下列对线性条形码和二维条形码的描述正确的是（　　）。

A. 线性条形码可用于将数字或数字字母不作为数据库关键字的领域。

B. 线性条形码最主要的优势是存储的数据量很大。

C. 与线性条形码相比，二维条形码最主要的优势是能存储大量数据。

D. 二维条形码运用普通的扫描器就可以阅读。

9. 下列属于一维条形码的是（　　）。

A. CODE49 码　　B. CODE39 码

C. CODE93 码　　D. PDF417 码

E. 交叉 25 码

二、简答题

1. 简述条码的类型及特点。

2. 简述 JIT 管理思想。

本章案例

生产企业 JIT 案例

GM 公司在美国加拿大地区共有 30 多个汽车零部件制造厂与组装厂，以及 10 多个主要原材料供应商。20 世纪 80 年代初，GM 公司决定设立一个中转站，接收和汇集来自各供货厂商送来的零部件，然后立即重新组合配送到各需求制造工厂。这项中转业务委托给一家物流专业公司负责。这家公司就是汽车配件物流公司 Autocon。

Autocon 公司的负责人针对 GM 公司物流业务的特点，对配送中心进行了一些必要的建设和改造。

（1）Autocon 公司在 GM 公司开发的条形码软件的基础上，开发了一种特殊的电子数据收集和通信系统，用来跟踪掌握公司中每个零部件的进入、转移和发出流转过程。

零部件从供应商发给 Autocon 公司时，都装在有条形码标志的集装箱内，供应商扫描这些集装箱，将货物清单传给 Autocon 公司。运货车进入 Autocon 公司，记录下车号，再卸下集装箱，通过扫描，确认与发车时的电传一致。随后这些货物的3/5以上立即或几小时后就配送发运。这个配送发运过程以及其间集装箱的定位都由中央计算机处理并发出指令。由计算机告知叉车司机和装卸公司将哪些集装箱装入哪辆车，仓库人员如何在操作时最大限度地提高装卸效率和保证生产安全。

零部件由Autocon公司配装发运后，Autocon公司用计算机系统将货物清单通知GM公司。Autocon公司在配送发运的货物到达目的地前负完全责任。

（2）Autocon公司配送中心的物流系统有效地提高了GM公司的零部件中转率，每年为GM公司及其供应商节省了800万美元。Autocon公司配送中心每天通过管理和调度500多辆卡车，完成了准时配送业务。

Autocon公司的配送中心有如下特点：

1）通过联机进行实时数据处理。

2）货物装卸作业量减少到最小。

3）电子设备淘汰了物流过程中的纸张文件作业，可节省费用、减少失误。

4）计算机系统进行全面库存控制。

5）货物流转数据准确。

6）极大地提高了信息交换速度。

7）保证生产安全。

Autocon公司在配送方面取得了很大成功，促进了Autocon公司及GM公司业务的不断拓展。

浙江某公司主要生产汽车配件。从1994年下半年开始，该公司借鉴国内外先进的管理模式，并结合自身的特点，推行一种“精益生产方式”（Lean Management），即从生产、经营各个环节上节约支出、降低成本，以求最大的经济效益。在实施过程中，公司以市场为导向，以财务为核心，推行“三转”式的目标管理模式（销售围绕市场转，生产围绕销售转，部门围绕生产转），调动一切因素向市场看齐。

在生产管理中，公司采用“倒转顺序法”（JIT看板生产方）组织生产：先由销售部门根据需要向总装部要货，再由总装部向其他制造部门索要所需配件，后一环节定量向前一环节要货，前一环节以核定的成本向后一环节结算。这样生产出来的产品严格根据市场的需要配置，不至于积压在仓库而大量占用资金。

第二汽车制造厂也应用JIT技术实现了生产“零库存”。

无论是生产企业还是物资企业，都可以应用JIT技术、应用准时制物流技术降低企业内部的物资库存，减少流动资金占用，提高周转速度，提高企业的经济效益。

第八章　冷链与冷库管理

知识目标

1. 理解冷链管理的含义与构成。
2. 熟悉冷链管理的内容。
3. 熟悉冷库管理的内容。

能力目标

1. 能分析某产品的冷链系统。
2. 能分析某冷链物流企业的冷链系统。

第一节　冷链管理

一、冷链管理的概念

冷链（cold chain）管理是指易腐食品从原料（采摘、捕捞、收购等）生产、加工、储藏、运输、销售直到消费前的各个环节始终处于规定的低温环境，以保证食品质量，减少食品损耗的一项系统工程。

随着人们对科学原理理解的不断加深，制冷技术的不断完善和发展，以及人们对商品质量要求的提高，冷链管理的技术和手段得以发展。而更随着科学技术的进步，制冷技术发展并建立起来：是以食品冷冻工艺学为基础，以制冷技术为手段，在低温条件下的物流现象。目前冷链使用的范围包括初级农产品、加工食品、特殊商品（如药品）。冷链的服务对象主要为冻结温度与冷却温度两大类产品。

图 8-1　一般冷链的链式结构模型

二、冷链的结构

根据冷链的定义和一般运作过程，可以构建出一条一般冷链的链式结构模型（图 8-1），其结构一般由以下几个环节组成。

1. 原材料的获取及冷却

这是冷链的第一个环节，该环节的质量高低很大程度上决定了整个冷链的质量，低温储藏可以有效地控制新鲜，产品在储藏过程中温度波动对产品的影响很低，但低温储藏的前提是新鲜，如果产品在储藏之前没有经过任何处理，即使进行低温储藏也是毫无意义的。及时、快速地进行冷却和保鲜对于确保产品从加工到销售环节的原有品质具有非常重要的意义。

2. 冷藏加工环节

冷藏加工环节包括肉禽类、果蔬等的预冷和各类速冻食品的加工等。加工过程中要对温度进行有效控制是不容易的，但是该环节却是整个冷链中必不可少的一个环节，因此，对于这个环节的温度的控制非常重要，通常在这个过程中会涉及各类冷藏库、冷藏柜以及最终消费者所使用的冰箱等。

3. 冷冻冷藏环节

冷链中的产品具有易腐性特点，究其腐败的原因主要有两个：

（1）产品本身所含有的酶以及周围环境因素容易导致物理变化及化学变化。

（2）产品中附带的微生物或周围环境中的微生物易导致腐烂和病毒。针对这种情况，目前我国的储藏方式主要可以分为：气调储藏技术、冰温储藏技术、减压储藏技术和 MAP（一种先抽真空，再充入改变过的混合气体的包装）储藏技术。

4. 冷藏销售环节

从配送中心出来之后，产品进入批发零售环节，一般在各零售柜台上进行销售。这是由生产商、批发商和零售商共同来完成的。随着大中城市各类连锁超市的快速发展，各种连锁超市成为冷链产品的主要销售渠道。在这种冷链的销售终端冷藏库，冷冻陈列柜以及储藏库成了整个冷链中越来越重要的不可缺少的一个重要环节。

5. 冷藏运输环节

这个环节的最大优点就是贯穿了整个冷链的始终，衔接了冷链不同环节，将其他环节串联起来形成一个完整的冷链物流。冷链运输有多种形式，如公路冷藏运输、铁路冷藏运输、水路冷藏运输和航空冷藏运输等；用到的运输工具主要有冷藏车、冷藏集装箱以及其他的保温运输工具。在冷藏运输环节中，任何一点温度的波动都极易造成产品质量的下降，因此，一条有效的冷链对于运输工具的要求很高，必须具有良好的性能，对于易腐产品或有保鲜要求的产品，不仅要保持在规定的温度而且不能有大的温度波动，长距离的运输要求更高。

三、冷链管理的内容

冷链管理包含冷链设备的选择、冷链温度的检测与跟踪和冷链控制技术等。

1. 冷链设备的选择

冷链控制所涉及的设备包括库房储存设备、运作设备、检测与记录设备、运输工具等。下面对这几种设备的选择进行介绍。

（1）冷库库房的选择

以库房形式分，冷库分为普通平库、高货架库房、多层楼库；以建筑材料分，冷库分为钢结构冷库和混凝土冷库等。冷库库房的选择要考虑建筑规模、土地价格、库房用途等诸多因素。我国 20 世纪 80 年代以前建设的冷库多数是混凝土结构的普通平库和多层楼库。这是由当时的建筑材料、叉车提升高度和以储存为目的的冷库需求所决定的。20 世纪 80 年代以后建设的冷库以彩钢板结构、高货架、高货台为主要特征。这主要是保温建筑材料的发展、食品卫生要求的提高和库房快速流转要求所带来的结果。

（2）冷库货架的选择

出于平均每立方米建筑费用和制冷效率等方面的考虑，越来越多的冷库选择了高货架库房，平均高度在9m以上。这就要求在冷库中安装货架，以提高库房利用率。冷库货架高度的选择一般不低于3层，但一般也不高于12m。低于3层的货架效率受到影响，而12m的高度主要是受到现有叉车提升高度的限制。如果是自动化货架冷库，高度一般可以达到20～25m。冷库中货架形式可以选择可调节式驶入式货架或单层、双层选货架。在选择安装推回式货架时要注意货品包装的完整性和冷库是否容易结霜，以免影响货架的移动。

（3）冷库叉车的选择

要选择适合于冷库运作的叉车。冷库所有的叉车配有低温状态下的保护装置、特殊的电路板和防结霜及短路发生的装置等。另外，叉车在不使用时要放在预冷间或充电房，不要长时间放在冷库中。

（4）冷库托盘的选择

冷库中使用的托盘要选择耐低温的材料。木托盘对温度敏感较小，但木托盘不适合食品物流对卫生和环境的要求，应减少使用。塑料托盘的选择要注意其适用温度，要选择在低温状态下性能良好的耐低温塑料托盘。

2. 冷链温度的检验与跟踪

冷链管理中非常重要的组成部分是对商品流通中的某一阶段或全过程温度的检验、记录和跟踪。没有温度的检验和跟踪就不能保证冷链商品在流通的各个环节都处于合格的温度控制范围，就不能及时发现冷链中存在的问题。冷链中温度的检验与跟踪也是货品交接中保证货品质量的依据。

（1）温度的检验

温度的检验的依据是不同商品有不同的温度要求范围。例如，麦当劳薯条的储存和运输温度是－18℃，接收货品时最高温度不能高于－11.8℃。否则为产品温度不合格，做报废处理。含奶量较高的冰激凌的储存温度为－24℃，而－16℃为最高接收温度。温度的检验手段一般采用探头式温度计进行测量，记录测量时产品的温度状况，以此作为接货时或某一点的温度状态记录。

（2）温度的跟踪

温度的跟踪是对冷链商品在一定期间和一定状态下的温度的连续跟踪和记录。一般来讲，温度跟踪是跟踪冷链商品的存放环境温度，例如运输过程中记录冷藏车中的温度，储存过程中记录冷库中的温度。也可以针对特定的某一种商品流通过程进行连续的测试。其方法是将温度记录仪放置在商品包装箱中，连续跟踪记录一定时间内商品的温度变化情况。此时记录的温度应被看作是商品的温度，而不仅仅是商品的运输和储存环境温度。温度的跟踪可以真实地反映和记录在一定期间内和一定状况下产品的温度情况，为商品交接提供可靠的依据。海运冷冻集装箱必须安放国际货运认可的温度记录仪，以便收货时核查。冷冻货品的长期运输也要有温度记录装置作为货品交接的依据。

3. 冷链控制技术

冷链控制技术包含保温材料的研究、产品在低温时的不同化学和生物特性的研究，以及各种冷链运作设备的研究与应用等。随着冻链管理受到越来越多的重视和科学技术的不断发展，冷链控制技术也必将迈向更高的台阶。

第二节　冷库管理

一、冷库的概念和分类

冷库是指有温度控制的，主要用于储存和简单加工货品的库房。冷库按照其服务的流通阶段不同、形式不同、温度范围不同可以分为若干种。

1. 按冷库的使用性质分类

（1）生产性冷库。它是为生产企业提供加工后产品的冷库。

（2）流通储存性冷库。它是用于批发、物流中心的流通环节的冷库。

（3）周转性冷库。它是位于港口、车站附近，作周转用的冷库。

（4）零售端冷库。它是用于大卖场、连锁店临时储存，保证店面供应和运作的冷库。

（5）综合性冷库。它是配套于城市的综合供应体系，提供加工，流通、储存等综合性服务的冷库。

2. 按冷库的设计温度分类

（1）高温库。一般设计温度在0℃以上的冷藏库房称为高温库，主要用于水果、蔬菜的加工和储存。

（2）低温库。一般设计温度在－15℃以下的冷库称为低温库，主要用于鱼、肉、冰激凌等产品的储存。

3. 按冷房的结构分类

（1）混凝土结构冷库。混凝土结构冷库是目前在我国存在形式最多的冷库，它有单层结构，也有多层的楼式结构。混凝土结构冷库由于墙体较厚，热传导性较差，所以库内温度容易保持，较稳定。

（2）钢架结构冷库。这种冷库为单层形式，库房构架及承重体为钢制构件，库板为彩色铝合金聚苯乙烯或聚氨酯泡沫夹层结构。钢构架冷库建设速度快，外形美观，并容易清洁。

（3）其他结构冷库。其他结构冷库包括位于地下的覆盖式冷库和利用山洞修建的冷库。这些冷库在特定的条件下，有其自身的优点。

二、冷库的构成

冷库作为储存加工货品的场所，其建筑结构必须满足实际运作的功能需求，其组成可以根据需要选择以下功能的部分或全部。

1. 冷库库房及加工间

冷库库房及加工间包括：

（1）冷库库房。冷库库房是储存货品的主要场所。库房要保持恒定温度，并有温度监控设施、安全逃逸门等装置。

(2) 速冻间。用于需要冻结的食品，由常温或冷却状态快速降至 -15℃或 -18℃，加工周期一般为 24h。

(3) 预冷间。用于对进库冷藏或需先经预冷后冻结（指采用二次冻结工艺）的常温食品，进行冷却或预冷。加工周期一般为 12~24h，产品预冷后温度一般为 4℃。

(4) 冰库。又称储冰间，用以储存人造冰，解决需冰旺季和制冰能力不足的矛盾。

2. 冷库辅助功能房

冷库辅助功能房包括：

(1) 预冷站台。预冷站台也称过冷房或低温穿堂，是连接装卸货平台和库房的通道或房间，是为防止货品在装卸过程中直接暴露在环境中和防止冷库温度散失而设计的库房结构，也是运输作业和库房间联系的通道。

(2) 楼梯、电梯间。多层冷库均设有楼梯、电梯间。楼梯是生产工作人员上下的通道，电梯是冷库内垂直运输货物的设施。

(3) 检查、过秤间。它供货物入库时检查质量和出入库时过秤计数。

3. 办公用房

办公用房包括：

(1) 办公室。办公室包括公司办公室、营运办公室和业务室等。

(2) 员工更衣室和休息室。冷库由于其工作环境的特殊性，员工更衣和休息的场所更要注意方便性。

(3) 卫生间。

4. 冷库附属设施房

冷库附属设施房包括：

(1) 制冷机房。制冷机房是冷库的主要设备所在地，要根据建筑设计要求留足空间和与库房的安全距离。制冷机房也要按照安全性要求设有防火、逃逸等设施和通道。

(2) 变电间。高低压配电间是供应制冷机房和办公等用电的设备场所。

(3) 维修充电房。冷库的运作所使用的叉车、堆高机等设备的维修、充电需要配备合适的场所，并且要配备洗眼器等安全防护设施。

三、冷库的结构

1. 隔热和防潮层

冷库除了有良好、牢固的库房框架建筑外，还必须有良好的隔热和防潮层。隔热层起隔绝库内外热的传递作用，保证冷库内的适宜低温。隔热材料应选择导热系数小、无臭味、不易吸潮、质量轻且价格低廉、易得为宜。设计人员应根据冷库所处地区的实际情况和具体条件，设计合理的隔热层厚度，以保证冷库有效而经济地运转。冷库的六面受外温影响不同，如果冷库顶部隔热层之上加有屋盖，形成一层缓冲空间，隔热层厚度可小一些：长时间受阳光照射的墙面比阴面墙壁的隔热层厚度需大一些。冷库建筑的地面温度变化也受地温影响，对隔热层的要求也可灵活处理。

防潮层是冷库结构中另一重要组成部分，缺少防潮层时，冷热空气在隔热层中相遇，达到露点即会凝结水滴，隔热材料受潮后，隔热性能降低。一般可以在隔热层两面加防潮层，也可只做外防潮层。常用沥青、油毡、塑料涂层、塑料薄膜或金属板做成防潮层，这样冷库使用寿命可以得到延长。

2. 制冷系统

制冷系统是冷库最重要的设备，由蒸发器、压缩机、冷凝器和调节阀、风扇、导管和仪表部分构成，并根据需要控制制冷剂供应量的大小和进入蒸发器的次数，以便获得冷库内适宜的低温条件。制冷系统的大小应根据冷库容量大小和所需制冷量选择，即蒸发器、压缩机和冷凝器等与冷库所需排除的热量相匹配，以满足降温需要。

蒸发器的作用是向冷库内提供冷量，蒸发器安装在冷库内，利用鼓风机将冷却的空气吹向库内各部位，大型冷藏库常用风道连接蒸发器，延长送风距离，扩大冷风在库内的分布范围，使库温下降更加均匀。

压缩机是制冷系统的“心脏”，推动制冷剂在系统中循环，一般中型冷库压缩机的制冷量大约在 $1.26\times10^5\sim2.1\times10^5$J/h 范围内，设计人员将根据冷库容量和产品数量等具体条件选择压缩机。

冷凝器的作用是排除压缩后的气态制冷剂中的热量，使其凝结为液态制冷剂。冷凝器有空气冷却、水冷却和空气与水结合的冷却方式。空气冷却只限于在小型冷库设备中应用，水冷却的冷凝器则可用于所有形式的制冷系统。

制冷机组的制冷量可根据对库内温度的监测，采用人工或自动控制系统启动或停止制冷机运转，以维持储藏食物所需的适宜温度。目前有不少冷藏库安装了计算机系统，监测和记录库温变化。

四、冷藏保管的原理

冷藏是指在保持低温的条件下储存物品的方法。由于在低温环境中，细菌等微生物大大降低繁殖速度，生物体的新陈代谢速度降低，能够延长有机体的保鲜时间，因而对鱼肉食品、水果、蔬菜及其他易腐烂物品都采用冷藏的方式仓储。另外，对于在低温时能凝固成固态的液体流质品，采取冷藏的方式有利于运输、作业和销售，也采用冷藏的方式仓储。此外，在低温环境中一些混合物的化学反应速度降低，也采用冷藏方式储藏。

冷藏保管的温度控制的不同，分为冷藏和冷冻两种方式。冷藏是将温度控制在 0～5℃进行保存，在该温度下水分不致冻结，不破坏食品的组织，具有保鲜的作用，但是微生物仍然还有一定的繁殖能力，因而保藏时间较短；冷冻则是将温度控制在 0℃以下，使水分冻结，微生物停止繁殖，新陈代谢基本停止，从而实现防腐。冷冻保管又分为一般冷冻和速冻。一般冷冻采取逐步降温的方式降低温度，达到控制温度停止降温，如 -20℃；速冻则是在很短的时间内将温度降到控制温度以下如 -60℃，使水分在短时间内完全冻结，然后逐步恢复到控制温度（不低于 -20℃）。速冻一般不会破坏细胞组织，具有较好的保鲜作用。冷冻储藏能保持较长的时间不腐烂变质。常见货物的储藏适宜温度、相对湿度如表 8-1 所示。

表 8-1　常见货物的储藏适宜温度、相对湿度

名称	冷藏温度（℃）	相对湿度（%）	储藏时间	冷冻时间（℃）	相对湿度（%）	储藏时间（月）
牛肉	-1.0～0	86～90	3 周	-23.0～-18.0	90～95	6～12

续表

名称	冷藏温度（℃）	相对湿度（%）	储藏时间	冷冻时间（℃）	相对湿度（%）	储藏时间（月）
猪肉	0～+1.2	85～90	3～10d	-24.0～-18.0	85～95	2～8
冻羊肉				-22.0～-18.0	80～85	3～8
家禽	0	80	1周	-30.0～-18.0	80	3～12
冻兔肉				-30.0～-18.0	80～90	6
蛋	-1.0～-0.5	80～85	8周	-18.0		12
鱼	-0.5～+4.0	90～95	1～2周	-20.0～-12.0	90～95	8～10
对虾				-7.0	80	1
苹果	0～+1.0	90～95	150～180d			
梨	0	90～95	210d			
桔子	0～+1.2	85～90	50～70d			
葡萄	-1.0～0	90	60～210d			
青椒	+9.0～+12.0	90～95	30～45d			
番茄	+13.0～+17.0	90～95	30～45d			
黄瓜	+12.0～+13.0	95	15d			
菠菜	0	95～100	85～90d			

五、冷库仓储管理

冷库的结构复杂、造价高、技术性能较强。对冷库的使用、维修、管理，必须严格按照科学办事，执行有关规章制度，建立健全岗位责任制，做到高产、优质、安全、卫生、低消耗。

1. 库房的使用管理

库房的使用，要按设计要求，充分发挥冻结、冷藏能力，确保安全生产，保证产品质量，维护好库房建筑结构。库房管理要设立专职小组，责任落实到人，每一个库房，每一扇库门，每一件设备工具，都要有人负责。冷库具有怕水、怕潮、怕热气、怕跑冷的特性，所以要把好冰、霜、水、门、灯五关。要求做到以下几点。

（1）穿堂和库房的墙、地坪、门顶棚等都不得有冰、霜、水，要及时清洁，库内排管和冷风机要及时进行冲霜、清霜，以提高制冷效能。当制冷剂在蒸发器内汽化时，温度在0℃以下，与库内湿空气接触，使之达到饱和，在蒸发器外壁凝成冰霜，而冰霜层不利于热的传导，影响降温效果。因此，在冷藏管理工作中必须及时除去冰霜，即“冲霜”。冲霜可以用冷水喷淋蒸发器，也可以利用吸热后的制冷剂引入蒸发器外盘管中循环流动，使冰霜融化。

（2）库内禁止带水作业，没有经过冻结的热货，不准直接进入低温冷藏库，防止带进热气，损坏冷库。要严格管理冷库门，商品出入库，要随时关门，库门如有损坏，要及时维修，达到库门开启灵活、关闭严密、防止跑冷，冷库门上要设冷风幕，以减少冷热空气对流。

（3）要防止因冻融循环，把冷库建筑结构冻酥、冻臌。因此，各种库房必须按规定用途使用。高、低温库不能混淆使用，原设计的两用库确定一种用途后，不要轻易改变。设计有经冷却工序的冻结间，如改为直接冻结时，冻结间要设有足够的制冷设备。此外，还要严格控制进货数量和掌握库温，库房内不得滴水；空库时，冻结间和低温冷藏间要保持在－5℃以下。高温库在露点温度以下，避免库内滴水受潮。

（4）要保护地坪，防止冻臌和损坏。使用时，不得把物品直接散铺在地坪上冻结，拆卸垛不得采用倒垛的方法，脱钩和脱盘不准在地坪上摔击，以免砸坏地坪，破坏隔热层；物品堆垛，吊轨悬挂质量不得超过设计负荷；没有做地坪防冻措施的高温库，其库温不得低于0℃，以免冻臌地坪；冷库地下自燃通风道应保持畅通，不得积水、有霜，不得堵塞，北方地区做到冬堵春开；采用机械通风或地下曲管加热等装置的，要安排专人定期检查，根据要求经常开启通风机、加热器等装置。

（5）要合理使用仓容，提高库房利用率。不断总结、改进物品堆垛方法，安全、合理安排货位和堆存高度，在楼板允许的负荷下，提高单位面积堆垛数量，并要求堆垛牢固整齐，便于盘点、检查、进出方便。

（6）库内操作，要防止运输工具和物品碰撞库门、电梯门、柱子、排管和制冷系统管道等工艺设备。库内电器线路要经常维护，防止漏电，出库房要随手关灯。

2. 进货验收

验收冷藏产品除了一般的品质、数量要求之外，对温度和保存期的注意尤为重要。产品入库标准温度及规格，都必须依照原厂设定的标准验收。验收冷藏的物品如果温度不够，物品势必失温而品质不佳，如果因新生产而尚未降至应有温度，则虽然品质没问题，但它将吸收库内温度以降温，使得冷冻机运转增加，增加营运的成本。所以如果温度不够，必须进行必要的降温处理。物品的温度必须平均检验，且需测量物品的中心温度，这样才能检验出是否堆叠不当而造成通风不良，以便能确保所有物品的品质无误。物品堆叠于栈板时，应有空隙以利冷风循环，以维持所需的温度，而所有的作业必须迅速完成，以降低冷藏物品暴露于高温潮湿环境的机会，即使有遇冷区也需迅速作业，使物品失温机会降到最低。

3. 冷藏库商品的储存管理

冷库要加强物品保管和卫生检疫工作，重视物品养护，保证质量，注意卫生，减少损失。库内要求无污垢、无霉菌、无异味、无鼠害、无冰霜、无杂物，并有专职卫生检疫人员检查出入库物品。肉及肉制品在进入冷库时，必须盖有卫生检疫印章或其他质量检验证件。

为了保证物品质量，冻结、冷藏商品时必须遵守冷加工工艺要求。物品冻结温度，必须降低到不高于低温冷藏间温度3℃时才能转库。如低温冷藏间库温为－18℃，则物品冻结后的温度必须在－15℃以下，生产旺季，对于就地近期销售的物品冻结后温度允许在－10℃；长途运输的冷冻品，在装车、船时的温度不得高于－15℃；外地调入的冻结品，温度高于－8℃时，应复冻到要求温度后，才能转入低温冷藏间。

要根据物品特性严格掌握库房的温、湿度。在正常情况下，低温库房一昼夜升降幅度不得超过1℃，高温库房不得超过0.5℃。在物品进出库时，低温库温度升高不得超过4℃，高温库房不得超过3℃。如进库物品温度偏高而影响库内原有物品温度时，应将其单库储存，待降温后再并库。

下列物品应经过挑选、整理或改换包装后方可入库：物品质量不一、好次混淆，水果腐烂率在5%以上的；商品污染和夹有污物的；肉制品和不能堆垛的零散商品；未加包装或未冻结成型的；不符合卫生要求的包装品。

下列物品禁止入库：变质腐败，有异味，不合卫生要求的食品，未经无害处理的患有传染病禽兽的肉类；雨淋或水浸泡过的鲜蛋，用盐腌或盐水浸泡、没有严密包装产生流汤、流水的食品；易燃、爆炸、有毒、有化学腐蚀作用的危险品。

要认真记载物品的进出库时间和品种、数量、等级、质量、包装情况。要按垛挂牌，按期核对，出一批，清理一批，做到账货、账卡相符。

要加强仓库卫生管理。冷库内工作人员要注意个人卫生，定期进行身体健康检查，发现有传染病者应及时调换工作；库房周围和库内外走廊、站台、电梯等地，要经常清扫，保持卫生；库内使用的工具、垫板、冻盘等设备，要勤擦洗、定期消毒，防止发霉、生锈；库内商品出清后，应进行彻底清扫、检查、消毒，堵塞鼠洞、消灭霉菌。

六、冷库的操作管理

冷库是用隔热材料建成的低温密闭房间，具有怕水、怕潮和怕热气的特性。其造价高，一旦破坏就必须停止生产，会严重影响生产进度。因此，做好冷库的操作管理非常重要。

1. 正确使用冷库，把好安全关

（1）冷库要防水、防冰和防霜。穿堂和库房的墙、地、门、顶等都不得有水、冰和霜，有了要及时清除。库内排管和冷风机要及时扫霜、冲霜，以提高制冷效能。冲霜时必须按规程操作，冻结间至少要做到出清一次库，冲一次霜。冷风机水盘内和库内不得有积水。没有下水道的冷库内严禁多水性作业。空库时，冻结间和冻结物冷藏间应保持在 -50℃以下，防止产生冻融循环使冷库建筑结构冻酥。冷却物冷藏间应保持在露点温度以下，避免库内受潮滴水对建筑产生影响。

冷库地下自然通风道应保持畅通，不得积水、有霜，不得堵塞，北方地区要做到冬堵春开。采用机械通风或地下油管加热等设备，要指定专人负责，定期检查，根据要求及时开启通风机、加热器等装置。严禁在地下通风道周围堆放物品或建造新建筑。

（2）把好冷库的“门”。没有经过冻结的货物，不准直接进入冻结物冷藏间，以保证产品质量，防止损坏冷库。要严格管理冷库门，商品出入库时要随时关门，库门如有损坏应及时维修，做到开启灵活、关闭严密，防止跑冷。凡接触外界空气的门，均应设空气幕，减少冷热空气对流。防止建筑结构冻融循环、冻酥、冻臌。

各类冷库库房必须按设计规定用途使用，冷却物、冻结物冷藏间不能混淆使用（装配式冷库除外）。原冷却工艺的冻结间，如改为一次冻结时，要配备足够的制冷设备。冷却物冷藏间、冻结物冷藏间、原设计的两用间确定需要改换用途的，由设计部门设计并按程序报批。储存肉类食品要生熟分开，肉类和鱼类不得混放。冷库里要将冷冻的食品分类码放在不锈钢架上。冷冻温度保持在 -18℃左右。冷荤间的冷柜只能专用储存熟食品，保持柜内清洁，不得污染。

（3）保护地坪（楼板），防止冻臌和损坏。按照设计规定，冷库的地坪能够承受一定的负荷，并且有隔热防潮层。当地坪破坏时，水分就会进入隔热防潮层，使其失效。因此，为了防止地坪受到破坏，应注意几点：①不可以把商品直接散铺在地坪上或席子上冻结；②拆肉垛不可以采用倒垛的方法；③脱钩和脱盘不可以在地坪上摔击；④商品堆垛、吊轨悬挂，其质量不得超过库房单位面积设计负荷；⑤没有地坪防冻措施的冷却物冷藏间，其库温不得低于0℃，以免冻臌。

（4）合理利用库容，采取适宜的堆垛方法。冷库必须合理利用仓容，不断总结、改进商品堆垛方法，安全、合理安排货位和堆垛高度，提高冷库利用率。堆垛要牢固、整齐，便于盘点、检查和进出库。

经营性冷库货物品种多，同品种数量少，堆叠高度低，占地面积大，给冷库的操作管理带来诸多不便。为了提高冷库的利用率，保证物品的质量及安全，实际操作中经常采取每层中间增设隔架层的处理办法。

在最大限度利用冷库库容的同时，货物堆码不应影响库房内的气流组织，具体要求如表8-2所示。货物堆码不要影响库内产品的进出。库房要留有合理的走道，便于库内操作、车辆通过和设备检修，保证安全。库房布置要满足生产工艺流程要求，运输线路要短，避免迂回和交叉。商品进出库及库内操作，要防止运输工具和商品碰撞库门、电梯门、柱子、墙壁和制冷系统管道等工艺设备，在易受碰撞之处，应加防护装置。库门附近不要堆放过多的货物，以免影响库内货物进出。

表8-2　库房货物堆码要求

具体要求	标准（m）
距低温库顶棚	≥0.2
距顶排管下侧	≥0.3
距高温侧顶棚	≥0.3
距顶排管横侧	≥0.2
距无排管的墙	≥0.2
距墙排管外侧	≥0.4
距冷风机周围	≥1.5
距风道底面	≥0.2
距推车通道	≥1.0
距铲车通道	≥1.2

（5）合理使用照明工具冷却间、冻结间、冷藏间、冰库和穿堂等处照明的照度不宜低于20lx；加工间、包装间等处照明的照度不宜低于50lx。冷库库房内照明灯具的布置尽量避开吊顶式空气冷却器和顶排管，照明灯应安放在库内走道操作通道处，在货位内可以均匀布置照明。

冷库库房内照明开关应采用防潮型开关或气密式开关，每间库房的照明开关集中安装于该间库房的门外，并远离门口布置。冷库库房内灯具安装高度等于或小于2.2m时，应该采用AC24V安全电压供电。低于0℃的冷库库房内动力及照明线路要采用铜芯耐低温橡皮绝缘电缆。灯具金属外壳均需要接保护线（PE线）。工作人员出库房要随手关灯。

为了防止突发事件的发生，高低压配电室应该布置应急照明，应急照明电源可取自直流电源屏或蓄电池组，照明持续时间不应小于30min。

（6）注意用电安全，做好消防措施。库内电气线路要经常维护，防止漏电。穿过库房隔热层的电气线路，必须采取可靠的防火及防止产生冷桥的措施。库房阁楼层内不得装置电气设备及敷设电气线路。冷库电梯应由低压配电室以专用回路配电。冷库消防水泵应由低压配电室以专用回路配电。当冷库采用双电源供电时，消防水泵应双路供电，末端自投。凡采用机械通风作为地下土壤防冻的冷库，通风机应能根据地下加热层的温度自动运行。冷库设计应满足消防的有关规定。冷库设备长期停机时，需要将电源断电。

2. 加强冷库管理，保证商品质量

冷库要加强管理工作，保证合理的冷加工工艺和冷藏温度，确保商品的质量。否则，在冷藏过程中，食品极易发生腐烂、变色、变味、干枯等现象。

冷库在正常运行的情况下，冻结物冷藏间的温度波动范围不要超过设计温度的 ±1℃。冷却物冷藏间的温度波动范围不要超过设计温度的 ±0.5℃。

要规范商品的堆码方法，按照商品的品种、等级及用途分别进行堆码，并且要进行编号，填写卡片并悬挂于货物可以看到的地方。要做好商品账目，应该认真记录商品进出库房时间、品种、数量、质量、等级、包装和生产日期，要定期核对账目，做到账、货、卡相统一。当定期或不定期检查时，发现腐烂、变质的商品，应立即进行处理。

对于某些特殊的商品，如家禽、鱼类和副产品，在冷藏过程中要求表面包冰衣。对于需要长期进行冷藏的商品可进行表面喷水处理，但要注意水不能滴在地坪、墙体和冷却设备上。靠近走廊和门的商品要求喷水结出厚 3mm 的冰衣，由于此处热流比较大，冰衣容易融化，因此要注意保持一定的厚度。

七、冷库制冷系统的安全操作管理

冷库制冷系统中的压力容器属于制冷装置用压力容器，制冷设备应该按照《固定式压力容器安全技术监察规程》和相关压力容器安全技术规范、规章的要求进行定期检验，做好设备的安装、使用、检验和维修，以及安全管理工作，以保证容器在安全状态下使用。

氨是国际公认的最优良的制冷剂。氟利昂制冷剂属于消耗或部分消耗臭氧层物质，其温室效应对地球环境造成威胁，国际公约已限制其应用，故氨作为食品工业制冷剂的前景愈加远大。氨在我国国家标准中属于四级轻度危害的有毒物质，它刺激人体黏膜，空气中达到一定浓度后有窒息作用，当空气中氨的体积分数达到 16% ~25% 时遇明火可引起爆炸。对于氨制冷系统的机房必须装有事故排风装置，在易泄漏氨及氨液较集中的位置应在顶部设置氨稀释喷淋装置。设在室外的冷凝器、油分离器等设备应设置围栏，禁止非操作人员进入，并应设置标识。设置在室外的高压储液器时，应安装遮阳棚以避免太阳暴晒。

制冷系统安装或大修后必须先进行气密性试验。试验压力按照系统的设计要求，在 24h 内，除去温度变化的影响其保持不变为合格。应使用氮气或干燥清洁的压缩空气进行试验，温度不低于 15℃，且应有安全措施。气密试验过程中泄漏点严禁带压修复。连接件应采用无缝钢管或耐压 3MPa 以上的橡胶管。与其相接的管头须有防滑沟槽，接口的密封垫木须用 3mm 以上厚的优质纸箔。不可以使用制冷压缩机对系统进行气密性试验。

安装或大修后的制冷系统，在气密性试验合格后须进行真空试验，将系统真空至 5.3kPa，保持 12h 不回升为合格。也不可以使用制冷压缩机对系统进行真空试验。

当库房内热负荷突然增加或系统融霜操作频繁时，需要防止制冷压缩机发生湿冲程。湿冲程会造成压缩机吸排气故障。当湿冲程严重而造成停机时，加大汽缸水套和油冷却器的水量，防止汽缸水套或油冷却器冻裂。为尽快恢复其运转，可在氨压缩机的排空阀上连接橡胶管，延至室外水池内，将机器内积存的氨液通过排空阀放出。

充注制冷剂时应外置过滤器，保证加入清洁干燥制冷剂。每次更换制冷剂瓶时都需要先去除管内空气。操作管理人员不要直接与制冷剂接触。在充注制冷剂的过程中严禁烟火。充注或抽出制冷剂完成后，制冷剂瓶要立即与系统分离，避免事故发生。制冷剂的数量应满足制冷系统设计的有关要求。向系统充注制冷剂时，其连接件必须采用无缝钢管或耐压2.0MPa以上的橡胶管，并且相接的管头须有防滑沟槽。

充氨站应设在机器间外面，充氨时严禁用任何方法加热氨瓶，以防氨瓶爆炸。严禁向制冷压缩机吸气管道内喷射制冷剂。将配组双级压缩机调换为单级运行，或将运行中的单级压缩机调换为配组双级运行时，须先停机调整阀门，然后才能按操作程序重新开机。严禁在运行中调整阀门。在气温达到冰点时停机后，要将活塞压缩机汽缸水套及曲轴箱油冷却器、螺杆压缩机油冷却器内剩水放出或继续开启冷却水防止冻裂。

八、冷库的卫生管理

对食品进行冷冻加工只是通过降低温度来抑制微生物的活动，以达到较长时间的保藏期，但并不能够改善和提高食品的质量。因此，冷库在使用过程中要加强商品保管和卫生工作，严格执行《中华人民共和国食品卫生法》，保证商品质量，减少干耗损失，延长冷库的使用期限。冷库要加强卫生检查工作，库内要求无污垢、无霉菌、无异味、无鼠害和无冰霜等，并有专职卫生检查人员检查出入库商品。肉及肉制品在进入冷库时，必须有卫生检查印章或其他检验证件。严禁未经检疫的社会零宰畜禽肉及肉制品入库。

1. 控制冷库温度，保证食品质量

为保证商品质量，冻结、冷藏商品时，必须遵守冷加工工艺要求。商品深层温度必须降低到不高于冷藏间温度3℃时才能转库，如冻结物冷藏间库温为－18℃，则商品冻结后的深层温度必须达到－15℃以下。长途运输的冷冻商品在装车、装船时的温度不得高于－15℃。外地调入的冻结商品，温度高于－8℃时，必须再次冻结到要求温度后才能转入冻结物冷藏间。

应根据商品的特性，严格控制库房温度和湿度。冷库内要设有温度记录仪和温度异常报警系统。在正常情况下，冻结物冷藏间一昼夜温度升降幅度不得超过1℃，冷却物冷藏间不得超过0.5℃。在货物进出库过程中，冻结物冷藏间温升不得超过4℃，冷却物冷藏间不得超过3℃。

食品应储存在温度和湿度适宜的冷库中，冷库应提前制冷降温。食品入库前的温度高于冷冻冷藏温度时，需要先进行冷却处理，达到要求的温度后才可以入库。

2. 做好食品入库前质量安全检查

入库的食品必须新鲜、清洁及合格。应按国家有关规定索取入库产品的相关检疫、检测证明和单据，符合要求后验收。

在食品入库前需要认真记录商品的进出库时间、品种、数量、等级、质量、包装和生产日期等。要按垛挂牌，定期核对账目，出一批清理一批，做到账、货、卡相符。

3. 冷库的库房环境卫生

库房周围和库内外走廊、汽车和火车站台、电梯等场所，必须设专职人员经常清扫，保

持卫生。库内使用的易锈金属工具、木质工具和运输工具、垫木、冻盘等设备，要勤洗、勤擦和定期消毒，防止发霉、生锈。库内商品出清后，要进行彻底清扫、消毒，堵塞鼠洞，消灭霉菌。

冷库消毒的方法有很多，主要有以下三种。

（1）空气洗涤法。空气洗涤法是指在空气进风口安装一个喷水器，空气在循环时通过水幕将霉菌孢子洗去。

（2）物理法。物理法是指利用温度、湿度和紫外光等消除霉菌。例如，人们通常使用0.33～3W/m^3 的紫外光，在距离2m的面积上照射6h对冷库进行消毒。

（3）化学法。化学法是指用平均每立方米1mL乳酸＋2mL清水混合液在搪瓷盘内加热蒸发，药液约在0.5～3h内蒸发完成。关闭冷库门6～24h，消毒完成。

库体设备的卫生冷却器和过滤器及推车等工具设备也都要定期清洗和消毒。冷藏物料一般是堆放在垫木上，因此，垫木要刨光和经常保持清洁。每次出货，应该将垫木冲洗干净。库内应有防鼠、防虫和防蝇等设施。防止鼠类的方法有很多，可用机械捕捉、毒性饵料诱捕和气体灭鼠等方法，用二氧化碳气体灭鼠效果也比较好。

库内环境应该保持卫生、通风和干燥。库内不能存放有毒、有害、有异味物品或其他易爆、易燃品。库内异味一般是由于储藏了具有强烈气味或腐烂变质的食品导致的，而臭氧具有清除异味的性能，可以用其去除异味。另外，甲醛水溶液（即福尔马林溶液）或5%～10%的醋酸与5%～20%的漂白粉水溶液，也具有良好的除异味和消毒作用。

4. 做好在冷库储藏期间食品的安全检查工作

食品在冷库储藏时期，由于外部原因和内部原因的综合作用，其品质可能会发生变化，需要定期监测。食品冷库需要具备食品检测的能力，配备相应的设备和仪器；按照国家有关要求，应具备对农、兽药残留及水分等常规项目进行快速检测的能力。可根据食品检测的需要进行自检或委托具有法定资质的第三方检测机构进行检测。冷库操作管理人员应该严格掌握库存产品储存保质期限，定期进行质量抽检，执行先进先出制度。

5. 冷库工作人员的卫生

冷库工作人员经常接触多种食品，要注意个人卫生，定期进行身体健康检查，发现有传染病者应及时调换工作，否则就会成为微生物和病原菌的传播者。

九、冷库管理在冷链中的作用

冷库包括冷冻库房、冷藏库房和各种有温度控制的库房。冷链包括超低温的冷链、－18℃冷链和冷藏范围的冷链。冷链的运作由有温度控制的加工、储存和运输来完成和保证。冷库在冷链管理中占据着非常重要的位置，具体来讲主要包含以下几方面：

（1）冷库是冷链货品的储存和中转地点。由于冷链产品的特点，储存功能成为它的重要部分。例如，冰激凌在一个地区5～9月的销售量占了全年总销售量的90%，而工厂生产要保持稳定，冷库是必不可少的储存地点。薯条的生产是在土豆收获后的3～4个月内完成，而薯条的供应要保证全年的连续，冷库是保证连续供应的储存设施。

（2）冷库是冷链的控制和信息收集地。冷链的控制包括冷链运作设施环境温度的设定、实施、跟踪、反馈与记录等一连串运作和信息沟通过程。冷库作为货品的接收、储存和发出地，无疑要具备冷链控制指令的发出、跟踪、回收、记录等功能。冷链运输过程中的温度设定、温度跟踪、记录等项信息也要汇总到冷库，以便核查。

(3) 冷库包含冷链管理的大部分技术。冷链管理技术包含产品温度变化的化学和生物变化原理、保温材料温度传递原理、冷链设施及设备的设计与选择、温度显示记录与跟踪技术等。冷库包含了以上的大部分冷链管理的技术内容。

(4) 冷库是冷链成本的重要组成部分。冷链的成本主要由冷库的运作和运输两部分组成。冷库造价高，运作中电消耗和人工费用又相对较高，造成了冷库成本占冷链构成成本的比重相对较大。相对一般温度库房，冷库在电力、人工、货品损失、设备折旧等方面费用较高。因此，要严格控制冷库运作管理，以减少冷链物流费用。

问题思考

1. 什么是冷链？典型的食品冷链的结构是怎样的？
2. 食品冷链由哪几个环节组成？各个环节所涉及的冷冻装置有哪些？
3. 冷库由哪些部分构成？
4. 食品在储存过程中会发生哪些质量变化？
5. 为了保持食品的质量，在冷库内储藏食品时应遵守哪些原则？
6. 简述食品低温储藏的原理。
7. 什么是冷库？按使用性质可以将冷库分为哪几类？按库房结构可以将冷库分为哪几类？
8. 简述冷库管理在冷链中的作用。

本章案例

国外冷库发展概况

国外冷库随着现代科学技术的发展，在制冷工艺、建筑结构、机械设备和电子技术等各方面都有很大变化。

1. 在制冷工艺方面

为了防止公害和储藏食品安全，20 世纪 70 年代以后新建的冷库逐渐以氟利昂代替氨作制冷剂。在设备选型方面，冷冻机主要为高速多缸活塞式和螺杆式两种。在新建大型冷库中以螺杆机居多，但小型机组中仍以活塞式为主。近年来，以螺杆压缩机取代活塞式压缩机的趋势正在增加。螺杆压缩机具有操作安全、方便、易损件少、寿命长、维修方便等特点，它能在能量的 20% ~80% 范围内无级调节，有利于节能，如果使用带有经济器的螺杆机组，其节能效果将更加显著。一台制冷量 233kW 的带有经济器的螺杆压缩机组，按年运行 4000h 计算。一年可节电 10 万 kWh，因此，螺杆式制冷机深受冷冻厂的欢迎，不足之处是噪声较大。

库内冷却设备基本上都是冷风机强制通风式，顶、墙排管逐渐淘汰。制冷系统以 20 世纪 70 年代后期在日本出现的“分散式制冷系统”较普遍。因为在能耗方面，分散式系统制冷循环距离短，尤其是回气管路短，管道的阻力损失小，有利于节电，另外，各台冷冻机由库温继电器控制，运行较经济；在日常运行管理方面，分散式系统小而简单，易于控制，不需要熟练冷冻技工；在安全可靠性方面，单机制冷量小，制冷剂充注量少，当制冷剂泄漏时，对商品及环境的影响较小；在设计、安装、施工方面，分散式系统工艺设计简单，现场安装调试容易，工期短，费用少。目前，日本、英国、美国、瑞典、法国等正广泛推广分散式制冷系统。

2. 在冷库土建技术方面

单层冷库正向预制装配化发展，其承重结构多为薄壁型钢骨架，在现场只需用螺栓连接或铆接，砖石工程仅限于地基和混凝土地面。隔热是在中间充填聚氨酯或聚苯乙烯隔热层，有预制和现场发泡两种，所以施工速度快，建设周期短，工程质量有保证。和欧美不同的是，日本由于土地有限，大城市还是以多层冷库居多，钢筋混凝土结构。为了减少围护的传热量，很多国家建议隔热层适当加厚。

3. 在库内货物的堆垛与运输方面

目前仍以电瓶车为主。同时，由于库内冷藏商品基本上都有包装，外形完整，所以很多冷库还设有货架以充分利用空间，在这方面最突出的要算立体自动化冷库，它是国外20世纪70年代出现的冷库新技术之一。立体自动化冷库的主要优点是：①库内装卸作业和制冷系统操作全部自动，库内不需要任何工作人员；②确保库存货物按“先进先出”顺序进行管理，有利于保证食品质量，减少损耗；③装卸作业迅速，吞吐量大；④仓储管理方便，管理人员少。缺点是一次投资较高，对操纵维修人员技术要求高。日本从1973年开始兴建这种立体自动化冷库。

4. 在自动控制方面

冷库最重要的是采用计算机对制冷装置进行自动控制。日本的冷库在20世纪60年代初自动化程度并不高，但1965年后逐渐把电子技术应用到制冷装置的自动控制上，发展甚快。现在新建的冷库都装有库温自动显示、记录和调节仪表，并实现了制冷设备的自动启停、蒸发器自动融霜等，尤其一些大型冷库自动化程度较高，如东京水产冷藏库中心总容量为18.8万t，分为4幢库，4个机房，整个冷库群白天只有4～5人，晚上只有1人值班，监视仪表，管理机器。近年来，日本等国相继推出了新研制成功的、带节能控制计算机控制系统的分体式制冷机组。它具有库温预测控制、最佳除霜控制、额定用电控制和制冷机优化控制等功能，它与不装节能计算机的同类机组相比可节电10%左右。

制冷装置实现自动控制包括：库房温度的自动调节和蒸发器冷却排管的自动融霜、冷加工工艺流程的程序控制、制冷压缩机的启停和能量调节、辅助设备的自动控制、最佳工况的调节等。冷库采用自动控制技术后，不仅能节省人力，保证设备的安全运行，还能使装置合理运转、降低成本。据有关资料统计，实现自控与手控相比，可节能10%～15%。

5. 在冷库储存温度方面

20世纪70年代以来，国际上对冷却间和冻结间的工艺要求趋向低温快速方向发展，冷却间温度一般采用－10℃，冻结间采用－35～－40℃，超低温冻结间为－48～－55℃，有的还采用液氨来冻结食品。20世纪80年代后，日本建的冻结物冷藏间基本都是－30℃，美国的库温约为－23.3～－28.9℃。截至1991年10月1日，美国拥有库温为－18℃以下的低温库共4785047个，并合理分布于全国各地。冷库储存温度的低温化，大大促进了各国速冻工业的发展，德国始建于第二次世界大战期间，法国始建于1943年，英国始建于1948年，日本始建于 1937 年，到 1989 年速冻食品的产量达 94. 6 万 t，人年均为 10. 07kg。

近 20 年来，特种冷库在国外发展很快，其中气调库在水果库中已占 1/3，夹套库也是一种发展较快的特种冷库。近年来，国外装配库发展也很快，著名的是美国 BALLY 公司、日本轻金属株式会社等，他们的冷库形式在系列化、多样化及节能上显示出重要特征。

参考文献

[1] 彭扬，陈杰．信息技术与物流管理案例与习题[M]．北京：中国物资出版社，2010.
[2] 李万秋．仓储管理[M]．北京：高等教育出版社，2005.
[3] 王蓓彬．现代仓储管理[M]．北京：人民交通出版社，2003.
[4] 李作聚．仓储配送中心布局与管理[M]．北京：清华大学出版社，2010.
[5] 张中强．物流系统规划与设计[M]．北京：清华大学出版社，2011.
[6] 陈百建．仓储管理实务[M]．北京：化学工业出版社，2008.
[7] 时良平，戴国斌．邮政及物流设备设计[M]．北京：人民邮电出版社，2011.
[8] 彭国勋．物流运输包装设计[M]. 2 版．北京：印刷工业出版社，2012.
[9] 李贞．供应链管理[M]．北京：航空工业出版社，2011.
[10] 郑克俊．仓储与配送管理[M]．北京：科学出版社，2010.
[11] 李庆远．如何做好精益生产——JIT 生产实务手册[M]．广州：广东经济出版社，2012.
[12] 李毅学．物流规划理论与案例分析[M]．北京：中国物资出版社，2010.
[13] 孙红．现代物流管理基础[M]．上海：上海立信会计出版社，2006.
[14] 张福荣．物流管理[M]．北京：中国纺织出版社，2003.
[15] 水诚户一．库存管理理论与实践[M]．苏宝勤译．北京：中国商业出版社，1988.
[16] 王晓平．物流信息技术[M]．北京：清华大学出版社，2011.
[17] 张开涛．配送中心运营与管理[M]．武汉：华中科技大学出版社，2010.
[18] 王生平．仓库 365 天超级管理手册[M]．北京：人民邮电出版社，2013.
[19] 蔡改成．仓储与库存管理实务[M]．武汉：武汉理工大学出版社，2007.
[20] 申江．低温物流技术概论[M]．北京：机械工业出版社，2013.
[21] 桂小林．物联网技术导论[M]．北京：清华大学出版社，2012.
[22] 刘昌祺．仓储系统设施设备选择及设计[M]．北京：机械工业出版社，2010.
[23] 徐玲玲，刘莉．仓储技术[M]．北京：中国物资出版社，2010.
[24] 梅艺华．仓储管理实务[M]．北京：北京理工大学出版社，2010.
[25] 何东．药品仓储与养护技术[M]．北京：中国医药科技出版社，2007.
[26] 徐雪琴，徐长华．制冷与空调系统操作[M]．北京：高等教育出版社，2010.